国家税务总局税务干部学院重点教材

新时代税收工作中的会计思维

王建华　主编

中国税务出版社

图书在版编目（CIP）数据

新时代税收工作中的会计思维/王建华主编．—北京：中国税务出版社，2022.8（2023.6 重印）
国家税务总局税务干部学院重点教材
ISBN 978－7－5678－1271－0

Ⅰ.①新… Ⅱ.①王… Ⅲ.①税收会计－中国－教材 Ⅳ.①F812.42

中国版本图书馆 CIP 数据核字(2022)第 147585 号

丛 书 名： 国家税务总局税务干部学院重点教材
书　　名： 新时代税收工作中的会计思维
作　　者： 王建华　主编
责任编辑： 王振波
责任校对： 姚浩晴
技术设计： 刘冬珂
出版发行： 中国税务出版社
北京市丰台区广安路 9 号国投财富广场 1 号楼 11 层
邮政编码：100055
网址：https://www.taxation.cn
投稿：https://www.taxation.cn/qt/zztg
发行中心电话：(010)83362083/85/86
传真：(010)83362047/48/49
经　　销： 各地新华书店
印　　刷： 涿州市星河印刷有限公司
规　　格： 787 毫米×1092 毫米　1/16
印　　张： 17.25
字　　数： 288000 字
版　　次： 2022 年 8 月第 1 版　2023 年 6 月第 2 次印刷
书　　号： ISBN 978－7－5678－1271－0
定　　价： 47.00 元

国家税务总局税务干部学院
重点教材编委会

主　　任：曾光辉

副 主 任：辛连珠

委　　员：周开君　丁正智　尹　磊　赵子建
王建华　谭建淋　李珍萍　谭文辉
郭　江　王志平　梁亚红　王　华

《新时代税收工作中的会计思维》
编写组

主　　编：王建华

成　　员：王自荣　李登喜　于芳芳　赵朝敏
余婉湞　李先琴　王文清　吕爱武

审　　定：辛连珠　周开君　成新华

编写说明

中国共产党领导下的税收事业，始终坚持围绕党和国家工作大局，致力于服务人民，走过了一条不平凡的发展之路。回望历史，税收工作由过去的税务人挨家挨户上门“收税”，到现在纳税人足不出户网上“报税”，再到未来在智慧税务引领下进一步实现自动“算税”，税费服务不断优化，税收征管能力持续提升，税收服务大局的成效不断显现。特别是党的十八大以来，以习近平同志为核心的党中央高度重视税收工作，作出一系列重大部署，指导税收改革发展取得不凡成就。

国家税务总局税务干部学院（中共国家税务总局党校）作为税务系统党的理论教育和党性教育主阵地、税务干部教育培训主渠道、服务国家税收治理重要平台、培养“一带一路”税务官员重要基地、参与国际税收规则研究重要力量，在努力实现“国际一流、国际知名”发展总目标的实践过程中，逐步形成了一批特色课程与优秀教材。这些特色课程与优秀教材，有的聚焦税务系统党的建设，有的聚焦优化税务执法方式，有的聚焦服务国家税收治理，有的聚焦国际税收规则运用，实现了教学相长、教研互促。为贯彻落实中共中央办公厅、国务院办公厅印发的《关于进一步深化税收征管改革的意见》，学院根据国家税务总局党委关于深化学院改革的工作部署，特别是国家税务总局党委书记、局长王军关于加快教材建设的指示批示精神，着力推进学院教学高质量发展，更好助力现阶段税收现代化建设，汇聚扬州、北京、长沙和大连“一院四区”教学科研力量，择优选编系列重点教材，分批出版。

第一批重点教材由《新时代税务系统党的建设》《新时代税收工作中的会计思维》《新时代税收工作中的经济思维》《新时代税收法治思

维》和《中国税制》等5本重点教材组成。教材内容全面、可读性强，条理清晰、逻辑性强，案例丰富、实践性强。

习近平总书记在2021年中央人才工作会议上强调，我国进入了全面建设社会主义现代化国家、向第二个百年奋斗目标进军的新征程，我们比历史上任何时期都更加接近实现中华民族伟大复兴的宏伟目标，也比历史上任何时期都更加渴求人才。人才是衡量一个国家综合国力的重要指标。国家发展靠人才，民族振兴靠人才。我们必须增强忧患意识，更加重视人才自主培养，加快建立人才资源竞争优势。我们编写出版的这套重点教材，既是国家税务总局税务干部学院的基本培训教材，也可作为广大税务干部的案头自学工具书，我们希冀这套教材及后续教材，能为税务系统贯彻实施“学习兴税”战略，打造一支忠诚干净担当的税务铁军，深入推进精确执法、精细服务、精准监管、精诚共治，在更深层次、更宽领域和更高水平上发挥好税收在国家治理中的基础性、支柱性、保障性作用贡献微薄力量。

由于时间仓促、学识有限，书中不足和疏漏之处在所难免，恳请广大读者将意见和建议通过中国税务出版社反馈给我们，以便在后续版本中不断改进和完善。

国家税务总局税务干部学院重点教材编委会

2022年6月

前　言

税收工作离不开会计，一方面会计数据是税收大数据最为关键的底层数据，更是不可或缺的微观经济数据；另一方面会计法律制度既是税收执法的基础，也是税收执法的帮手。因此，学习会计法律制度，把握会计新理念、新知识、新方法，夯实会计基础，不断改进和提升以税收征管为目的的会计思维方式和能力，形成与智慧税务相适配的会计思维，是新时代税务干部队伍能力建设的迫切需要。

为此，我们以辩证唯物论的知行统一观为指导，以财务会计、管理会计、财务管理、审计为视角，以会计思维养成和练达必需的知识及其在税收工作中的应用频度为依归，并以企业会计领域为主体兼顾政府规范，分五章编写了《新时代税收工作中的会计思维》这本教材。第一章作为绪论，介绍税收工作中的会计思维的内涵定位和智慧税务时代税收工作中的会计思维能力建设要求。第二章突出会计的法治思维，主要围绕规范会计数据生成行为的最高法律《会计法》，介绍会计法律制度体系，《会计法》中的会计行为规范、会计法律责任和会计监督监管权；税务执法依据《税收征收管理法》中的会计法律责任，以及如何与《会计法》的执行相协调。第三章至第五章阐述会计数据思维，分别为财务会计思维、财务分析思维、风险导向下的审计思维。第三章财务会计思维主要围绕会计数据的生成过程，介绍财务会计信息质量要求、基本程序和方法、会计信息化、会计要素确认和计量、财务会计报告。第四章财务分析思维主要围绕会计数据的分析方法，介绍财务分析基础、财务报表分析、智能财务背景下的财务分析。第五章风险导向下的审计思维主要围绕会计数据的审计方式方法，介绍注册会计师审计和政府审计的计规范体系、程序、方法、证据和结果运用；概述税务审计在税收风险管理中的定位、演变、内涵与作用，以及与注册会计师审计、政府审计之间的关系。书中结合了一些税务应用场景，以强化会计思维之于税收工作的重要性。

参加本书编写的人员为国家税务总局税务干部学院部分教师。第一章由王自荣编写，第二章由王建华、李登喜编写，第三章由于芳芳、赵朝敏编写，第四章由余婉滇、李先琴编写，第五章由王文清、吕爱武、王建华编写。王建华负责全书统稿。

千锤百炼写文章。由于编者水平有限，加之时间仓促，错漏之处在所难免，恳请各位读者多提宝贵意见和建议，在此致谢！

编　者

2022 年 6 月

目　录

第一章　绪论 …… 1
第一节　会计的新时代 …… 1
第二节　会计思维与税收工作 …… 12

第二章　会计法治思维 …… 21
第一节　会计法律制度体系 …… 21
第二节　《会计法》中的会计行为规范与会计监督监管权 …… 31
第三节　《会计法》中的会计法律责任 …… 40
第四节　《税收征收管理法》中的会计法律责任 …… 45

第三章　财务会计思维 …… 57
第一节　财务会计概念框架 …… 57
第二节　复式记账原理 …… 79
第三节　会计信息处理流程 …… 92
第四节　财务会计要素确认与计量 …… 101
第五节　财务会计报表 …… 115

第四章　财务分析思维 …… 129
第一节　财务分析基础 …… 129
第二节　财务报表分析 …… 151
第三节　智能财务背景下的财务分析 …… 184

第五章　风险导向下的审计思维 …… 196
第一节　会计领域的审计与审计规范体系 …… 196
第二节　注册会计师审计 …… 210
第三节　政府审计 …… 243
第四节　税收风险管理中的税务审计 …… 257

第一章 绪 论

第一节 会计的新时代

一、会计史鉴

“当我们站在中国这块土地上，遥望真正属于中华民族会计的星空，蓦然发现，在遥远的3000多年前，灿烂的中华文化星空就高高悬挂着‘会计’两字。”① 古语云，以铜为鉴，可以正衣冠；以人为鉴，可以明得失；以史为鉴，可以知兴替。回顾会计的历史，有助于洞悉会计演进的时代脉络，有助于会计思维的守正创新，有助于在税收工作中对会计法律制度和会计技术方法跨界融合应用能力的培植和拓展。

（一）会计演进发展的基本历程

会计作为一种古老的职业技术，是社会发展到一定历史阶段的产物，是在人类生产管理实践需要的牵引下而不断演进发展的。会计在不同的历史阶段有其具体的历史规定性，可分为古代会计、近代会计和现代会计三个发展阶段。

封建社会及其之前的会计发展历程属古代会计阶段。马克思在《资本论》中所提到的印度公社的记账员在生产之余所从事的简单的刻画、记录行为就是对古代会计特点的生动描绘②。在这样的原始计量记录方法的基础上，经由奴隶社会，继而在封建社会获得全面发展的单式簿记，是古代会计发展的最重要技术成就，为复式簿记的产生和发展奠定了基础。

在世界会计的历史天空里，我国古代会计名列前茅、光彩夺目。在单式簿记发展阶段，中国与古巴比伦、古埃及、古罗马、古希腊和古印度等文明古国的会计位于世界先进之列。早在西周时代，中国就开始使用“会计（會計）”这一具有特定含义的专业名词。清代学者焦循解释说：“會，大計也。然則，

---

① 杨雄胜，缪艳娟，等．仰望会计星空　静思会计发展［J］．会计研究，2021（1）：68.

② 于玉林．会计基础学［M］．北京：中央广播电视大学出版社，1999：2.

零星算之为計，总合算之为會。”据《周礼·天官·司会》“司会掌邦国会计之法度”①。天官是周朝的一种官制，总揽国家财计管理，其下设有两个主管部门，一是财物保管部门，采取分权管理模式，天官所属的小宰负责财政“预算”以及王朝的各项支出，税收则由另一系统的地官大司徒掌管；二是会计部门，具体由天官冢宰所属的司会掌管。“司会”部门内设“司书”“职内”“职岁”“职币”四种官职，分别履行账务（收支总账、收入账、支出账）与出纳的各项职责。西周还制定了一些会计管理制度，如收支报告制度、交互考核制度以及宰夫所行使的就地稽查制度等②。美国著名会计学家迈克尔·查特菲尔德赞称：“在内部控制、预算和审计程序等方面，中国周代在古代世界是无与伦比的。”③ 秦朝法律中涉及会计方面的规定更加具体，如在《效律》中就严格提出了会计人员必须廉洁奉公、账实相符、记载准确、计算无误等要求，同时还对会计交接、财物损耗等问题作了具体规定。到了汉朝，对于会计账簿的设置与分类、会计簿籍的登记方法、会计计量单位与盈利的计算、会计凭证、会计报告、财物的保管与盘点等方面作了规定，初步形成了一套较完备的官厅制度，如在《上计律》中就具体规定了“上计簿”的报出程序与时间，严令对上报不及时或者不实者治罪。唐宋时期，在会计方法的发展上产生了奠定当今账户结算余额原理的“四柱清册结算法”，在国家财计组织中设立了专司审计的机构——比部，在会计立法方面不仅规定对违反会计制度的人给予较严厉的处罚，而且限定凡在经济报告上隐漏重复、收支不实者均从严治罪，甚至在有关条文中还规定了会计报告的格式及书写要求。④ 在世界古代会计发展史上一度处于领先地位的中国会计，到了近代，却由先进走向落后，由自力独创沦为因循守旧，以至于最后不得不引进外来的簿记方法。

近代会计肇始于早期的意大利式复式簿记。复式簿记之所以最早在意大利出现并在其沿海城市首先实践，这深受十字军东征所催生的经济文化跨地域交流的影响。商人们在商业上的“十字军东征”使得意大利沿海城市成为与东方贸易的枢纽，这些地区商业贸易活动的兴盛大大地推动了借贷活动与商业信用的发展。可以说意大利沿海城市在14世纪中期已经具备了复式簿记所需要的

① 郭道扬．会计史研究：历史 现时 未来：第一卷［M］．北京：中国财政经济出版社，2004：141.
② 刘常青．世界会计思想发展史［M］．郑州：河南人民出版社，2006：56.
③ 转引自尹悦然．中西方会计史比较研究［J］．山东理工大学学报（社会科学版），2009（9）：16.
④ 宋丽志．民国会计思想研究［M］．武汉：武汉大学出版社，2009：17.

各项条件[①]。1494 年，意大利数学家卢卡·帕乔利在《算术、几何、比及比例概要》一书中专门阐述了复式簿记的基本原理，这被会计界公认是会计发展史上一个光辉的里程碑。德国诗人歌德赞美说，复式簿记是“人类智慧的绝妙创造，以至于使每一个精明的商人在他的经济事业中都必须应用它。”[②] 日本会计学家黑泽清认为：“在复式簿记出现之前，世界上并不存在着‘资本’的概念，换言之如果没有复式簿记，就不会有‘资本’概念的出现”。[③] 复式簿记从意大利流传开来以后，在 400 年左右的时间内其基本内容并未发生大的变动，但它在理论上得到总结与系统阐述之后，迅速在世界各国广为传播。直至今天，复式簿记原理仍旧是日常财务会计核算的基本技术基础。在这个阶段，“业主既是所有者，又是经营者，在选择会计方法时具有绝对的自由。”[④] 由于会计方法（行为）的个体选择特征，此阶段的复式簿记也就是商人们的自治之事了，谈不上统一性和社会性。

以英国为先的工业革命成为商品经济迅猛发展的“催化剂”和“温床”，世界经济的中心和经济活动的重心都发生了巨大变化。近代早期的复式簿记也随着工业生产技术的进步向现代意义上的会计羽化。诸如折旧会计思想、划分资本性支出与收益性支出的思想、成本会计、财务报表审计制度等会计思想和方法体系，都是在这一时期得以确立的。从 19 世纪后期开始，英国的公司法就要求财务报表必须经过公司监事的审查，并向投资者提供已经经过审计的财务报表。这种对会计的内部监督程序逐渐演变为由独立执业会计师进行查账的外部查账制度[⑤]。在政府的许可下，1854 年苏格兰成立了世界上第一家民间审计职业组织（爱丁堡特许会计师协会），这标志着民间审计职业的诞生，被誉为是继复式簿记后会计发展史上的又一个里程碑。在这一阶段，“企业在社会生活中的地位越来越重要，社会关系也日益复杂……会计行为不再是个人行为，而变成一种企业行为。要满足企业外部人士对会计资料的需求，会计方法的选择权就不能完全控制在经营人员的手中，这样客观上要求一种外在于企业的社

---

① 这些必备条件是书写艺术（记录的基础）、算术（确保计算的连续性）、私有财产（使得簿记反映财产与财产权成为现实）、货币（借助于货币才能够在相同的基础上进行汇总等计算行为）、信用（反映交易的刺激）、商业以及资本（会计的价值取向所在）。参见葛家澍，余绪缨．会计学［M］．北京：高等教育出版社，2000：3－4.

② 吴水澎．会计学原理［M］．沈阳：辽宁人民出版社，1994：13.

③ 转引自葛家澍，余绪缨．会计学［M］．北京：高等教育出版社，2000：2－3.

④ 曹欲晓．论会计真实性［J］．会计研究，2001（4）：47.

⑤ 郭道扬．会计史研究：历史 现时 未来：第二卷［M］．北京：中国财政经济出版社，2004：198－229.

会介入会计选择，会计的社会化由此展开。”① 这意味着会计方法（行为）的个体选择，将会逐渐受到行业层面、国家层面乃至国际层面的更多规制和调整。

会计的发展真正进入成熟期（现代会计阶段）是从 20 世纪 30 年代开始的。第一次世界大战后，美国国内经济获得了长足的发展，从而逐步成为世界上经济发达的国家之一。经济的发展必然刺激投资，甚至出现了严重的投机行为。由于相关的法规没有适应经济形势发展的需要，使得许多公司通过虚假财务报表隐瞒从资本中支付股利的事实，并以此吸引投资者的眼球。比如，由于没有规定资本公积不能转记为盈余公积的会计制度，有些公司将股票的实收资本与其设定价值的差额记为盈余公积，并用它支付股利；有些公司以“保密”为由，在财务与会计账表上肆无忌惮地作假。② “在进入 20 世纪后，美国各界已认识到百余年来在统一会计制度方面所出现的重大失误，已造成了极其严重的会计失控问题，这一后果导致各种经济危机现象发生，使财产所有者的经济权益在不同程度上丧失了维护与保障。”③ 然而，经济基础决定上层建筑，在会计信息“泡沫”的鼓吹下，20 世纪初期的以美国等为代表的资本主义经济“自由繁荣”的华丽篇章，以 1929—1933 年的世界经济危机为自己画上了句号。经济危机过后，“经济社会化的客观内在要求普遍显现，适应这种要求的个别经济主体自律及其社会性协调管理逐渐融入个人和社会之理性”④。基于对经济自由放任主义的反思，会计职业界认识到，松散、不规范的会计实务是经济危机爆发的主要原因之一，为了挽救会计职业的声誉和发挥会计应有的经济发展服务职能，就必须着手制定会计准则，规范会计技术方法，不断提高会计信息质量，推动会计沿着社会化、法制化方向科学发展。此后，以美国为典型代表的西方主要市场经济国家便节节推进会计的标准化和法制化。1934 年，美国的第一批会计准则得到纽约证券交易所和会计师协会的共同认可。1937 年，美国证券交易委员会开始公布与上市公司信息披露有关的法规，并将制定会计准则的权利赋予会计职业界，但证券交易委员会始终保留对会计准则制定的监督权和最终否决权。这种在生产社会化程度空前发展境况下，要求会计核算方

① 曹欲晓．论会计真实性［J］．会计研究，2001（4）：47.
② 葛家澍．美国安然事件的经济背景分析［J］．会计研究，2003（1）：10.
③ 郭道扬．论统一会计制度［J］．会计研究，2005（1）：15.
④ 潘静成，刘文华．经济法［M］．北京：中国人民大学出版社，1999：33.

法标准化、通用化和规范化的趋势，是现代会计发展的重要特征之一。另外，从20世纪初期到50年代前后，随着管理学科知识在工厂会计领域的应用推广和深入融合，缘起于企业成本核算和管理的管理会计也逐步形成并得以发展，最终从传统、单一的会计系统中独立出来，这是会计发展史上的第三个里程碑①，标志着科学意义上的现代会计的形成。在此阶段，会计的行业自律和国家监管并存且相互糅合，会计的国家化和国际化相互推动，会计的社会化形象愈加丰盈。

（二）经济越发展会计越重要

纵观会计发展基本历程，没有中世纪地中海各城市海上贸易的发展和文化的交流，便没有复式簿记的跨国界快速传播；没有以企业为重心的经营活动和工业技术革命，便不会产生成本会计；没有所有权和经营权分离的股份公司企业组织形态的产生，便没有向外披露财务信息的动力和民间审计的兴盛；没有激烈的外部经济竞争的挤压和管理科学的理论指导，人们也不会关心、完善管理会计。人类物质生产行为的发生，是人类会计思想、行为发生的最根本前提条件，会计于一定的历史阶段产生之后，它便成为人类应对资源有限和需求无限发展矛盾的经济管理活动的有机组成部分。正如马克思所指出的："过程越是按社会的规模进行，越是失去纯粹个人的性质，作为对过程的控制和观念总结的簿记就越是必要；因此，簿记对资本主义生产，比对手工业和农民的分散生产更为必要；对公有生产，比对资本主义生产更为必要。"② 所以，一定时期的经济发展水平、所有制类型与企业组织形式、经济管理体制、资本市场结构、经济国际化程度等经济因素是会计演进的母体环境要素。这些环境要素造就了会计的过去，孕育着会计的未来，影响着人们对会计的认识和重视程度，进而决定着国家和社会对会计地位的确定和法律态度。总之，"会计的发展是反映性的"③，无论古今中外，会计发展的历史告诉我们：社会经济的发展水平是会计技术和思想进步的最重要的推动力。社会经济越发达，会计水平就越先进；社会经济越发展，会计就越重要；社会经济关系越复杂，就对会计法治的要求越迫切，会计就越需要标准化和法制化。同时，会计本身也与时俱进地回

---

① 余绪缨．管理会计［M］．沈阳：辽宁人民出版社，1996：16.

② 转引自于玉林．现代会计理论——会计系统论、会计信息论与会计控制论［M］．北京：经济科学出版社，2004：53.

③ 侯文铿．知识经济与会计研究［M］．北京：中国财政经济出版社，2002：22.

应着环境要素的发展变化，以对社会经济活动最精微、最细致、最忠诚的照管为使命，为人类社会的精神文明建设和物质文明建设提供决策支持服务。

二、现代会计的主要学识谱系

经过千百年演进而成的现代意义上的会计方法技术体系，由有着丰富、复杂而又彼此关联的不同内容组成。其中属于基础和核心层面的有财务会计、管理会计、财务管理、审计等[①]。从会计演进发展的历程看，财务会计历史最为悠久，属传统的、最为基础的会计。管理会计、财务管理、审计是财务会计基本职能向经营管理、财务管理、经济监督等领域拓宽、发展，进而独立分化的结果。

人们在日常经济生活中谈及会计，通常说的就是财务会计。财务会计的基本职能是会计核算和会计监督。会计核算是应用财务会计概念和方法对会计主体发生的经济业务事项进行确认—计量—记录—报告的过程。财务会计报告是会计核算输出的最正式和最重要的会计数据，主要包括企业等主体“财务状况、经营成果和现金流量等有关的会计信息”[②]。会计凭证、账簿等载明的财务会计信息是形成财务会计报告的基础。会计监督主要是按照单位内部会计内控制度的目的和要求，对相关经济业务的真实性、完整性和合法性进行审核、检查，并对经济行为进行必要的内部干预。财务会计核算和监督应遵守国家会计法律和统一会计制度。国家会计法律制度包含着大量的技术性规范，其中最主要的就是会计准则。所以，财务会计数据具有很强的技术规范性。

管理会计，主要是利用财务会计产生的信息或其他数据，对预计发生的价值运动或其他经济活动，运用标准成本、变动成本等计算模式，各种财务分析方法，计划编制与评价方法，特别是现代数学方法中求最优方案的定量技术，通过预测、分析和评价，转换为各项计划、预算和决定未来行动的备选方案，据以作出可实现最优经济效果的决策。管理会计所提供的管理信息基本上是预见性的，主要是运用货币形式对一个企业或一个单位的全部、部分或某项未来经济活动所作的预测、分析和评价。财务管理职能作用的发挥也是以财务会计信息为基础，思维方法和管理会计相仿，但侧重于筹资、投资、资金营运和利

---

① 刘峰．会计学基础［M］．北京：高等教育出版社，2000：15－20.

② 参见《企业会计准则——基本准则》（中华人民共和国财政部令第 33 号公布，中华人民共和国财政部令第 76 号修改，下同）第一章。

润分配管理等。相较而言，财务会计突出会计的核算职能，方法上具有规范性和标准性；管理会计、财务管理突出会计的预测、分析、评价等管理职能，方法更为复杂和灵活多样。

会计信息质量是使用者作出正确决策的生命线。除会计系统内置的检查功能外，把控会计信息质量的最经常、最主要的经济监督制度和技术是审计。审计由国家授权或接受委托的专职机构和人员，依照国家法规、审计准则和会计理论，运用专门的方法，对被审计单位的财政、财务收支、经营管理活动及其相关资料的真实性、准确性、合规性、合法性、效益性进行审查和监督，评价经济责任，鉴证经济业务，用以维护财经法纪、改善经营管理、提高经济效益的一项独立性的经济监督活动。虽然现代审计有着复杂庞大的专业知识和方法体系，但不管是外部审计（如政府审计、注册会计师审计）抑或内部审计，不管是财政财务审计抑或经济效益审计，它们履行职能得出审计结论的实践工作都绕不开对会计信息的监督检查。在这个意义上，审计是会计信息质量的“看门人”，依据国家财经法律制度和单位内部制度对会计信息的再确认、再计量，是开展审计工作的基本内容。

三、我国会计的新时代特征

新中国的诞生以及由此而开始的波澜壮阔的我国社会主义经济建设，为华夏会计文明的复兴提供了前所未有的广阔场域和发展动力。“改革开放是决定中国当代前途命运的关键一招”[①]，也是我国会计事业得以大发展的关键所在。“回眸新中国七十载的会计发展历程，无论是建国伊始统一会计制度的建立，还是改革开放以来会计法的出台与历次修订；无论是经济体制转轨进程中‘两则两制’的制订和实施，还是二十一世纪企业会计准则的国际趋同和中国特色管理会计体系建设”[②] ……这些具有重大历史意义的会计改革发展举措，使得中国会计之星在世界会计的天空中重又冉冉升起。特别是党的十八大以来，我国会计法律制度体系日益健全，企业会计准则革故鼎新，会计信息化建设快速发展，审计监督要求不断强化，会计以经济高质量发展不可或缺的现代生产性服务业新形象，进入了建设大国会计和强国会计的新时代。

---

① 参见习近平总书记在庆祝中国共产党成立100周年大会上的讲话。

② 徐玉德，韩彬．新中国七十年企业会计改革发展的演进逻辑与理论诠释［J］．会计研究，2020（1）：16.

（一）新时代我国会计的全面发展

为适应改革开放的深入推进、经济社会的全面发展，推进国家治理体系和治理能力现代化，会计领域的改革与发展推陈出新、成果丰硕。

会计法制与诚信建设方面。《中华人民共和国会计法》①（以下简称《会计法》）、《中华人民共和国注册会计师法》②（以下简称《注册会计师法》）修订取得实质性进展，《会计档案管理办法》③ 等4项部门规章修订印发，《财政部关于加强国家统一的会计制度贯彻实施工作的指导意见》（财会〔2019〕17号）等16项规范性文件相继出台，会计人员诚信建设扎实推进，出台了《关于加强会计人员诚信建设的指导意见》（财会〔2018〕9号）和《关于对会计领域违法失信相关责任主体实施联合惩戒的合作备忘录》（发改财金〔2018〕1777号），良法促进发展保障善治的会计法治环境正在逐步形成④。为深入贯彻党中央、国务院关于严肃财经纪律的决策部署，出台了《关于进一步规范财务审计秩序促进注册会计师行业健康发展的意见》（国办发〔2021〕30号）。

财务会计改革与准则制度建设方面。一是按照党中央、国务院的部署，财政部积极推进政府会计改革，构建了“双功能”“双基础”“双报告”的预算会计和与财务会计适度分离又相互衔接的政府会计核算模式；政府会计准则从无到有，包括1项基本准则⑤、10项具体准则⑥和1项统一政府会计制度⑦在内的具有中国特色的政府会计准则制度体系基本建成并稳步实施，为深化权责发生制政府综合财务报告改革夯实了制度基础，为开展政府信用评级、加强资产

---

① 根据2017年11月4日第十二届全国人民代表大会常务委员会第三十次会议《关于修改〈中华人民共和国会计法〉等十一部法律的决定》第二次修正。

② 2014年8月31日第十二届全国人民代表大会常务委员会第十次会议《关于修改〈中华人民共和国保险法〉等五部法律的决定》修正。

③ 2015年12月11日财政部部务会议、国家档案局局务会议修订，中华人民共和国财政部、国家档案局令第79号发布，自2016年1月1日起施行。

④ 参见《会计改革与发展“十四五”规划纲要》（财会〔2021〕27号）。

⑤ 1项基本准则，是指《政府会计准则——基本准则》（中华人民共和国财政部令第78号）。

⑥ 10项具体准则，是指《政府会计准则第1号——存货》、《政府会计准则第2号——投资》、《政府会计准则第3号——固定资产》、《政府会计准则第4号——无形资产》（财会〔2016〕12号）、《政府会计准则第5号——公共基础设施》（财会〔2017〕11号）、《政府会计准则第6号——政府储备物资》（财会〔2017〕23号）、《政府会计准则第7号——会计调整》（财会〔2018〕28号）、《政府会计准则第8号——负债》（财会〔2018〕31号）、《政府会计准则第9号——财务报表编制和列报》（财会〔2018〕37号）、《政府会计准则第10号——政府和社会资本合作项目合同》（财会〔2019〕23号）。

⑦ 1项统一政府会计制度，是指《政府会计制度——行政事业单位会计科目和报表》（财会〔2017〕25号）。

负债管理、改进政府绩效监督考核、防范财政风险等提供了制度保障[①]。二是在2006年企业会计准则体系（1项基本准则+38项具体准则）的基础上，保持与国际财务报告准则持续趋同的总基调，修订了企业会计基本准则和14项企业会计具体准则[②]，新增了4项企业会计具体准则[③]，形成了我国新的企业会计准则体系（1项基本准则+42项具体准则），并建立了企业会计准则实施机制，以积极回应并解决会计准则实施中的技术问题，为供给侧结构性改革和资本市场的健康发展提供高质量会计信息支持。

管理会计、财务管理改革与制度建设方面。着眼于服务各类单位提高内部管理水平和风险防范能力的会计职能转型实现突破，《管理会计基本指引》（财会〔2016〕10号）及其配套应用指引陆续出台，基本建成了与我国社会主义市场经济体制相适应的管理会计体系，内部财务控制制度建设和督导力度日益增强，会计职能实现从传统的算账、记账、核账、报账向价值管理、资本运营、战略决策辅助等职能持续转型升级。

会计信息化建设方面。在现代信息技术的牵引和支撑下，会计信息化建设深入推进，大数据、人工智能、移动互联、云计算、物联网、区块链等新技术在会计工作中得到广泛关注，智能财务、财务共享等理念以及财务机器人等自动化工具得到应用，优化了会计数据的获取、加工方式以及会计机构的组织形式和会计人员的工作内容，积极推动了会计工作创新发展；新技术应用深度和广度的不断延展，促进了会计信息系统与业务信息系统的初步融合，有效提升了单位服务管理效能和经营管理水平；企业会计准则通用分类标准持续修订完

---

① 参见财政部会计司《“十三五”时期政府会计改革成果丰硕》，http：//kjs.mof.gov.cn/gongzuodongtai/202011/t20201111_3620702.htm，2020年11月12日。

② 修订发布的14项企业会计具体准则，是指《企业会计准则第2号——长期股权投资》（财会〔2014〕14号）、《企业会计准则第9号——职工薪酬》（财会〔2014〕8号）、《企业会计准则第30号——财务报表列报》（财会〔2014〕7号）、《企业会计准则第33号——合并财务报表》（财会〔2014〕10号）、《企业会计准则第16号——政府补助》（财会〔2017〕15号）、《企业会计准则第22号——金融工具确认和计量》（财会〔2017〕7号）、《企业会计准则第23号——金融资产转移》（财会〔2017〕8号）、《企业会计准则第24号——套期会计》（财会〔2017〕9号）、《企业会计准则第37号——金融工具列报》（财会〔2017〕14号）、《企业会计准则第14号——收入》（财会〔2017〕22号）、《企业会计准则第21号——租赁》（财会〔2018〕35号）、《企业会计准则第12号——债务重组》（财会〔2019〕9号）、《企业会计准则第7号——非货币性资产交换》（财会〔2019〕8号）、《企业会计准则第25号——保险合同》（财会〔2020〕20号）。

③ 新增加的4项企业会计具体准则，是指《企业会计准则第39号——公允价值计量》（财会〔2014〕6号）、《企业会计准则第40号——合营安排》（财会〔2014〕11号）、《企业会计准则第41号——在其他主体中权益的披露》（财会〔2014〕16号）、《企业会计准则第42号——持有待售的非流动资产、处置组和终止经营》（财会〔2017〕13号）。

善，在国资监管、保险监管等领域有效实施；修订《会计档案管理办法》，出台电子会计凭证报销入账归档相关规定，消除了会计资料无纸化的政策障碍，电子会计资料普遍推广，初步降低了会计信息的生产、传输和存储成本，促进了会计信息的深度应用。①

审计方面。党的十九届三中全会通过的《深化党和国家机构改革方案》中明确提出："组建中央审计委员会，作为党中央决策议事协调机构"。2018 年 5 月 23 日中央审计委员会第一次会议召开，标志着中央审计委员会正式建立运行。随后，各省、市、县一级党委的审计委员会也陆续建立，标志着审计工作进入全面坚持党的领导的新阶段。② 中央审计委员会的成立"为新时代优化国家审计的顶层设计谋划了宏观方略，对加强党中央集中统一领导国家审计工作，加强权力运行的制约和监督，构建党和国家统一指挥的监督体系，推动国家治理体系与治理能力现代化具有划时代的意义。"③ 另外，为巩固党的十八大以来我国审计发展改革成果，进一步完善审计制度，保障审计机关依法独立行使审计监督权，更好发挥审计在党和国家监督体系中的重要作用，2018 年 9 月 7 日第十三届全国人大常委会启动了审计法修改计划。2021 年 10 月 23 日第十三届全国人大常委会第三十一次会议通过了《关于修改〈中华人民共和国审计法〉的决定》，该决定自 2022 年 1 月 1 日起施行。审计法的此次修正是我国审计工作不断发展与完善的重要标志和根本保证，更是党和国家对审计工作越来越重视的体现。其中，优化审计监督手段是新审计法的一大亮点，主要体现在以下四个方面：一是调整审计机关要求提供资料的范围。为保障审计机关有效履行审计监督职责，新审计法将与财政收支、财务收支有关的业务、管理等资料纳入审计机关有权要求被审计单位提供资料的范围。同时，增加了被审计单位负责人对本单位提供资料及时性负责的要求，赋予了被审计单位配合审计机关对资料分析情况进行核实的义务。二是调整审计机关检查权的范围。为与审计机关有权要求被审计单位提供资料的范围相适应，并加强对被审计单位信息系统的监督，新审计法将原审计法第三十二条修改为："审计机关进行审计时，有权检查被审计单位的财务、会计资料以及与财政收支、财务收支有关的业

---

① 参见《会计改革与发展"十四五"规划纲要》（财会〔2021〕27 号）和《会计信息化发展规划（2021—2025 年）》（财会〔2021〕36 号）。

② 朱殿骅. 新中国成立 70 年国家审计制度的演进历程与未来展望［J］. 西安财经大学学报，2020（4）：36.

③ 谢冬慧. 新中国七十年审计法治发展之回瞻［J］. 中国法律评论，2019（5）：152－153.

务、管理等资料和资产，有权检查被审计单位信息系统的安全性、可靠性、经济性，被审计单位不得拒绝。”三是赋予审计机关获取国家政务信息系统和数据共享平台数据的权力。为充分发挥国家政务信息系统和数据共享平台的作用，新审计法规定国家政务信息系统和数据共享平台应当按照规定向审计机关开放。这为在大数据时代背景下，利用技术改变审计服务交付方式，将重复工作标准化并将其进一步运用新兴技术实现自动化，进而提升审计质量和效率的数字化审计路径提供了必需的法制保障。四是完善审计机关查询存款权。新审计法明确，审计机关有证据证明被审计单位违反国家规定将公款转入其他单位、个人在金融机构账户的，经县级以上人民政府审计机关主要负责人批准，有权查询有关单位、个人在金融机构与审计事项相关的存款。[①] 党的十八大以来，我国在政府审计、注册会计师审计和内部审计的审计规范体系建设方面取得了不少成果，详见本书第五章内容。

（二）新时代我国会计的融合发展

随着新时代的改革和发展，我国会计的理念、制度规范、方法体系等各方面都发生了深刻的变化，其中最为突出的有三个方面：一是我国企业会计准则国际化和国际财务报告准则中国化互动融合发展。在与国际财务报告准则持续趋同这一目标的牵引下，我国企业会计的技术标准越来越国际化。但我国的企业会计准则与国际财务报告准则的持续趋同并不是“直接采用”，而是始终坚持“趋同不等于等同、趋同应当互动”的原则。企业会计技术标准的国际趋同不仅是我国企业会计技术标准的国际化，而且在趋同中国际财务报告准则制定机构也及时听取了我国的意见、建议，吸收了我国合理的、行之有效的经验和做法，提升了国际财务报告准则的全球公认性。因此，新时代我国企业会计准则改革发展是一种国际化和中国化互动融合的发展。二是财务会计、管理会计、财务管理等在技术方法层面的渗透融合发展。在数字技术的推动下，会计作为一种经济管理活动的价值日益提升，会计的内涵和外延持续延伸并与不同经济管理学科交叉渗透，财务会计中融入的管理会计和财务管理的知识和方法越来越多，财务会计、管理会计和财务管理正在朝融为一体的方向发展。三是“业财融合”发展。在会计工作组织层面，业务部门与财务部门通过信息技术手段实现业务流、资金流、信息流等的及时共享，为实现价值最大化共同进行

① 何欣哲．新审计法为审计事业发展提供法律保障［N］．中国会计报，2021－11－05（1）．

规划、决策、控制和评价管理活动，企业会计信息系统输入、输出内容中业务数据和财务数据互参融合的特征愈益增强。上述融合发展，尤其是“业财融合”，为税务管理等国家经济监管职能的全面发挥创造了新条件。所以，在会计融合发展的背景下，会计数据的挖掘利用视角已不能再囿于传统意义上的会计凭证、账簿和报表所包含的财务信息，而是应瞄向财务会计数据、管理会计数据、财务管理数据、审计数据等会计系统所输出的成分多样化的“大会计数据”。

随着《会计改革与发展“十四五”规划纲要》(财会〔2021〕27 号) 和《会计信息化发展规划 (2021—2025 年)》(财会〔2021〕36 号) 的实施，会计在新时代的发展前景更为广阔，会计、审计数字化加速转型升级，“大会计数据”逐步进入数字时代。

第二节　会计思维与税收工作

从不同的角度或层面，人们对“税收工作”的内涵和外延都会有不同的理解。本书所说的“税收工作”，是指由国家税务机关依法开展的各项税务专业工作，包括税务管理、税款征收和税务检查等国家税收征管业务工作，其根本要旨在于保障国家税收收入，保护纳税人的合法权益，促进经济和社会发展[①]。

一、税收工作中的会计思维

人脑是思维的器官，思维是人脑的机能和属性。人的思维是对现实的间接的概括的反映，它是词的思维、语言的思维，属于抽象思维，这是它和一切动物思维根本不同的地方[②]。这种思维首先创立了一般人类的经验，而最后创立了科学，即人对周围世界和对自己进行最高理解的工具。恩格斯将人类的“思维着的精神”盛赞为“地球上的最美丽的花朵”[③]。思维之花之所以如此美丽，不仅是经由了科学知识的浇灌，更是经由了实践的锤炼。毛泽东在《实践论》

---

① 参见《中华人民共和国税收征收管理法》(中华人民共和国主席令第二十三号，2015 年修正) 第一章、第二章、第三章、第四章等相关规定。

② 朱长超．试论人类思维是一个自然历史过程［J］．哲学研究，1985 (6)：43－49.

③ 王丕．马克思恩格斯关于思维的论述［J］．心理学探析，1985 (10)：57－58.

中总结："实践、认识、再实践、再认识，这种形式，循环往复以致无穷，而实践和认识之每一循环的内容，都比较地进到了高一级的程度。这就是辩证唯物论的全部认识论，这就是辩证唯物论的知行统一观。"这也正是思维之花吐露精神文明芬芳、结出物质文明硕果的奥妙所在。在这个意义上，可以将思维理解为一种知行合一的智力活动模式——获取、掌握、应用科学的理论知识和实践经验以解决现实问题。相应地，可以将"会计思维"界定为获取、掌握、应用会计理论知识和实操技法，解决会计工作本身及相关工作实际问题的专门性智力活动。在经济管理工作场域，会计思维是一种迁移性很强的专业性元能力，它在税收工作领域跨界应用、高级化发展而成的智力活动模式，就是所说的"税收工作中的会计思维"。与一般的会计专业思维相比，税收工作中的会计思维是一种服务于税收工作的更高级的综合性的以对"大会计数据"利用力和监管力为表征的会计思维形态。会计是什么，会计干什么，会计怎么干，会计与税收的关系，对这些理论问题的把握是税收工作中的会计思维构建、培植、练达所需的基本智识规训。

（一）会计是什么

会计是什么，是关乎会计本质的问题，是会计思维的根本问题，属会计观范畴。关于会计本质的界定，主要学说有会计技术论、会计信息系统论、会计管理活动论和会计控制系统论等。其中，对人们产生重大影响的学说，是会计信息系统论和会计管理活动论。会计信息系统论认为："会计是旨在提高企业和各单位活动的经济效益，加强经济管理而建立的一个以提供财务信息为主的经济信息系统。它在企业和各单位范围内，主要用于处理价值运动（在社会主义条件下为资金运动）所形成的数据并产生与此有关的信息，起反映的职能；上述数据与信息的进一步利用，又能起监督、预测、规划和分析评价等控制职能。会计的上述两项基本职能，都有助于进行正确的经济决策和财务决策。"[①]会计管理活动论认为，"会计是人们管理生产过程中的一种社会活动"，具体地讲，"它是通过收集、处理和利用经济信息，对经济活动进行组织、控制、调节和指导，促使人们权衡利弊、比较得失、讲求经济效果的一种管理活动"，"并主要体现为价值管理"活动，"其职能一是反映（观念总结），二是监督

① 杜兴强．葛家澍教授学术思想研究——纪念葛家澍教授诞辰100周年［J］．会计研究，2021（1）：16.

(控制)”，“会计监督是会计工作的灵魂和核心”。[①] 相较而言，会计信息系统论更强调会计的技术属性——反映经济活动的职能属性，会计管理活动论更强调会计的社会属性——管理经济活动的职能属性，但两者对会计本质属性的最重要方面（会计对象和职能）的揭示是相通的。据此可以说，会计是对各类主体的经济活动（尤其是价值增值运动）进行反映和控制的一种专门管理活动。所谓“专门管理活动”，是说与其他管理活动相比，会计在发展、演进过程中形成了自己的专有知识体系（思想、概念和技术方法等）。

（二）会计干什么

会计干什么，是关乎会计职能和目标的问题，是人们头脑中所确立会计观念、内涵的基本思维要素。会计职能，是指会计在经济管理中客观上能发挥的功能，是会计适应社会经济生活的需要所具备的能力，是会计的本质属性之一，是不受人们主观意志支配的，尤其是会计的基本职能具有客观性和相对稳定性。一般认为，在广义上会计有反映经济活动、监督经济活动、控制经济过程、评价经营业绩、提供决策支持和预测经营前景等六项职能。其中，反映经济活动和监督经济活动是会计最基本的职能。会计目标，是会计基本职能的具体化，是会计信息使用者向会计信息系统提出的主观要求，也是会计工作意欲完成的使命。会计目标的提出，不能脱离和超越会计的现有职能；会计目标的确定，在不同的经济、政治等环境下有其具体性。比如，我国《企业会计准则——基本准则》第四条规定：“财务会计报告的目标是向财务会计报告使用者提供与企业财务状况、经营成果和现金流量等有关的会计信息，反映企业管理层受托责任履行情况，有助于财务会计报告使用者作出经济决策”。《管理会计基本指引》第三条规定：“管理会计的目标是通过运用管理会计工具方法，参与单位规划、决策、控制、评价活动并为之提供有用信息，推动单位实现战略规划。”第二十二条规定：“管理会计信息包括管理会计应用过程中所使用和生成的财务信息和非财务信息。”《企业财务通则》（中华人民共和国财政部令第41号）第三条第二款要求财务管理“应当按照制定的财务战略，合理筹集资金，有效营运资产，控制成本费用，规范收益分配及重组清算财务行为，加强财务监督和财务信息管理”。根据《中华人民共和国审计法》（以下简称《审计法》，2021年修正，下同）相关规定，审计主要目标在于对被审计对象财政收

① 叶康涛，刘金洋．会计管理活动论的当代意义［J］．会计研究，2020（1）：6－8.

支或者财务收支的真实性、合法性和效益性，依法进行审查和监督。可见，广义上的会计职能，决定了会计目标的实质在于向相关各方提供经过会计信息系统加工处理的，以财务数据为主的各类经济数据。

（三）会计怎么干

会计怎么干，是关乎会计基本程序和方法的问题，是会计思维对会计职能和会计目标如何实现问题的实践总结和理论把握。这包括两个方面：一是会计基本程序，指在形成会计信息、从而履行会计职能、实现会计目标过程中所特有的会计工作步骤，包括会计确认、计量、记录和报告等。会计确认是把某个项目作为企业的资产、负债、所有者权益、收入、费用或者其他会计要素加以正式的记录或列入最终财务报表之中的过程；会计计量的主旨在于选择什么样的计量尺度（计量单位）和计量属性（计量标准）；会计记录是对经过确认而进入会计信息系统的各项数据，通过预先设置好的各种账户，运用一定的文字与金额，按照复式记账的有关要求在账簿中进行记录的过程；会计报告，是指把会计信息系统的最终产品（有用会计信息）传递给各个会计信息使用者的手段和载体，主要内容包括会计报表及其附注和其他应当在会计报告中披露的相关信息和资料。二是会计基本方法，指贯穿于会计基本程序的各个具体会计基本核算方法，包括设置账户、填制和审核会计凭证、登记账簿、复式记账、成本计算、财产清查和编制财务报表等。会计基本程序与会计基本核算方法的关系如图 1－1 所示。

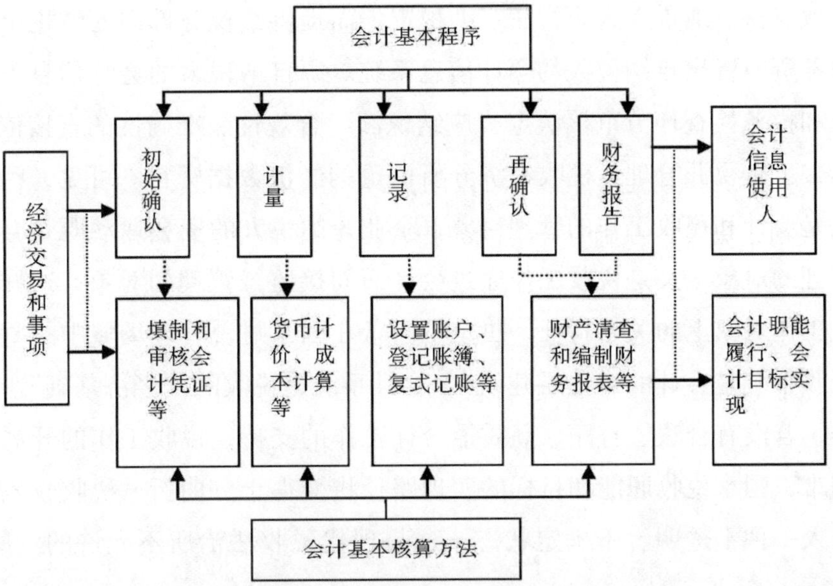

图 1－1 会计基本程序和会计基本核算方法的关系

（四）会计与税收的关系

在现代财税领域里，会计与税收是对立统一的，两者“既具有内在的一致性，又由于两者在目标与原则上存在着的不同而出现差异，存在着分离的趋向。”① 但这种分离是不会无限扩大的，不会造成会计和税收彼此完全地否定对方。这是因为，在现代市场经济条件下，会计与税收的目标价值取向有所不同，但两者都属于经济管理范畴，且管理对象都聚焦于企业等社会经济主体的资金运动，在管理对象上具有统一性。这决定了会计与税收内在一致、互动协调发展是两者在整体上稳定性的关系特征，会计与税收的分离、差异是两者局部性的、不稳定的关系特征。诚所谓“合久必分，分久必合”，这也是会计与税收关系矛盾运动的基本规律。以下主要就两者的一致性方面作进一步讨论。

会计工作是税收工作的基础。在国家层面，税收财政资金的预算和支用属政府预算会计对象，税款的征收、报解和提退等属政府（税收）会计对象；政府会计对税收资金运动的核算和监督本身就是国家税收财政管理工作的重要组成部分。在纳税人层面，按照税法等国家法律规定确认、计量、申报、缴纳“应交税费”，是纳税人会计职能部门应当依法办理的经济业务事项。“应交税费”的会计确认计量，不单是对税法所规定计税方法的适用，更需要依赖于资产、负债、收入、费用等会计要素确认计量的过程控制和结果总结；“应交税费”的缴纳不仅是一个申报纳税的税法程式，更需要纳税人资金预算和结算系统的高效支持。纳税人为履行法定纳税责任而提供给税务部门的纳税申报表及附报财务资料皆出自纳税人的会计信息系统。源自纳税人的会计信息不仅是税款征收和税务检查环节审核认定“应纳税额”合规性、准确性的直接依据和重要证据，也是税源管理、税收经济分析倚重的经济数据资料。可见，税收资金运动就是会计和税收工作的管理对象，企业等纳税人的资金运动既是会计工作直接管理的对象，又是税收工作通过会计而间接监督管理的对象。这样的会计与税收工作对象上的关系特征，决定了两者在国家财税管理场域中的基本关系——税收系统是会计的“上层建筑”，会计系统是税收的“经济基础”。也正因为这样，若没有合法、有序、高质量会计工作的支持，税收工作的开展将变得十分困难，国家税收职能和目标的实现路径将变得十分曲折，税收收入的取得也将陷入一种不透明、不确定状态，这是现代税收法治所不允许的。所以说，

---

① 邓力平．税制改革：基于税收与会计关系的理解［J］．涉外税务，2004（12）：5.

把会计作为重要抓手，是税收法治的内在要求，会计工作的法治状态是依法、高效、有序开展税收工作的重要前提和基础。

国家统一会计制度，尤其是其中的会计原则、惯例和会计技术性规范，是税收法制的重要渊源。综观世界各国，税收制度和会计制度的基本关系模式有两大类：一是以法国、德国等国家为代表的税会统一模式。我国计划经济年代施行的也是这种模式。在这种税会关系模式下，会计信息主要是为了满足政府管理社会经济活动的需要，会计制度通常由政府部门制定，并且会计制度与税收制度具有高度的一致性。但由于会计制度主要由操作性的技术规范构成，内容往往十分具体繁杂，而税收制度侧重于对征纳双方权利义务关系的规定，一般并不对会计作出具体详细的规定，而是直接援引会计制度的规定。比如，我国已废止的《中华人民共和国国营企业所得税条例（草案）》（国务院1984年发布）第三条规定："各项开支的范围和标准，应按照《国营企业成本管理条例》和财政部制定或批准的国营企业财务会计制度的规定执行。"这种被税收制度所援引的会计制度以及税收制度中有关会计的直接规定，既是会计工作的规范依据，也是税收工作的规范依据，成为税收制度的重要形式渊源。二是以英国、美国等国家为代表的税会分离模式。自1992年以来，与中国特色社会主义市场经济建设和改革开放的大环境变化相适应，我国会计制度建设开始重视会计信息对政府部门以外其他利害相关方（如会计主体的债权人、投资人等）的作用，在会计技术层面逐渐更多地借鉴美国、英国等西方发达国家的有益经验，与国际会计准则理事会的交流合作也不断推进。及至2006年我国与国际财务报告准则实质性趋同的企业会计准则体系确立之后，我国的税会关系模式有了明显的税会分离特征。但是，我国的税会分离模式不同于美国的高度分离模式，我国是在中国特色社会主义市场经济建设和改革开放的浸润下，由原先高度一致的税会关系演进而成的一种适度分离的税会关系模式。在这种模式下，税会之间确实存在诸多不同，比如固定资产概念的外延、资产利得与损失的处理、历史成本以外其他计量属性的选择、折旧计算参数厘定等。但这种差异是税收制度有关会计的规定相对于国家统一会计制度而言的差异，也就是说，税收制度制定层面并没有撇开国家统一会计制度而去单独另搞一套专属于税收的核算制度，而是基于税收目标价值取向对国家统一会计制度的某些规定所进行的调校。所以，国家统一会计制度仍然是税收制度运行的重要制度基础。不涉及税会差异的国家统一会计制度内容，以及税收制度尚属空白而国家统一会计制度有所规定的内容，都具有既规范会计又规范相关税收工作的双重作用，都可直接或间接地构成税收制度的形式渊源。比如，《中华人民共和国税收征收管理法》（以下简称《税收征收管理法》，2015 年修正，下同）第二十条第二款规定："纳税人、扣缴义务人的财务、会计制度或者财务、会计处理办法与国务院或者国务院财政、税务主管部门有关税收的规定抵触的，依照国务院或者国务院财政、税务主管部门有关税收的规定计算应纳税款、代扣代缴和代收代缴税款。"也就是说，除非税收制度有特殊规定，国家统一会计制度是企业等纳税人对"应交税费"等涉税事项进行核算的基本制度依据，这些与税收制度一致的并据以核算涉税经济事项的会计制度规定，虽不在税收制度体系内，但却是征纳双方执行、遵守国家税收法令的重要制度来源。另外，在税会职能目标差异扩大的趋势下，税收制度对国家统一会计制度的调校性规定会越来越多，税收制度本身涉及的会计基本概念、原则、技术方法术语也会越来越多。这种被"会计化"的税收制度的运行会更加离不开对会计的精熟把握，国家统一会计制度内、外的属于现代会计学识的概念、原则、技术惯例等，自然也就成了解释运用税收制度的不可缺少的理论渊源。

二、智慧税务时代更需要加强税收工作中的会计思维能力建设

在新时代，我国税收征管事业更加锐意进取、蒸蒸日上。《中华人民共和国国民经济和社会发展第十四个五年规划和 2035 年远景目标纲要》擘画蓝图："深化税收征管制度改革，建设智慧税务，推动税收征管现代化。"[①] 中办、国办印发的《关于进一步深化税收征管改革的意见》进一步明确："到 2022 年，在税务执法规范性、税费服务便捷性、税务监管精准性上取得重要进展。到 2023 年，基本建成'无风险不打扰、有违法要追究、全过程强智控'的税务执法新体系……'线下服务无死角、线上服务不打烊、定制服务广覆盖'的税费服务新体系……以'双随机、一公开'监管和'互联网 + 监管'为基本手段、以重点监管为补充、以'信用 + 风险'监管为基础的税务监管新体系……到 2025 年，深化税收征管制度改革取得显著成效，基本建成功能强大的智慧税务，形成国内一流的智能化行政应用系统，全方位提高税务执法、服务、监管

---

① 参见《中华人民共和国国民经济和社会发展第十四个五年规划和 2035 年远景目标纲要》第六篇第二十一章第二节"完善现代税收制度"。

能力。”[①]

智慧税务是加快数字化发展、建设数字中国的重要组成部分，是新时期税收征管工作最为显著的时代特征，是税收征管信息化—数字化—智能化建设螺旋式推进发展的新阶段。在这一新的建设发展阶段，税务执法要从经验式执法向科学精确执法转变，税费服务新体系要从无差别服务向精细化、智能化、个性化服务转变，税务监管新体系要从“以票管税”向“以数治税”分类精准监管转变。支撑这些新的税务执法模式、服务模式、监管模式高效运行的关键的动力之源就是税收大数据。税收大数据关联全部市场主体，积累了每个主体的基础信息、数年的生产经营和市场交易数据，以及税务执法过程中生成的数据；覆盖社会生产—流通—分配—消费各个领域，在微观上能精确直观反映市场主体的经营状况、在宏观上能精准有效反映经济运行现状及变动趋势。[②] 不仅有核心层面的税收法制数据、税收经济数据、税收征纳主体组织数据，而且包含与税收征管智慧系统运行相关的各类外部环境数据。会计数据作为市场经济运行的信息“血液”，是庞大的税收经济数据中的最为关键的部分，为智慧税务系统中税源管理、税款计征、税收风险监测、税收执法决策、税收经济分析等核心职能子系统的有效运行提供底层数据资源，从而为智慧税务系统实现智能化精细个性服务和精准风险监管、由纳税人网上“报税”向信息系统云上自动“算税”的转变提供支撑。在这种新的智慧税务环境下，税收工作中的会计思维就不能再囿于传统税务管理环境下的那种对会计数据的一般性获取、分析和利用，而应秉持税收大数据分析利用的系统观念，一方面要及时掌握企业会计准则改革发展动态及其新理念、新概念、新方法，持续优化和增强对财务会计数据纵深洞察的分析应用能力；另一方面要通晓现代会计的主要知识，持续优化和增强对“大会计数据”全能洞察的分析应用能力。这是新时代税收工作中的会计思维能力建设的内在要求，也是智慧税务时代税务干部税收大数据思维能力必需的基本智力元素。

综上所述，随着“十四五”规划擘画蓝图和中办、国办印发的《关于进一步深化税收征管改革的意见》对税收征管现代化各项部署的实施推进，与智慧税务相匹配的税收工作中的会计思维能力建设愈发重要和紧迫。紧跟新时代会

① 参见中办、国办印发的《关于进一步深化税收征管改革的意见》。

② 王建华．用好税收大数据赋能高质量发展［N］．经济日报，2021－03－23（11）．

计改革和发展步伐，拓宽、夯实现代会计学识基础，把握会计新理念、新概念，更新会计理论知识，熟悉会计法律制度，掌握识别、获取、分析、核查和利用“大会计数据”的新方法、新工具，不断改进和提升以税收征管为目的的会计思维方式和能力，形成与智慧税务相适配的税收工作中的会计思维，是税务干部队伍能力建设的新时代需要。

第二章　会计法治思维

第一节　会计法律制度体系

一、会计法律制度与税务执法的关系

会计法律制度是会计工作必须遵守的行为规范，是我国经济法律法规体系的重要组成部分。会计法律制度有其自身内在的逻辑构成，自成体系。其中，规范会计数据生成的法律制度是这一体系中最基础也是最重要的部分，且与税务执法密切相联。

（一）纳税人的会计记录是计税依据数据的主要来源

《税收征收管理法》第二十条第二款规定："纳税人、扣缴义务人的财务、会计制度或者财务、会计处理办法与国务院或者国务院财政、税务主管部门有关税收的规定抵触的，依照国务院或者国务院财政、税务主管部门有关税收的规定计算应纳税款、代扣代缴和代收代缴税款。"《中华人民共和国企业所得税法》（以下简称《企业所得税法》，2018 年修正，下同）第二十一条规定："在计算应纳税所得额时，企业财务、会计处理办法与税收法律、行政法规的规定不一致的，应当依照税收法律、行政法规的规定计算。"

以上税收法律的规定，原则上解决了纳税人税额计算时法律适用的冲突问题。通常，纳税人的财务、会计制度或者财务、会计处理办法是根据国家会计法律制度制定的。在税务执法中，计算应纳税额时，计税依据的数据来源于两个方面：一是按照与税收法律法规规定相一致的会计法律制度进行核算而生成的会计数据；二是按照税收法律法规规定在会计数据基础上作调整并据以计算的数据。也就是说，计税依据的数据主要来源于纳税人的会计账簿、凭证所反映的收入、费用、利润、资产、负债、所有者权益等数据，即会计记录。纳税人的会计凭证、账簿以及报表系统记录的会计数据，是纳税人对其发生的所有经济业务进行会计确认和计量的结果。会计记录中的会计数据为税额计算提供了翔实的信息，是税款征收和税务监管的重要基础数据。

（二）会计法律制度也是税务执法的重要法律依据

税务执法的多个环节，如税款征收、税收风险识别、纳税评估、税务审计、反避税调查以及税务稽查等，其核心内容其实就是判断纳税人应纳税额的计算、缴纳是否符合税收法律法规规定。尤其是税务执法时，需要对纳税人依据与税收法律法规规定相一致的会计法律制度进行会计核算生成的会计数据是否准确、完整，乃至纳税人的会计行为是否符合《会计法》等法律制度规定作出判断。显然，这类判断所依据的标准是会计法律制度。也就是说，在税务执法特别是税收风险应对环节，税务机关及税务人员有必要检查纳税人对会计法律制度的遵守情况。《税收征收管理法》第五十四条也规定了税务机关有权检查纳税人的账簿、凭证、报表和有关资料。

为了避免税务执法与会计行为的冲突，《会计法》（2017 年修正，下同）第三十三条第一款规定："财政、审计、税务、人民银行、证券监管、保险监管等部门应当依照有关法律、行政法规规定的职责，对有关单位的会计资料实施监督检查。"这一规定赋予了税务机关依据《会计法》对纳税人的会计行为实施监管的职权，从而使《会计法》成为税务执法的帮手。

由此可见，与税务执法相关的会计法律制度也是税务执法的重要依据之一。这就要求税务人员同样要学习掌握相关的会计法律制度，养成良好的、与智慧税务相适配的会计法治思维，运用法治思维和法治方式规范执法，做到精确执法、精准监管，从而贯彻落实好中办、国办印发的《关于进一步深化税收征管改革的意见》。

二、会计法律制度体系构成

按照《中华人民共和国立法法》（以下简称《立法法》，2015 年修正，下同）的划分标准，我国现行的会计法律制度体系由会计法律、会计行政法规、会计部门规章和会计规范性文件四个层级组成。如表 2－1 所示。

表 2-1　　会计法律制度体系结构

会计法律制度类别	会计法律制度举例（包括但不限于下列举例）
会计法律	《会计法》 《注册会计师法》
会计行政法规	《企业财务会计报告条例》 《总会计师条例》
会计部门规章	《企业会计准则——基本准则》 《政府会计准则——基本准则》 《会计档案管理办法》 《代理记账管理办法》和《会计基础工作规范》
会计规范性文件	42 项具体会计准则 《小企业会计准则》 《企业产品成本核算制度（试行）》 《财政部关于加强国家统一的会计制度贯彻实施工作的指导意见》 《中国注册会计师审计准则第 1601 号——审计特殊目的财务报表的特殊考虑》 《企业内部控制基本规范》 《管理会计基本指引》 《关于严格执行企业会计准则　切实做好企业 2021 年年报工作的通知》

注：关于政府审计和内部审计的审计规范体系，以及注册会计师审计的详细规范体系，参见本书第五章内容。

会计法律，是指由国家最高权力机关即全国人民代表大会及其常务委员会制定的会计法律规范，如《会计法》《注册会计师法》等。

会计行政法规，是指由国家最高行政机关即国务院制定的会计法律规范，如《企业财务会计报告条例》《总会计师条例》等。

会计部门规章，是指由国家主管会计工作的行政部门即财政部制定并由部长签发的财政部令形式的会计法律规范，如《企业会计准则——基本准则》《政府会计准则——基本准则》《代理记账管理办法》（中华人民共和国财政部令第 80 号，中华人民共和国财政部令第 98 号修改）和《会计基础工作规范》（财会字〔1996〕19 号，中华人民共和国财政部令第 98 号修改）等。

会计规范性文件，是指由国家主管会计工作的行政部门即财政部以及其他相关部委制定的行政规范性文件形式的会计法律规范，如 42 项具体会计准则、《企业会计准则——应用指南》（财会〔2006〕18 号）、《小企业会计准则》（财会〔2011〕17 号）、《企业产品成本核算制度（试行）》（财会〔2013〕17 号）等。

另外，根据《立法法》的有关规定，各省、自治区、直辖市在与国家的会计法律、行政法规不相抵触的前提下，可结合本地区的实际情况，制定地方性会计法规，在本行政区域内实施。例如，福建省人大制定的《福建省实施〈中华人民共和国会计法〉办法》、深圳市人大制定的《深圳经济特区会计管理条例》等。

《会计法》第八条规定："国家实行统一的会计制度。国家统一的会计制度由国务院财政部门根据本法制定并公布。国务院有关部门可以依照本法和国家统一的会计制度制定对会计核算和会计监督有特殊要求的行业实施国家统一的会计制度的具体办法或者补充规定，报国务院财政部门审核批准。中国人民解放军总后勤部可以依照本法和国家统一的会计制度制定军队实施国家统一的会计制度的具体办法，报国务院财政部门备案。"

国家统一的会计制度，是指国务院财政部门根据《会计法》制定的关于会计核算、会计监督、会计机构和会计人员以及会计工作管理的制度。国家统一的会计制度是生成会计信息的重要标准，是规范会计行为和会计秩序的重要依据之一，也是投资者、债权人、社会公众、政府部门等运用会计信息进行投资决策、宏观调控等的重要依据之一。其形式主要包括会计部门规章和会计规范性文件。从具体内容角度划分，可分为会计核算制度、会计监督制度、会计机构和会计人员管理制度以及会计工作管理制度四类。其中，会计核算制度主要分为企业会计核算体系和政府及非营利组织会计核算体系两部分，分别由会计准则和应用指南、解释，会计制度，补充规定构成。如表2－2所示。

表2－2　　国家统一会计制度结构

国家统一会计制度类别		国家统一会计制度举例（包括但不限于下列举例）
会计部门规章	会计核算制度	《企业会计准则——基本准则》
		《政府会计准则——基本准则》
	会计监督制度	《财政部门实施会计监督办法》
	会计机构和会计人员管理制度	《关于对会计领域违法失信相关责任主体实施联合惩戒的合作备忘录》 《会计人员从业资格管理办法》
	会计工作管理制度	《代理记账管理办法》 《会计基础工作规范》 《会计档案管理办法》

续表

国家统一会计制度类别			国家统一会计制度举例（包括但不限于下列举例）
会计规范性文件	会计核算制度	具体会计准则和应用指南、解释	企业会计准则第×号（目前共有42个具体准则）及相应的应用指南 企业会计准则解释第×号（目前共有15个解释） 《小企业会计准则》
			政府会计准则第×号（目前共有10个具体准则）及相应的应用指南 政府会计准则制度解释第×号（目前共有4个解释）
		会计制度	《企业产品成本核算制度（试行）》及有关具体行业的产品成本核算制度（如油气管网行业、电网经营行业、石油石化行业、煤炭行业、钢铁行业等） 《个体工商户会计制度（试行）》
			《政府会计制度——行政事业单位会计科目和报表》 《事业单位成本核算基本指引》 《民间非营利组织会计制度》
		补充规定	《律师事务所相关业务会计处理规定》 《新冠肺炎疫情相关租金减让会计处理规定》 《碳排放权交易有关会计处理暂行规定》 《企业破产清算有关会计处理规定》 《增值税会计处理规定》 《永续债相关会计处理的规定》
			《关于进一步加强公路水路公共基础设施政府会计核算的通知》 《住宅专项维修资金会计核算办法》 相关单位执行《政府会计制度——行政事业单位会计科目和报表》的补充规定和衔接规定的通知
		会计监督制度	《关于贯彻实施〈会计法〉加强会计监督的意见》
		会计机构和会计人员管理制度	《会计人员管理办法》 《关于加强会计人员诚信建设的指导意见》 《会计专业技术人员继续教育规定》
		会计工作管理制度	《会计改革与发展"十四五"规划纲要》 《会计信息化发展规划（2021—2025年）》 《关于规范电子会计凭证报销入账归档的通知》 《国家档案局办公室等四部门关于进一步扩大增值税电子发票电子化报销、入账、归档试点工作的通知》① 《关于严格执行企业会计准则　切实做好企业2021年年报工作的通知》 《个体工商户建账管理暂行办法》

除上述专门为会计工作制定的法律、条例、准则、制度、办法、规定等外，我国其他相关法律法规对企业执行国家会计法律制度也作出了明确规定。例如，《中华人民共和国公司法》（以下简称《公司法》，2018年修正，下同）第一百六十三条规定："公司应当依照法律、行政法规和国务院财政部门的规定建立本公司的财务、会计制度。"《中华人民共和国合伙企业法》（以下简称

① 四部门，是指国家档案局办公室、财政部办公厅、商务部办公厅、国家税务总局办公厅。

《合伙企业法》，2006 年修订，下同）第三十六条规定：“合伙企业应当依照法律、行政法规的规定建立企业财务、会计制度。”当然，考虑到国家会计法律制度是对全部企业会计行为的普遍统一规范，且部分条款给定了企业在具体会计业务账务处理方面的会计政策、会计估计选择权，因此，每个企业应当依据自身具体情况，根据国家会计法律制度的规定，制定适合本企业的会计制度或会计处理办法，以合法、合理且灵活地开展会计核算和财务会计管理工作。

与此相关联，《税收征收管理法》第二十条第一款规定：“从事生产、经营的纳税人的财务、会计制度或者财务、会计处理办法和会计核算软件，应当报送税务机关备案。”《中华人民共和国税收征收管理法实施细则》（以下简称《税收征收管理法实施细则》，2016 年修正，下同）第二十四条第一款规定：“从事生产、经营的纳税人应当自领取税务登记证件之日起 15 日内，将其财务、会计制度或者财务、会计处理办法报送主管税务机关备案。”显然，对纳税人来说，根据《税收征收管理法》及其实施细则的规定，需要报送财务、会计制度或者财务、会计处理办法和会计核算软件，现在也可以以电子方式报送。

纳税人的财务、会计制度或者财务、会计处理办法，不仅对税务机关在税款征收环节分析其是否符合会计法律制度及其与税收法律法规规定之间的差异有用，而且有利于提高税务检查效率、出口退税审核和纳税信用等级评定的准确性。①

例如，某丝绸有限公司制定的《财务会计管理制度》，关于“完工产品单位成本计算”部分，具体表述为：“完工产品的规格以 18m 计算，共分 A、B、C 三个等级，A 级品的单位成本 = 完工产品成本除以完工产品数量，B 级品的单位成本是 A 级品成本的一半，C 级品为废品。”税务人员看到该公司《财务会计管理制度》中的这一规定时，首先应意识到这一划分完工产品成本定额的规定可能与《企业产品成本核算制度》的有关规定不符，在审核、评估、检查时应重点关注 A、B、C 三个等级产品的等级划分标准和成本项目组成，以及在会计处理时废品 C 是否分摊了成本。

从这个例子可以看出，在税务执法中，税务人员在切实执行好《税收征收管理法》及其实施细则相关规定的前提下，必要时可以向纳税人提供建立企业

---

① 参见《国家税务总局关于〈出口货物劳务增值税和消费税管理办法〉有关问题的公告》（国家税务总局公告 2013 年第 12 号）、《纳税信用管理办法（试行）》（国家税务总局公告 2014 年第 40 号发布）等税收规范性文件，都有涉及纳税人的财务、会计制度或者财务、会计处理办法的条款。

财务、会计制度辅导等个性化纳税服务，并帮助纳税人建立和完善税款核算流程和纳税风险内部控制，从而全面落实“精细服务”“精确执法”“精准监管”等要求。①

企业的会计制度通常包括会计科目体系、会计账务处理流程、适用的会计政策、纳税申报处理流程、会计凭证和会计账簿设置、会计报表种类与编制等主要内容。

三、会计准则体系

会计准则亦称会计标准，是组织会计核算的基本规范，也是评价会计信息质量的标准。我国的会计准则体系包括企业会计准则体系和政府会计准则体系两类。

（一）企业会计准则体系

企业会计准则是规范企业会计确认、计量和报告的重要技术标准。会计确认解决的是定性问题；会计计量解决的是定量问题，即在确认的基础上确定金额；报告是确认、计量的结果，是连接企业和投资人等会计信息使用者的载体和桥梁。企业会计准则重要性体现在以下三个方面：第一，会计准则是反映经济活动、确认产权关系、规范收益分配的会计技术标准，是生成和提供高质量会计信息的重要依据；第二，会计准则是资本市场的一种重要游戏规则，是降低资本成本、实现社会资源优化配置的重要依据；第三，会计准则是国家经济规范乃至强制性规范的重要组成部分，是政府干预经济活动、规范经济秩序和从事国际经济交往等的重要手段，是保护投资者和社会公众利益的重要保障。

1. 企业会计准则体系构成

我国的企业会计准则由财政部制定并颁布。1992 年 11 月，财政部发布了我国第一个会计准则——《企业会计准则》（即基本会计准则），并于 1993 年 7 月 1 日开始施行。从 1997—2005 年，财政部陆续发布了 16 个具体会计准则，这些具体会计准则与《企业会计制度》《金融企业会计制度》，作为并行的会计规范在企业中得到贯彻。

2005 年以后，我国加快了企业会计准则制定步伐。2006 年 2 月 15 日，财政部发布了包括 1 项基本准则和 38 项具体准则在内的企业会计准则体系。其

① 参见中办、国办印发的《关于进一步深化税收征管改革的意见》。

中，基本准则是对原《企业会计准则》的修订，自2007年1月1日起在境内所有企业范围内施行。38项具体准则自2007年1月1日起全面取代以前的16个具体会计准则和《企业会计制度》、《金融企业会计制度》、各项专门业务会计核算办法、相关补充规定及有关问题解答。首先在上市公司、保险企业、证券公司、基金管理公司及证券投资基金企业范围内施行，同时鼓励其他企业执行，力争短时间内在所有大中型企业执行。从2014年开始，财政部陆续修订了14项具体会计准则，并新增了4项企业会计准则，同时对基本准则进行了修订。如表2－3所示。

表2－3　42项具体会计准则一览表

企业会计准则序号	名称	企业会计准则序号	名称
第1号	存货	第22号	金融工具确认和计量（修订）
第2号	长期股权投资（修订）	第23号	金融资产转移（修订）
第3号	投资性房地产	第24号	套期会计（修订）
第4号	固定资产	第25号	原保险合同（修订，且改为“保险合同”）
第5号	生物资产	第26号	再保险合同（注：执行新《保险合同》的不再执行本准则）
第6号	无形资产	第27号	石油天然气开采
第7号	非货币性资产交换（修订）	第28号	会计政策、会计估计变更和差错更正
第8号	资产减值	第29号	资产负债表日后事项
第9号	职工薪酬（修订）	第30号	财务报表列报（修订）
第10号	企业年金基金	第31号	现金流量表
第11号	股份支付	第32号	中期财务报告
第12号	债务重组（修订）	第33号	合并财务报表（修订）
第13号	或有事项	第34号	每股收益
第14号	收入（修订）	第35号	分部报告
第15号	建造合同（注：执行新《收入》的不再执行本准则）	第36号	关联方披露
第16号	政府补助（修订）	第37号	金融工具列报（修订）
第17号	借款费用	第38号	首次执行企业会计准则
第18号	所得税	第39号	公允价值计量（新增）
第19号	外币折算	第40号	合营安排（新增）
第20号	企业合并	第41号	在其他主体中权益的披露（新增）
第21号	租赁（修订）	第42号	持有待售的非流动资产、处置组和终止经营（新增）

企业会计准则体系由基本准则、具体准则和具体准则应用指南三部分构成，可以理解为三个层次，即第一层次为基本准则，第二层次为具体准则，第三层次为具体准则应用指南（含解释，下同）。这三个层次内容上既相对独立，又互为联系，共同构成一个统一整体。

基本准则规范了包括财务报告目标、会计基本假设、会计基础、会计信息质量要求、会计要素的定义及其确认与计量原则、财务报告等在内的基本问题，在整个准则体系中起统驭作用，是制定具体准则的基础，指导具体准则的制定，并为尚未有具体准则规范的会计实务问题提供处理依据。具体准则规范了企业发生的具体交易或事项的会计处理，可以分为一般业务准则、特殊行业的特定业务准则和报告准则三类。具体准则应用指南包括每个准则的应用指南和会计科目、主要账务处理等，为企业执行会计准则提供操作性规范，共有42个具体准则应用指南。具体准则解释则是对具体准则实施过程中出现的新问题和新业务作出的处理意见，至今已发布了15个具体准则解释。

上述一般业务准则主要规范各类企业普遍适用的一般经济业务的确认和计量，如存货、固定资产、长期股权投资、无形资产、资产减值、借款费用、收入、外币折算等准则；特殊行业的特定业务准则主要规范特殊行业中特定业务的确认和计量，如石油天然气、生物资产、金融工具确认和计量、保险合同等准则；报告准则主要规范普遍适用于各类企业通用的报告类的准则，如财务报告的列报、现金流量表、合并财务报表、中期财务报告、资产负债表日后事项、分部报告、金融工具列报等准则。

具体准则应用指南主要对每个具体准则中的重点、难点和关键点作出解释性规定。附录中“会计科目和主要账务处理”涵盖了各类企业的各种交易或事项的会计处理，是以具体准则中确认、计量原则及其解释为依据所作的规定，其中对涉及商业银行、保险公司和证券公司的专用会计科目作了特别注明。这部分规定赋予了企业一定的灵活性，即企业在不违反具体准则及其应用指南的前提下，可根据实际需要自行增设、分拆、合并会计科目，并且对不存在的交易或者事项，可以不设置相关的会计科目。随着具体会计准则及其应用指南的修订，原对应的会计科目也得到了相应的更新与增减，对应的会计报表填报项目同样进行了相应的调整。

为加强企业产品成本核算，保证产品成本信息真实、完整，促进企业和经济社会的可持续发展，根据《会计法》、企业会计准则等有关规定，财政部于

2013年制定了《企业产品成本核算制度（试行）》，自2014年1月1日起在除金融保险业以外的大中型企业范围内施行，鼓励其他企业执行。随后，相继制定了石油石化行业、煤炭行业、钢铁行业、电网经营行业、油气管网行业的产品成本核算制度。

目前，大中型企业已基本全面执行企业会计准则体系。

随着企业会计准则体系的建立和不断完善，基本实现了我国企业会计准则与国际财务报告准则的持续全面趋同，为维护市场经济秩序、完善市场经济体制、服务经济社会和资本市场健康发展提供了高质量会计信息支持。

2. 小企业会计准则

为贯彻落实《中华人民共和国中小企业促进法》和《国务院关于进一步促进中小企业发展的若干意见》（国发〔2009〕36号）精神，结合我国有关部门和大量小企业的客观需求，财政部于2011年颁布了《小企业会计准则》，自2013年1月1日起在小企业范围内执行。颁布《小企业会计准则》的目的在于健全企业会计标准体系、规范小企业会计行为。《小企业会计准则》突出体现了遵循基本准则与简化要求相结合、满足税收征管信息需求与有助于银行提供信贷相结合、与企业会计准则合理分工与有序衔接相结合这三大特点。《小企业会计准则》的实施，意味着我国会计准则体系进一步完善和成熟。

（二）政府会计准则体系

为了规范政府的会计核算，保证会计信息质量，我国自2015年起对政府预算会计和财务会计实施改革。2015年10月，根据《会计法》《中华人民共和国预算法》和其他有关法律、行政法规规定，制定了《政府会计准则——基本准则》，自2017年1月1日起施行。随后，相继发布了《政府会计准则第1号——存货》《政府会计准则第2号——投资》《政府会计准则第3号——固定资产》《政府会计准则第4号——无形资产》《政府会计准则第5号——公共基础设施》《政府会计准则第6号——政府储备物资》《政府会计准则第7号——会计调整》《政府会计准则第8号——负债》《政府会计准则第9号——财务报表编制和列报》《政府会计准则第10号——政府和社会资本合作项目合同》10项具体会计准则，《〈政府会计准则第3号——固定资产〉应用指南》《〈政府会计准则第10号——政府和社会资本合作项目合同〉应用指南》2项应用指南，以及1项统一的政府会计制度和4个解释。以上基本建成了具有中国特色的政府会计准则体系并稳步实施，为深化权责发生制政府综合财务报告制度改革夯实制度基础，为开展政府信用评级、加强资产负债管理、改进政府绩效监督考核、防范财政风险等提供支撑。

上述统一的政府会计制度是指《政府会计制度——行政事业单位会计科目和报表》，自 2019 年 1 月 1 日起施行。执行本制度的单位，不再执行《行政单位会计制度》《事业单位会计准则》《事业单位会计制度》《医院会计制度》《基层医疗卫生机构会计制度》《高等学校会计制度》《中小学校会计制度》《科学事业单位会计制度》《彩票机构会计制度》《地质勘查单位会计制度》《测绘事业单位会计制度》《国有林场与苗圃会计制度（暂行）》《国有建设单位会计制度》等制度，同时印发了行政单位和上述事业单位执行《政府会计制度——行政事业单位会计科目和报表》的补充规定和衔接规定的通知。另外，还制定了《事业单位成本核算基本指引》（财会〔2019〕25 号）及《事业单位成本核算具体指引——公立医院》（财会〔2021〕26 号）。

第二节　《会计法》中的会计行为规范与会计监督监管权

一、《会计法》中的会计行为规范

《会计法》作为我国经济管理领域的基础性法律，是我国会计法律制度体系中的基本法。它涉及我国会计工作的各个领域，是我国会计工作的基本依据。《会计法》对于规范会计行为，保证会计资料真实、完整，提高会计信息质量，维护会计秩序，推进法治社会建设，更有效地发挥会计在社会主义市场经济中的作用，具有重要意义。《会计法》于 1985 年 5 月 1 日起实施，分别于 1993 年 12 月、1999 年 10 月、2017 年 11 月作了修订（修正）。为贯彻全面依法治国要求以及落实国务院“完善会计制度、加强会计监管、强化法律约束、提高会计信息质量”的具体要求，完善市场主体会计系统的结构和功能，进一步规范会计秩序，增强会计信息的可靠性、可比性，促进会计行业持续健康发展，推进经济高质量发展，更好地发挥会计服务经济社会发展的职能作用和良法促进发展、保障善治的重要作用，2019 年 10 月财政部公开《中华人民共和国会计法修订草案（征求意见稿）》，向社会公开征求修订意见。

现行《会计法》共分为七章五十二条，包括总则，会计核算，公司、企业会计核算的特别规定，会计监督，会计机构和会计人员，法律责任，附则。具体条文的内容如表 2-4 所示。

表 2-4　　《会计法》具体内容一览表

章名	具体内容
总则	1. 立法目的。见《会计法》第一条 2. 调整范围。见《会计法》第二条 3. 会计账簿设置要求。见《会计法》第三条 4. 单位负责人的责任。见《会计法》第四条 5. 会计机构、会计人员的基本职责和禁止对其施加的违法行为。见《会计法》第五条 6. 对会计人员的奖励。见《会计法》第六条 7. 国务院财政部门主管全国会计工作。见《会计法》第七条 8. 国务院财政部门制定并公布国家统一会计制度，国务院有关部门和总后勤部可制定特定的具体办法或补充规定。见《会计法》第八条
会计核算	1. 会计核算的基本要求。见《会计法》第九条 2. 会计核算的内容。见《会计法》第十条 3. 会计年度。见《会计法》第十一条 4. 记账本位币。见《会计法》第十二条 5. 会计凭证、会计账簿、财务会计报告等会计资料的要求。见《会计法》第十三条 6. 会计凭证及填制要求。见《会计法》第十四条 7. 会计账簿及登记、不得私设会计账簿要求。见《会计法》第十五条、第十六条 8. 会计账簿核对。见《会计法》第十七条 9. 对会计处理方法的具体要求。见《会计法》第十八条 10. 财务会计报告。 （1）或有事项的说明。见《会计法》第十九条 （2）财务会计报告编报要求。见《会计法》第二十条 （3）财务会计报告签章的具体要求。见《会计法》第二十一条 11. 会计记录的文字规定。见《会计法》第二十二条 12. 会计档案的保管要求。见《会计法》第二十三条
公司、企业会计核算的特别规定	1. 基本要求。见《会计法》第二十四条 2. 根据实际发生的经济事项，按国家统一会计制度的规定进行会计核算。见《会计法》第二十五条 3. 公司、企业进行会计核算的禁止性行为。见《会计法》第二十六条
会计监督	1. 内部会计监督的制定应符合的基本要求。见《会计法》第二十七条 2. 单位负责人在会计监督中的基本义务。见《会计法》第二十八条第一款 3. 会计机构、会计人员在会计监督中的基本职权。见《会计法》第二十八条第二款 4. 会计机构、会计人员发现会计账簿记录与实物、款项及有关资料不相符时的处理办法。见《会计法》第二十九条 5. 会计监督中的检举规定。见《会计法》第三十条 6. 注册会计师审计的要求及财政部门相应的监督。见《会计法》第三十一条 7. 财政部门对各单位实施监督的具体内容。见《会计法》第三十二条 8. 其他政府部门对各单位实施监管的要求。见《会计法》第三十三条 9. 监督监管部门及其工作人员的保密义务。见《会计法》第三十四条 10. 单位接受监督监管的要求。见《会计法》第三十五条

续表

章名	具体内容
会计机构和会计人员	1. 会计机构的设置和会计人员的配备规定、代理记账的要求、总会计师设置的要求。见《会计法》第三十六条 2. 会计机构的内部稽核制度。见《会计法》第三十七条 3. 会计人员的从业资格规定。见《会计法》第三十八条 4. 会计人员的职业道德和继续教育规定。见《会计法》第三十九条 5. 不得再从事会计工作的规定。见《会计法》第四十条 6. 会计工作的交接制度。见《会计法》第四十一条
法律责任	1. 常见违法行为及相应的行政处罚、行政处分、职业禁止规定，构成犯罪、与有关法律衔接的处理。见《会计法》第四十二条 2. 伪造、变造会计凭证、会计账簿，编制虚假财务会计报告，构成犯罪的追究刑事责任，不构成犯罪的行政处罚、行政处分、职业禁止的规定。见《会计法》第四十三条 3. 隐匿或者故意销毁行为，构成犯罪的追究刑事责任，不构成犯罪的行政处罚、行政处分、职业禁止的规定。见《会计法》第四十四条 4. 授意、指使、强令“伪造、变造会计凭证、会计账簿，编制虚假财务会计报告”，构成犯罪的追究刑事责任，不构成犯罪的给予行政处罚、行政处分的规定。见《会计法》第四十五条 5. 单位负责人的刑事责任和行政处分。见《会计法》第四十六条 6. 财政部门及有关监管部门的工作人员的刑事责任和行政处分。见《会计法》第四十七条 7. 对检举违规处理的行政处分。见《会计法》第四十八条 8. 违反本法同时违反其他法律规定进行处罚的衔接。见《会计法》第四十九条
附则	1. 对单位负责人的界定。见《会计法》第五十条第一款 2. 对国家统一会计制度的界定。见《会计法》第五十条第二款 3. 个体工商户会计管理办法。见《会计法》第五十一条 4. 《会计法》实施日期规定。见《会计法》第五十二条

（一）会计账簿设置和会计核算要求

1. 会计账簿设置要求

设置会计账簿是会计工作的重要环节，是进行会计核算与会计监督不可缺少的程序。合理设置会计账簿对加强会计核算和会计监督的重要意义主要体现在：一是可以通过会计账簿记录，全面地、系统地、连续地反映和监督在我国境内的国家机关、社会团体、公司、企业、事业单位和其他组织（以下统称单位）的经济活动情况，评价单位的经营成果和财务成果；二是可以通过会计账簿记录及依此编制的财务会计报告，为不同的会计资料使用者，如股东、投资人及财政、税务、审计机关等了解、分析、掌握、监管单位的经营情况提供依据。

根据《会计法》第二条、第三条、第十六条、第五十一条规定，单位必须依照该法办理会计事务，且除个体工商户外的单位都必须依法设置会计账簿，并保证其真实、完整，不得违反该法和国家统一的会计制度的规定私设会计账簿登记、核算（即不得设置“账外账”）。

个体工商户会计管理的具体办法，已经由财政部、国家税务总局共同制定的《个体工商户会计制度（试行）》（财会字〔1997〕19号）和《个体工商户建账管理暂行办法》（国家税务总局令第17号，国家税务总局令第44号修正）作出了规定。其中，《个体工商户建账管理暂行办法》第四条规定：“符合下列情形之一的个体工商户，应当设置简易账，并积极创造条件设置复式账：（一）注册资金在10万元以上20万元以下的。（二）销售增值税应税劳务的纳税人或营业税纳税人月销售（营业）额在15000元至40000元；从事货物生产的增值税纳税人月销售额在30000元至60000元；从事货物批发或零售的增值税纳税人月销售额在40000元至80000元的。（三）省税务机关确定应当设置简易账的其他情形。”第三条规定：“符合下列情形之一的个体工商户，应当设置复式账：（一）注册资金在20万元以上的。（二）销售增值税应税劳务的纳税人或营业税纳税人月销售（营业）额在40000元以上；从事货物生产的增值税纳税人月销售额在60000元以上；从事货物批发或零售的增值税纳税人月销售额在80000元以上的。（三）省税务机关确定应设置复式账的其他情形。”第十二条规定：“个体工商户可以聘请经批准从事会计代理记账业务的专业机构或者具备资质的财会人员代为建账和办理账务。”

由于“单位”这一概念涵盖了在我国境内登记的所有单位，因此除极小规模的个体工商户外，都必须依法设置会计账簿。而且，考虑到有的单位可能不具备设置会计账簿的条件，《会计法》第三十六条第一款规定，单位不具备设置会计机构条件的，应当委托经批准设立从事会计代理记账业务的中介机构代理记账。《个体工商户建账管理暂行办法》第十二条也作了同样的规定。并且，《代理记账管理办法》第十条和《会计基础工作规范》第八条对此也作出了类似的规定。代理记账所记的会计账簿仍属于被代理单位的会计账簿。

为了强化公司、企业设置会计账簿，《公司法》第一百七十一条第一款规定：“公司除法定的会计账簿外，不得另立会计账簿。”第一百六十四条第一款规定：“公司应当在每一会计年度终了时编制财务会计报告，并依法经会计师事务所审计。”《合伙企业法》第二十八条第二款规定：“合伙人为了解合伙企业的经营状况和财务状况，有权查阅合伙企业会计账簿等财务资料。”《中华人民共和国个人独资企业法》（以下简称《个人独资企业法》）第二十一条规定，个人独资企业应当依法设置会计账簿，进行会计核算。

由此可以看出，根据《会计法》，除极小规模的个体工商户外，没有依照法律、行政法规可以不设置会计账簿的单位。

2. 会计核算要求

确保会计凭证、会计账簿、财务会计报告等会计资料真实、完整，这是会计工作的基本要求。会计凭证包括原始凭证和记账凭证，会计账簿包括总账、明细账、日记账和其他辅助性账簿，财务会计报告由会计报表、会计报表附注和财务情况说明书组成。

根据《会计法》第九条至第二十六条规定，对会计核算的要求：

（1）各单位必须根据实际发生的全部经济业务事项，在依法设置的会计账簿上进行会计核算，按国家统一会计制度的规定对会计要素进行确认、计量，取得或者填制会计凭证，登记会计账簿，编制财务会计报告。任何单位不得以虚假的经济业务事项或者资料进行会计核算，更不得违反该法和国家统一的会计制度的规定，私设会计账簿进行会计核算。

（2）会计机构、会计人员必须按照国家统一的会计制度的规定对原始凭证和相关资料进行审核，或者在会计核算系统中设置必要的审核程序，对不真实、不合法的原始凭证有权不予接受，并向单位负责人报告。原始凭证记载的各项内容均不得涂改，对记载不准确、不完整或有错误的原始凭证予以退回，并要求按照国家统一的会计制度的规定更正、补充、重开。记账凭证应当根据经过审核的原始凭证及有关资料编制。

（3）会计账簿登记、更正，必须以经过审核的会计凭证为依据，并符合有关法律、行政法规和国家统一的会计制度的规定；会计账簿应当按照连续编号的页码顺序登记。会计账簿记录发生错误或者隔页、缺号、跳行的，应当按照国家统一的会计制度规定的方法更正，并由会计人员和会计机构负责人（会计主管人员）在更正处盖章。使用电子计算机进行会计核算的，其会计账簿的登记、更正，应当符合国家统一的会计制度的规定。

（4）单位应当定期将会计账簿记录与实物、款项及有关资料相互核对，保证会计账簿记录与实物及款项的实有数额相符、会计账簿记录与会计凭证的有关内容相符、会计账簿之间相对应的记录相符、会计账簿记录与财务会计报告的有关内容相符。会计机构、会计人员发现不相符的，按照国家统一的会计制度的规定有权自行处理的，应当及时处理；无权处理的，应当立即向单位负责人报告，请求查明原因，作出处理。

（5）单位采用的会计处理方法，前后各期应当一致，不得随意变更；确有必要变更的，应当按照国家统一的会计制度的规定办理，并将变更的原因、情况及影响在财务会计报告中说明。任何单位不得随意改变会计要素的确认标准或者计量方法，不得虚列、不列、多列、少列以及推迟或者提前确认会计要素。

（6）财务会计报告应当根据经过审核的会计账簿和有关资料编制，并符合该法和国家统一的会计制度关于财务会计报告的编制要求、提供对象和提供期限的规定。单位应当按照国家统一的会计制度编制财务会计报告，严格执行财政部发布的企业会计准则、企业会计准则解释、企业会计准则应用指南、会计处理规定等有关规定，向不同的财务会计报告使用者提供的同一会计期间的财务会计报告，其编制基础、编制依据、编制原则和方法应当一致，不得对外提供不同口径的、不符合国家统一的会计制度要求的财务报告。有关法律、行政法规规定财务会计报告须经会计师事务所审计的，注册会计师及其所在的会计师事务所出具的审计报告应当随同财务会计报告一并提供。财务会计报告应当由单位负责人和主管会计工作的负责人、会计机构负责人（会计主管人员）签名并加盖单位公章。单位负责人应当保证财务会计报告真实、完整。

（7）会计凭证、会计账簿、财务会计报告和其他会计资料，无论是纸质的还是电子的，必须符合国家统一的会计制度的规定。单位利用电子会计凭证进行会计核算的，应当保证电子会计凭证的生成、传输、存储安全、可靠，对电子会计凭证的任何篡改能够被发现，且在会计核算系统中设置必要的程序，防止电子会计凭证重复入账。任何单位和个人不得伪造、变造、隐匿和故意销毁会计凭证、会计账簿及其他会计资料，不得提供虚假的财务会计报告，即不得做“假账”、提供“假报表”。

（8）单位对会计凭证、会计账簿、财务会计报告和其他会计资料应当建立档案，妥善保管。会计档案的保管期限和销毁办法，由国务院财政部门会同有关部门制定。

《会计法》还对会计年度、记账本位币、会计记录文字、应当进行会计核算的经济业务事项和会计核算禁止性行为作出了规定、列举。

（二）对会计机构和会计人员的基本规定

会计人员，是指根据《会计法》的规定，在单位中从事会计核算、实行会计监督等会计工作的人员。会计人员包括从事下列具体会计工作的人员：①出纳；②稽核；③资产、负债和所有者权益（净资产）的核算；④收入、费用

（支出）的核算；⑤财务成果（政府预算执行结果）的核算；⑥财务会计报告（决算报告）编制；⑦会计监督；⑧会计机构内会计档案管理；⑨其他会计工作。担任单位会计机构负责人（会计主管人员）、总会计师的人员，也属于会计人员范围。会计人员既可以是具有会计专业技术资格的人员，也可以是不具有会计专业技术资格但从事会计工作的人员。

《会计法》第三十六条至第四十一条对会计机构、会计人员的基本条件和基础行为规范作了明确规定。这些规定主要有①单位应当根据会计业务的需要，设置会计机构，或者在有关机构中设置会计人员并指定会计主管人员；不具备设置条件的，应当委托经批准从事代理记账业务的中介机构代理记账。②会计人员应当具备从事会计工作所需要的专业能力。会计机构负责人（会计主管人员）应当具备会计师以上专业技术职务资格或者具有会计专业知识背景并从事会计工作三年以上经历。③会计人员应当遵守职业道德，提高业务素质。④会计人员调动工作或者离职，必须与接管人员办清交接手续。⑤会计机构、会计人员依照《会计法》进行会计核算，实行内部会计监督。⑥对认真执行《会计法》，忠于职守，坚持原则，做出显著成绩的会计人员，给予精神的或者物质的奖励。

根据《会计人员管理办法》（财会〔2018〕33 号印发）第四条第一款规定，会计人员具有会计类专业知识，基本掌握会计基础知识和业务技能，能够独立处理基本会计业务，表明具备从事会计工作所需要的专业能力。第三条规定，会计人员从事会计工作，应当遵守《会计法》和国家统一的会计制度等法律法规。

《会计法》相关条款也规定了单位负责人（指单位法定代表人或者法律、行政法规规定代表单位行使职权的主要负责人）的会计责任：①对本单位的会计工作和包括财务会计报告在内的会计资料的真实性、完整性负责。②应当保证会计机构、会计人员依法履行职责，不得授意、指使、强令会计机构、会计人员违法办理会计事项。③不得以任何方式授意、指使、强令会计机构、会计人员及相关人员伪造、变造、隐匿和故意销毁会计凭证、会计账簿和其他会计资料，篡改会计核算系统，提供虚假财务会计报告；不得对依法履行职责、抵制违反该法规定行为的会计人员进行打击报复。

在税务执法过程中，税务人员常常听到“会计人员对会计业务不懂、不熟悉”“账做错了”“忘记记账了”“不了解税收政策”等说法，对此税务人员往往反驳无力。事实上，从会计法律制度角度讲，这些说法都不成立。因为，会计人员都已经具备从事会计工作所需要的专业能力，甚至拥有会计专业技术资格，理应按照《会计法》关于会计核算的要求进行账务处理；即使账做错了，也应按照会计准则的规定进行判断和处理，更何况单位还有内部会计监督。并且，按照《会计专业技术人员继续教育规定》（财会〔2018〕10号），会计人员每年都要参加继续教育，内容分为：①公需科目，包括专业技术人员应当普遍掌握的法律法规、政策理论、职业道德、技术信息等基本知识；②专业科目，包括会计专业技术人员从事会计工作应当掌握的财务会计、管理会计、财务管理、内部控制与风险管理、会计信息化、会计职业道德、财税金融、会计法律法规等相关专业知识。显然，税务人员只有熟悉了会计法律制度，才能明辨哪些说法是合理的，哪些说法是不合理的。

二、《会计法》中的会计监督监管权

会计领域对单位实施国家统一的会计制度情况的监督，可分为政府会计监督（财政部门实施）、社会监督（注册会计师实施）和单位内部会计监督（单位实施）三个层次。同时，政府业务主管部门（如证监、税务、人民银行）在执法中也要对单位实施国家统一的会计制度情况进行检查，以形成会计监管。以上构成了政府、社会、单位“三位一体”的会计监督监管体系。

《会计法》规定的会计监督监管有内部会计监督、外部会计监督监管和检举三类。

（一）内部会计监督

根据《会计法》第二十七条、第二十八条、第二十九条和第三十七条规定，内部会计监督要求主要有：①单位应当建立健全本单位内部会计监督制度（即内部控制），构建良好的内部控制环境，明确记账人员与经济业务事项和会计事项的审批人员、经办人员、财物保管人员的职责权限，保证各项经济业务事项的决策、执行、监督等岗位相互分离、相互制约；明确对会计资料定期进行内部审计的办法和程序。②单位应当通过内部控制、内部审计等手段，确保会计凭证、会计账簿、财务会计报告和其他会计资料真实、完整。③单位负责人对本单位内部控制的建立健全和有效实施负责；应当保证会计机构、会计人员依法履行职责，不得授意、指使、强令会计机构、会计人员违法办理会计事项。④会计机构、会计人员对违反《会计法》和国家统一的会计制度规定的会计事项，有权拒绝办理或者按照职权予以纠正。⑤会计机构内部应当建立稽核制度，出纳人员不得兼任稽核、会计档案保管和收入、支出、费用、债权债务账目的登记工作。

（二）外部会计监督监管

根据《会计法》第三十一条至第三十五条规定，外部会计监督监管主要有：①有关法律、行政法规规定，须经注册会计师进行审计的单位，应当向受委托的会计师事务所如实提供会计凭证、会计账簿、财务会计报告和其他会计资料以及有关情况。任何单位或者个人不得干扰、阻挠审计工作，不得以任何方式要求或者示意注册会计师及其所在的会计师事务所出具不实或者不当的审计报告。注册会计师及其所在的会计师事务所出具的审计报告应当随同财务会计报告一并提供给财务会计报告使用者。②财政部门对各单位的下列情况实施监督：是否依法设置会计账簿；会计凭证、会计账簿、财务会计报告和其他会计资料是否真实、完整；会计核算是否符合《会计法》和国家统一的会计制度的规定；从事会计工作的人员是否具备专业能力、遵守职业道德。在对“会计凭证、会计账簿、财务会计报告和其他会计资料是否真实、完整”实施监督，发现重大违法嫌疑时，国务院财政部门及其派出机构可以向与被监督单位有经济业务往来的单位和被监督单位开立账户的金融机构查询有关情况，有关单位和金融机构应当给予支持。③财政、审计、税务、人民银行、证券监管、保险监管等部门应当依照有关法律、行政法规规定的职责，对有关单位的会计资料实施监督检查。有关监督检查部门对有关单位的会计资料依法实施监督检查后，应当出具检查结论。有关监督检查部门已经作出的检查结论能够满足其他监督检查部门履行本部门职责需要的，其他监督检查部门应当加以利用，避免重复查账。④各单位必须依照有关法律、行政法规的规定，接受有关监督检查部门依法实施的监督检查，如实提供会计凭证、会计账簿、财务会计报告和其他会计资料以及有关情况，不得拒绝、拖延、隐匿、故意销毁、谎报。

近年来，根据全面依法治国、推进国家治理体系和治理能力现代化的要求，按照国务院工作部署，财政部门正在着力构建部门协同、多方联动、社会参与的会计监管工作格局，进一步强化部门协作机制，整合监管资源，协调监管政策，共享监管信息，形成监管合力，提升监管效能。

（三）检举

《会计法》第三十条规定，任何单位和个人对违反该法和国家统一的会计制度规定的行为，有权检举。收到检举的部门有权处理的，应当依法按照职责分工及时处理；无权处理的，应当及时移送有权处理的部门处理。收到检举的部门、负责处理的部门应当为检举人保密，不得将检举人姓名和检举材料转给被检举单位和被检举人个人。

第三节 《会计法》中的会计法律责任

一、会计人员的职业禁止

单位及其会计机构是会计责任的主体，会计人员是履行会计责任的经办人员。《会计法》在规定单位及其会计机构、单位负责人、会计人员的会计行为规范的基础上，规定了单位、单位负责人、直接负责的主管人员和其他直接责任人员（其中有会计人员）违反会计行为规范应承担的行政责任和刑事责任，同时对有会计违法行为的会计人员规定了职业禁止。职业禁止分为“不得再从事会计工作”和“五年内不得从事会计工作”两类。

（一）“不得再从事会计工作”的情形

《会计法》第四十条规定，因有提供虚假财务会计报告，做假账，隐匿或者故意销毁会计凭证、会计账簿、财务会计报告，贪污，挪用公款，职务侵占等与会计职务有关的违法行为被依法追究刑事责任的人员，不得再从事会计工作。其中，“提供虚假财务会计报告，做假账”对应《会计法》第四十二条和第四十三条规定，“隐匿或者故意销毁会计凭证、会计账簿、财务会计报告”对应《会计法》第四十四条规定。

《会计法》第四十二条规定的会计违法行为：①不依法设置会计账簿的；②私设会计账簿的；③未按照规定填制、取得原始凭证或者填制、取得的原始凭证不符合规定的；④以未经审核的会计凭证为依据登记会计账簿或者登记会计账簿不符合规定的；⑤随意变更会计处理方法的；⑥向不同的会计资料使用者提供的财务会计报告编制依据不一致的；⑦未按照规定使用会计记录文字或者记账本位币的；⑧未按照规定保管会计资料，致使会计资料毁损、灭失的；⑨未按照规定建立并实施单位内部会计监督制度或者拒绝依法实施的监督或者不如实提供有关会计资料及有关情况的；⑩任用会计人员不符合该法规定的。

《会计法》第四十三条规定的会计违法行为：伪造、变造会计凭证、会计账簿，编制虚假财务会计报告。

《会计法》第四十四条规定的会计违法行为：隐匿或者故意销毁依法应当保存的会计凭证、会计账簿、财务会计报告。

（二）“五年内不得从事会计工作”的情形

五年内不得从事会计工作的情形有以下三种：

（1）有《会计法》第四十二条规定的会计违法行为之一，情节严重但不构成犯罪的；

（2）有《会计法》第四十三条规定的“伪造、变造会计凭证、会计账簿，编制虚假财务会计报告”，尚不构成犯罪的；

（3）有《会计法》第四十四条规定的“隐匿或者故意销毁依法应当保存的会计凭证、会计账簿、财务会计报告”，尚不构成犯罪的。

会计人员受到职业禁止的，在禁止期间内，单位不得任用（聘用）其从事会计工作。

除职业禁止外，财政部门近年来还加强了对会计人员的诚信管理，出台了《关于加强会计人员诚信建设的指导意见》《关于对会计领域违法失信相关责任主体实施联合惩戒的合作备忘录》等，以逐步建立健全守信激励与失信惩戒制度，促进会计人员的诚信建设，使严重违法失信会计人员“一处失信、处处受限”，为守信会计人员营造良好的工作环境和社会氛围。

二、会计违法行为及相应的行政责任和刑事责任

《会计法》第六章规定了会计违法行为的法律责任。违法主体分为会计责任主体与外部会计监督监管主体。会计责任主体包括单位、单位负责人、直接负责的主管人员和其他直接责任人员，以及其中的国家工作人员、会计人员。外部会计监督监管主体包括实施会计监督的财政部门和实施会计监管的有关政府业务部门的工作人员、收到检举的部门与负责处理检举的部门的具体经办人员。法律责任分为行政责任（不构成犯罪的）和刑事责任（构成犯罪的）。行政责任包括限期改正、通报、罚款、行政处分、职业禁止等；刑事责任具体涉及的罪名视各个具体违法行为造成的结果确定，其中与违法行为直接对应的罪名有“隐匿、故意销毁会计凭证、会计账簿、财务会计报告罪”等。

具体的会计违法行为、相应的责任主体、应承担的相应的行政责任和刑事责任，如表2-5所示。

表2-5　　会计法律责任一览表

序号	会计违法行为	责任对象	行政责任	刑事责任
第四十二条	违反《会计法》规定，有下列行为之一的：①不依法设置会计账簿的；②私设会计账簿的；③未按照规定填制、取得原始凭证或者填制、取得的原始凭证不符合规定的；④以未经审核的会计凭证为依据登记会计账簿或者登记会计账簿不符合规定的；⑤随意变更会计处理方法的；⑥向不同的会计资料使用者提供的财务会计报告编制依据不一致的；⑦未按照规定使用会计记录文字或者记账本位币的；⑧未按照规定保管会计资料，致使会计资料毁损、灭失的；⑨未按照规定建立并实施单位内部会计监督制度或者拒绝依法实施的监督或者不如实提供有关会计资料及有关情况的；⑩任用会计人员不符合《会计法》规定的	单位	县级以上人民政府财政部门责令限期改正，可以并处三千元以上五万元以下的罚款	构成犯罪的，依法追究刑事责任。[注：具体涉及的罪名，视每个行为造成的结果确定。如构成偷税的，涉及“逃避缴纳税款罪”；构成挪用资金的，涉及“挪用资金罪”（《刑法》第二百七十二条）等]。相应追加的行政处理：会计人员不得再从事会计工作
		单位直接负责的主管人员和其他直接责任人员	县级以上人民政府财政部门责令限期改正，可以处二千元以上二万元以下的罚款	
		（上述人员中的）国家工作人员	还应当由其所在单位或者有关单位依法给予行政处分	
		（上述人员中的）会计人员	情节严重的，五年内不得从事会计工作	
第四十三条	伪造、变造会计凭证、会计账簿，编制虚假财务会计报告	单位	县级以上人民政府财政部门予以通报，可以并处五千元以上十万元以下的罚款	构成犯罪的，依法追究刑事责任。（注：具体涉及的罪名，视每个行为造成的结果确定。如构成偷税的，涉及“逃避缴纳税款罪”；编制虚假财务会计报告的，涉及“违规披露、不披露重要信息罪”等）。相应追加的行政处理：会计人员不得再从事会计工作
		单位直接负责的主管人员和其他直接责任人员	县级以上人民政府财政部门予以通报，可以处三千元以上五万元以下的罚款	
		（上述人员中的）国家工作人员	还应当由其所在单位或者有关单位依法给予撤职直至开除的行政处分	
		（上述人员中的）会计人员	五年内不得从事会计工作	

续表

序号	会计违法行为	责任对象	行政责任	刑事责任
第四十四条	隐匿或者故意销毁依法应当保存的会计凭证、会计账簿、财务会计报告	单位	县级以上人民政府财政部门予以通报，可以并处五千元以上十万元以下的罚款	构成犯罪的，依法追究刑事责任。（注：涉及的罪名是“隐匿、故意销毁会计凭证、会计账簿、财务会计报告罪”）。相应追加的行政处理：会计人员不得再从事会计工作
		单位直接负责的主管人员和其他直接责任人员	县级以上人民政府财政部门予以通报，可以处三千元以上五万元以下的罚款	
		（上述人员中的）国家工作人员	还应当由其所在单位或者有关单位依法给予撤职直至开除的行政处分	
		（上述人员中的）会计人员	五年内不得从事会计工作	
第四十五条	授意、指使、强令会计机构、会计人员及其他人员伪造、变造会计凭证、会计账簿，编制虚假财务会计报告或者隐匿、故意销毁依法应当保存的会计凭证、会计账簿、财务会计报告	违法行为人	（县级以上人民政府财政部门）可以处五千元以上五万元以下的罚款	构成犯罪的，依法追究刑事责任。（作为第四十三条、第四十四条犯罪行为的共同犯罪处罚）
		（上述人员中的）国家工作人员	还应当由其所在单位或者有关单位依法给予降级、撤职、开除的行政处分	
第四十六条	单位负责人对依法履行职责、抵制违反《会计法》规定行为的会计人员以降级、撤职、调离工作岗位、解聘或者开除等方式实行打击报复	单位负责人	其所在单位或者有关单位依法给予行政处分	构成犯罪的，依法追究刑事责任。（注：涉及的罪名是“打击报复会计、统计人员罪”）
		受打击报复的会计人员	其所在单位或者有关单位应当恢复其名誉和原有职务、级别	
第四十七条	在实施监督管理中滥用职权、玩忽职守、徇私舞弊或者泄露国家秘密、商业秘密	财政部门及有关行政部门的工作人员	依法给予行政处分	构成犯罪的，依法追究刑事责任。（注：涉及的罪名视具体行为而定，如“滥用职权罪”“玩忽职守罪”“侵犯商业秘密罪”等）
第四十八条	将检举人姓名和检举材料转给被检举单位和被检举人个人	收到检举的部门、负责处理的部门的具体经办人员	所在单位或者有关单位依法给予行政处分	

注：伪造会计凭证的行为，是指以虚假的经济业务或者资金往来为前提，编造虚假的会计凭证的行为；变造会计凭证的行为，是指采取涂改、挖补以及其他方法改变会计凭证真实内容的行为。伪造会计账簿的行为，是指违反《会计法》和国家统一的会计制度的规定，根据伪造或者变造的虚假会计凭证填制会计账簿，或者不按要求登记账簿，或者对内对外采用不同的确认标准、计量方法等手段编造虚假的会计账簿的行为；变造会计账簿的行为，是指采取涂改、挖补或者其他手段改变会计账簿的真实内容的行为。编制虚假财务会计报告的行为，是指违反《会计法》和国家统一的会计制度的规定，根据虚假的会计账簿记录编制财务

会计报告，或者凭空捏造虚假的财务会计报告以及对财务会计报告擅自进行没有依据的修改的行为。隐匿，是指故意转移、隐藏应当保存的会计凭证、会计账簿、财务会计报告的行为；故意销毁，是指故意将依法应当保存的会计凭证、会计账簿、财务会计报告予以毁灭的行为。授意，是指暗示他人按其意思行事；指使，是指通过明示方式，指示他人按其意思行事；强令，是指明知其命令是违反法律的，而强迫他人执行其命令的行为。

按照《国务院办公厅关于进一步规范财务审计秩序促进注册会计师行业健康发展的意见》(国办发〔2021〕30号）的要求，为有效遏制财务会计造假，要推动加快修订《会计法》，以进一步明确会计核算、内部控制、信息化建设等要求，丰富监管手段，大幅提高处罚标准，加大财务造假法律责任追究力度，推进会计诚信体系建设，全面提升企业会计信息质量。

会计工作是微观和宏观经济管理的一项基础性工作，其实质是对单位实际发生的经济业务进行确认、计量、记录、分析和检查，为经济管理、经营决策和宏观调控提供真实、准确的会计信息。为了保证会计资料的真实性、完整性、合法性，除《会计法》以外，其他法律也对相关单位的会计行为提出了相应的规范要求，并赋予税务、审计、人民银行、证券监管、保险监管等部门对相关单位会计工作实施监管以及对有关会计违法行为进行处罚的职权，例如，《税收征收管理法》《审计法》《中华人民共和国商业银行法》《中华人民共和国证券法》《中华人民共和国社会保险法》等。因此，不同的外部会计监管主体对单位实施监管检查是依照相应的法律、行政法规规定的职权和职责进行的。鉴于此，为了使《会计法》与这些法律、行政法规规定衔接协调，《会计法》作了如下规定：①违反该法规定，同时违反其他法律规定的，由有关部门在各自职权范围内依法进行处罚。（见该法第四十九条）②有关法律对该法第四十二条第一款所列行为的处罚另有规定的，依照有关法律的规定办理。③该法第三十三条第二款规定，有关监督检查部门已经作出的检查结论能够满足其他监督检查部门履行本部门职责需要的，其他监督检查部门应当加以利用，避免重复查账。也就是说，对违反《会计法》同时违反其他法律规定的会计违法行为，除构成犯罪的、由司法机关依法追究刑事责任外，其他对会计违法行为依法享有行政处罚权的部门，对尚不构成犯罪的会计违法行为，依照相应的其他法律规定的职权予以处罚。但是，对同一当事人的同一违法行为，不得给予两次以上罚款的行政处罚，这是《中华人民共和国行政处罚法》规定的行政处罚的一项原则。理解这一原则，应当把握以下两点：①同一违法行为同时违反两个以上法律规范，均应给予罚款处罚时，按照罚款数额较高的规定进行处罚；②如果某一个行政机关已对违法行为人给予了罚款处罚，其他机关不得再对同一当事人的同一违法行为给予罚款处罚，而且，还要避免重复查账。

为进一步深化“放管服”改革，推进跨部门联合执法，明确政府会计监督与政府业务监管的基本关系以及相应的处理方法，破解会计监管难题，加大打击会计造假行为力度，不断提高会计信息质量，《中华人民共和国会计法修订草案（征求意见稿）》还提出了政府业务监管部门“发现单位或者个人存在违反本法及国家统一的会计制度规定的行为的，依照法定职权范围，有权处理的，应当将处理结果告知财政部门；无权处理的，应当移交同级财政部门处理”的修订意见。如果这一修订意见被采纳立法，将增加政府业务监管部门对单位会计行为进行监管的职责。因此，包括税务部门在内的政府业务监管部门，应关注《会计法》的修订方向、过程和结果。

第四节　《税收征收管理法》中的会计法律责任

一、《税收征收管理法》中的会计行为规范与法律责任

会计数据是税收大数据最为关键的底层数据。无论是税款的计算、征收，还是税收风险识别、纳税评估、税务审计、反避税调查、税务稽查，都离不开纳税人的会计账簿、凭证、报表。鉴于此，《税收征收管理法》第二章列有“账簿、凭证管理”一节内容，第四章列有对账簿、凭证、报表和有关资料的检查内容，第五章列有纳税人违反账簿、凭证管理要求的法律责任内容。《税收征收管理法实施细则》则对上述内容作了进一步的细化和补充。具体条文归纳整理如表 2－6 所示。

表 2-6 《税收征收管理法》及其实施细则中的会计行为规范与法律责任

<table>
<tr><th>项目</th><th colspan="2">《税收征收管理法》</th><th colspan="2">《税收征收管理法实施细则》</th></tr>
<tr><td rowspan="7">账簿设置、会计核算、会计档案保管要求</td><td rowspan="6">第十九条</td><td rowspan="6">纳税人、扣缴义务人按照有关法律、行政法规和国务院财政、税务主管部门的规定设置账簿，根据合法、有效凭证记账，进行核算</td><td>第二十二条</td><td>从事生产、经营的纳税人应当自领取营业执照或者发生纳税义务之日起 15 日内，按照国家有关规定设置账簿。
前款所称账簿，是指总账、明细账、日记账以及其他辅助性账簿。总账、日记账应当采用订本式</td></tr>
<tr><td>第二十三条</td><td>生产、经营规模小又确无建账能力的纳税人，可以聘请经批准从事会计代理记账业务的专业机构或者财会人员代为建账和办理账务</td></tr>
<tr><td>第二十四条第三款</td><td>纳税人建立的会计电算化系统应当符合国家有关规定，并能正确、完整核算其收入或者所得</td></tr>
<tr><td>第二十五条</td><td>扣缴义务人应当自税收法律、行政法规规定的扣缴义务发生之日起 10 日内，按照所代扣、代收的税种，分别设置代扣代缴、代收代缴税款账簿</td></tr>
<tr><td>第二十六条</td><td>纳税人、扣缴义务人会计制度健全，能够通过计算机正确、完整计算其收入和所得或者代扣代缴、代收代缴税款情况的，其计算机输出的完整的书面会计记录，可视同会计账簿。
纳税人、扣缴义务人会计制度不健全，不能通过计算机正确、完整计算其收入和所得或者代扣代缴、代收代缴税款情况的，应当建立总账及与纳税或者代扣代缴、代收代缴税款有关的其他账簿</td></tr>
<tr><td>第二十七条</td><td>账簿、会计凭证和报表，应当使用中文。民族自治地方可以同时使用当地通用的一种民族文字。外商投资企业和外国企业可以同时使用一种外国文字</td></tr>
<tr><td>第二十四条</td><td>从事生产、经营的纳税人、扣缴义务人必须按照国务院财政、税务主管部门规定的保管期限保管账簿、记账凭证、完税凭证及其他有关资料。
账簿、记账凭证、完税凭证及其他有关资料不得伪造、变造或者擅自损毁</td><td>第二十九条</td><td>账簿、记账凭证、报表、完税凭证、发票、出口凭证以及其他有关涉税资料应当合法、真实、完整。
账簿、记账凭证、报表、完税凭证、发票、出口凭证以及其他有关涉税资料应当保存 10 年；但是，法律、行政法规另有规定的除外</td></tr>
</table>

续表

项目	《税收征收管理法》		《税收征收管理法实施细则》	
税务检查	第五十四条	税务机关有权进行下列税务检查： （一）检查纳税人的账簿、记账凭证、报表和有关资料，检查扣缴义务人代扣代缴、代收代缴税款账簿、记账凭证和有关资料； （二）到纳税人的生产、经营场所和货物存放地检查纳税人应纳税的商品、货物或者其他财产，检查扣缴义务人与代扣代缴、代收代缴税款有关的经营情况； （三）责成纳税人、扣缴义务人提供与纳税或者代扣代缴、代收代缴税款有关的文件、证明材料和有关资料； ……	第八十六条	税务机关行使《税收征收管理法》第五十四条第（一）项职权时，可以在纳税人、扣缴义务人的业务场所进行；必要时，经县以上税务局（分局）局长批准，可以将纳税人、扣缴义务人以前会计年度的账簿、记账凭证、报表和其他有关资料调回税务机关检查，但是税务机关必须向纳税人、扣缴义务人开付清单，并在3个月内完整退还；有特殊情况的，经设区的市、自治州以上税务局局长批准，税务机关可以将纳税人、扣缴义务人当年的账簿、记账凭证、报表和其他有关资料调回检查，但是税务机关必须在30日内退还
	第五十六条	纳税人、扣缴义务人必须接受税务机关依法进行的税务检查，如实反映情况，提供有关资料，不得拒绝、隐瞒		
法律责任	第六十条	纳税人有下列行为之一的，由税务机关责令限期改正，可以处二千元以下的罚款；情节严重的，处二千元以上一万元以下的罚款： （一）未按照规定的期限申报办理税务登记、变更或者注销登记的； （二）未按照规定设置、保管账簿或者保管记账凭证和有关资料的； （三）未按照规定将财务、会计制度或者财务、会计处理办法和会计核算软件报送税务机关备查的； （四）未按照规定将其全部银行账号向税务机关报告的； ……		
	第六十一条	扣缴义务人未按照规定设置、保管代扣代缴、代收代缴税款账簿或者保管代扣代缴、代收代缴税款记账凭证及有关资料的，由税务机关责令限期改正，可以处二千元以下的罚款；情节严重的，处二千元以上五千元以下的罚款		
	第六十三条第一款	纳税人伪造、变造、隐匿、擅自销毁账簿、记账凭证，或者在账簿上多列支出或者不列、少列收入，或者经税务机关通知申报而拒不申报或者进行虚假的纳税申报，不缴或者少缴应纳税款的，是偷税。对纳税人偷税的，由税务机关追缴其不缴或者少缴的税款、滞纳金，并处不缴或者少缴的税款百分之五十以上五倍以下的罚款；构成犯罪的，依法追究刑事责任		

续表

项目	《税收征收管理法》		《税收征收管理法实施细则》	
法律责任	第六十四条第一款	纳税人、扣缴义务人编造虚假计税依据的，由税务机关责令限期改正，并处五万元以下的罚款		
	第七十条	纳税人、扣缴义务人逃避、拒绝或者以其他方式阻挠税务机关检查的，由税务机关责令改正，可以处一万元以下的罚款；情节严重的，处一万元以上五万元以下的罚款	第九十六条	纳税人、扣缴义务人有下列情形之一的，依照《税收征收管理法》第七十条的规定处罚： （一）提供虚假资料，不如实反映情况，或者拒绝提供有关资料的； （二）拒绝或者阻止税务机关记录、录音、录像、照相和复制与案件有关的情况和资料的； （三）在检查期间，纳税人、扣缴义务人转移、隐匿、销毁有关资料的； （四）有不依法接受税务检查的其他情形的

结合上表，对《税收征收管理法》及其实施细则与《会计法》关于会计行为规范与法律责任相关规定，进行以下三点对比分析：

（1）关于账簿设置、会计核算以及会计档案保管要求的对比分析。

《税收征收管理法》及其实施细则对纳税人、扣缴义务人的账簿设置、会计核算、会计档案保管要求的规定与《会计法》的规定基本相同，差异仅在于：

①《税收征收管理法》及其实施细则明确了账簿设置时间的要求，而《会计法》没有这个要求。

②《税收征收管理法》及其实施细则对应当设置账簿的法律依据表述为“有关法律、行政法规和国务院财政、税务主管部门的规定”。这里虽然没有明确指明法律依据是《会计法》，但显然主要依据是《会计法》和根据《会计法》制定的《个体工商户建账管理暂行办法》。

③《税收征收管理法》及其实施细则对会计核算的要求表述为“根据合法、有效凭证记账，进行核算”，账簿、记账凭证、报表、完税凭证、发票、出口凭证以及其他有关涉税资料“不得伪造、变造或者擅自损毁”以及“应当合法、真实、完整”。虽然这些核算要求及违法行为都对应着《会计法》的相应规定，但《会计法》的规定更详细。税务执法中，判断纳税人、扣缴义务人的会计核算是否合法、真实、完整，应当依据会计法律制度，尤其是《会计法》《会计基础工作规范》等。

④《税收征收管理法实施细则》规定了“账簿、记账凭证、报表、完税凭证、发票、出口凭证以及其他有关涉税资料应当保存10年”，但仍明确“法律、行政法规另有规定的除外”，如《会计档案管理办法》。

（2）关于税务检查权以及不配合检查的对比分析。

《税收征收管理法》规定了税务机关对纳税人、扣缴义务人的会计资料进行检查的权力，使税务机关行使《会计法》第三十三条赋予的职权有了依据。与《会计法》相比，差异反映在：《税收征收管理法实施细则》虽然明确了税务机关调账检查的具体要求，但对纳税人、扣缴义务人接受税务检查的要求没有列出《会计法》中列出的“拖延”“谎报”“故意销毁”等不配合检查的具体违法行为表现。

（3）关于责任主体和处罚标准的对比分析。

《税收征收管理法》有关法律责任的规定与《会计法》相比，存在责任主体单一、处罚标准较低的问题。

①《税收征收管理法》规定的责任主体只有纳税人、扣缴义务人（即单位）。纳税人、扣缴义务人需要履行纳税义务、扣缴义务，但纳税也是一项专业性很强的工作，纳税义务、扣缴义务的履行需要由具体人员（即财务人员）完成。显然，在纳税人、扣缴义务人承担法律责任的同时，这些个人也应当承担一定的法律责任，而且财务人员中的专业人员往往都是单位的会计人员，在承担法律责任、诚信管理方面，财政部门与税务部门可以相互共享。

②《税收征收管理法》对《会计法》列出的相同的违法行为规定的处罚标准较低。例如，对纳税义务、扣缴义务未按照规定设置、保管账簿或者保管记账凭证和有关资料的，规定“可以处二千元以下的罚款；情节严重的，处二千元以上一万元以下的罚款”，而《会计法》规定的处罚标准是“可以对单位并处三千元以上五万元以下的罚款”。又如，对纳税义务人、扣缴义务人逃避、拒绝或者以其他方式阻挠税务机关检查的，规定“可以处一万元以下的罚款；情节严重的，处一万元以上五万元以下的罚款”，而《会计法》规定的处罚标准是“尚不构成犯罪的，由县级以上人民政府财政部门予以通报，可以对单位并处五千元以上十万元以下的罚款”“构成犯罪的，依法追究刑事责任”。

二、会计法律责任《税收征收管理法》与《会计法》的协调执行

党的十九届四中全会审议通过的《中共中央关于坚持和完善中国特色社会主义制度 推进国家治理体系和治理能力现代化若干重大问题的决定》提出，坚持有法必依、执法必严、违法必究，严格规范公正文明执法，规范执法自由裁量权；健全部门协调配合机制，防止政出多门、政策效应相互抵消；进一步整合行政执法队伍，继续探索实行跨领域跨部门综合执法，推动执法重心下移，提高行政执法能力水平。《优化营商环境条例》规定，优化营商环境应当坚持市场化、法治化、国际化原则；国家建立健全跨部门、跨区域行政执法联动响应和协作机制，实现违法线索互联、监管标准互通、处理结果互认。中央全面深化改革委员会第二十三次会议提出，对涉及多个部门、管理难度大、风险隐患突出的监管事项，要建立健全跨部门综合监管制度，完善各司其职、各负其责、相互配合、齐抓共管的协同监管机制；加快建立全方位、多层次、立体化监管体系，实现事前事中事后全链条全领域监管，堵塞监管漏洞。中办、国办印发的《关于进一步深化税收征管改革的意见》要求，深入推进精诚共治，持续深化拓展税收共治格局；加强部门协作，加强情报交换、信息通报和执法联动，积极推进跨部门协同监管；强化税收司法保障，实行警税双方制度化、信息化、常态化联合办案，进一步畅通行政执法与刑事执法衔接工作机制。

因此，与财政部门着力构建部门协同、多方联动、社会参与的会计监管工作格局相呼应，面对持续存在的《会计法》和《税收征收管理法》规定的会计违法行为和税收违法行为，尤其是上市公司存在的财务造假现象，税务部门在税务执法中应当积极主动将《税收征收管理法》与《会计法》融合协调，联合财政、金融、公安等部门，通过信息共享、联动执法、联合办案等综合监管方式①，共同依法有力打击各类会计造假行为，提高纳税人会计信息质量，提高纳税人纳税申报准确性，维护经济秩序、税收秩序、金融秩序以及投资人权益，优化市场化、法治化营商环境，进而实现大幅提高税法遵从度和社会满意度的目标。

税务执法中，税务部门处理《税收征收管理法》与《会计法》的衔接与协

① 参见中办、国办印发的《关于进一步深化税收征管改革的意见》。

调，主要反映在账簿设置与核定征收、《会计法》上的监管权和检举权的合法运用、会计数据与注册会计师审计报告的共享等方面。

（一）关于账簿设置与核定征收

多年来，税务部门按照《税收征收管理法》相关规定，根据纳税人是否设置账簿、设置的账簿是否符合会计核算要求及能否查账，将税款征收方式划分为查账征收方式和核定征收方式，提高了税收征管效率。但是，问题在于，由于《税收征收管理法》第十九条对账簿设置的规定表述不够明确，基层税务部门对究竟哪些纳税人应当设置账簿不够清楚，导致税务执法实践中执行《税收征收管理法》第三十五条关于核定征收的相关规定不够严格，甚至出现偏差。同时，由于个别中介的违法助推和少数地方政府的不当介入，出现了一部分应当设置账簿的纳税人滥用核定征收方式逃避缴纳税款现象。这影响了税务部门对税收违法案件的精准查处，并且以上问题所造成的纳税不公极易引发社会舆论。

《税收征收管理法》第三十五条规定，纳税人有下列情形之一的，税务机关有权核定其应纳税额：①依照法律、行政法规的规定可以不设置账簿的；②依照法律、行政法规的规定应当设置账簿但未设置的；③擅自销毁账簿或者拒不提供纳税资料的；④虽设置账簿，但账目混乱或者成本资料、收入凭证、费用凭证残缺不全，难以查账的；⑤发生纳税义务，未按照规定的期限办理纳税申报，经税务机关责令限期申报，逾期仍不申报的；⑥纳税人申报的计税依据明显偏低，又无正当理由的。显然，上述六种情形中仅有第①种情形在纳税期发生前可以依法可知，其他五种情形只有在纳税期结束后、甚至在税务检查时才能发现。所以，税务机关对第①种情形核定应纳税额为事前核定，可称为核定征收，以确定应纳税额；对其他五种情形核定应纳税额为事后核定，可称为核定计算税款，以确定追缴税款金额。也就是说，事前、事后核定要区分开来，不能事后核定应纳税额作为事前的核定征收方式使用，应将《税收征收管理法》第三十五条与第十九条规定与《会计法》《公司法》《合伙企业法》《个人独资企业法》关于账簿设置的规定结合起来，全面掌握关于纳税人账簿设置的各项法律要求，提高核定征收方式判定和税款定期定额核定的精准性。

江西省高级人民法院于2017年11月29日作出行政裁定书（2017）赣行申

244 号[①]。法院认为，根据《房地产开发经营业务企业所得税处理办法》（国税发〔2009〕31 号印发）第四条规定，企业出现《税收征收管理法》第三十五条规定的情形，税务机关可对其以往应缴的企业所得税按核定征收方式进行征收管理，并逐步规范，同时按《税收征收管理法》等税收法律、行政法规的规定进行处理，但不得事先确定企业的所得税按核定征收方式进行征收、管理。本案中，萍乡经济开发区地方税务局（以下简称开发区地税局）于 2013 年 6 月 25 日作出萍开地税字（2013）第 29 号《关于萍乡市汇丰投资有限公司等 201 户企业 2013 年度企业所得税征收方式的批复》，江西怡馨置业有限公司（以下简称怡馨公司）在该批复中，企业所得税征收方式鉴定表记载 2013 年度征收方式为核定应税所得率。该批复在 2013 年度年中即确定该年度怡馨公司所得税按核定征收方式进行征收，与前述"不得事先确定企业的所得税按核定征收方式进行征收、管理"之规定不符。故被申请人开发区地税局作出萍开地税通字（2016）第 1 号《税务事项通知书》，对此予以纠正并无不当。被申请人萍乡市地方税务局作出萍地税复决字（2016）1 号行政复议决定对该《税务事项通知书》予以维持符合法律规定。一、二审驳回怡馨公司的诉讼请求并无不当，怡馨公司的申请再审理由依法不能成立。

近年，媒体报道了《税务部门依法查处范冰冰"阴阳合同"等偷逃税问题》《浙江省杭州市税务部门依法对朱宸慧、林珊珊偷逃税案件进行处理》《浙江省杭州市税务部门依法对黄薇偷逃税案件进行处理》等。一些文娱领域、网络直播行业从业人员在各地特别是"税收洼地"设立多家个人工作室、个人独资企业、合伙企业，通过隐匿个人收入、虚构业务转换收入性质，或者滥用税收核定征收方式等，将其取得的个人工资薪金和劳务报酬所得转变为个人独资企业、合伙企业的经营所得进行虚假申报偷逃税款。为此，国家税务总局办公厅发布通知[②]，要求进一步加强文娱领域从业人员日常税收管理，对明星艺人、网络主播成立的个人工作室和企业，要辅导其依法依规建账建制，并采用查账征收方式申报纳税。

湖北省恩施市人民法院于 2018 年 5 月 7 日作出的行政判决书（2018）鄂

---

① 参阅中国裁判文书网：江西怡馨置业有限公司、萍乡经济开发区地方税务局税务行政管理（税务）再审审查与审判监督行政裁定书，江西省高级人民法院行政裁定书（2017）赣行申 244 号。

② 参见《国家税务总局办公厅发布通知加强文娱领域从业人员税收管理》，国家税务总局网站，2021 年 9 月 18 日。

2801 行初 19 号[①]，判定税务机关不能对事先采用核定征收方式的纳税人存在的少缴税款的行为认定为偷税。法院认为，《税收征收管理法》第六十三条第一款规定，纳税人伪造、变造、隐匿、擅自销毁账簿、记账凭证，或者在账簿上多列支出或者不列、少列收入，或者经税务机关通知申报而拒不申报或者进行虚假的纳税申报，不缴或者少缴应纳税款的，是偷税。本案因原告（恩施市熊老幺饮食服务有限公司）财务账务不全，被告（恩施土家族苗族自治州地方税务局稽查局）对原告采用的是定额核定征收管理模式，其征收方式系被告为其确定，之前一直采用该模式征收，原告均依此及时足额缴纳了定额核定的税款。之后，税务机关依据原告电脑上营业收入与之前的定税存在少缴税款的行为，认定为偷税，作为纳税人的原告主观上有理由认为只需如实缴纳税务机关核定的税额，客观上原告在其电脑中如实记载了自己的营业收入，没有故意设立虚假账簿、隐瞒收入等行为逃避税收征收，被告将此行为认定为偷税并予以处罚缺乏事实根据和法律依据，依法应予撤销。对核定征收的个体工商户以偷税处罚的相似判例，可参见四川省眉山市人民法院行政判决书（2018）川 1181 行初 47 号。

近年来，国家税务总局已开始规范、调整税收核定征收方式。将符合一定情形的个人独资、合伙企业调整为查账征收，加强对个人股权转让逃避税的监管，增设日常监控指标，提高精准监管能力。国家税务总局在前期梳理核定征收政策规定的基础上，会同财政部研究完善相关税收制度。

税务部门按照党中央、国务院提出的依法加强税收监管和税务稽查[②]，严厉打击涉税违法行为、维护公开竞争的市场环境，坚决打击财务造假、偷税漏税等获取非法收入行为[③]等一系列要求，联合财政部门，采取以下措施：

一是根据《税收征收管理法》和《会计法》关于纳税人（即单位）设置账簿、进行会计核算的规定，辅导尚未设置账簿的纳税人设置账簿，并提供精细的个性化纳税服务。尤其是对于依法应当设置账簿的新办纳税人，逐步规范采用核定征收方式的执法行为，依法合力查处拒绝设置账簿、设置“账外账”、做假账行为。2021 年 12 月 30 日，财政部、国家税务总局联合印发了《关于权

---

① 参阅中国裁判文书网：恩施市熊老幺饮食服务有限公司与恩施土家族苗族自治州地方税务局稽查局税务行政管理（税务）一审行政判决书，湖北省恩施市人民法院行政判决书（2018）鄂 2801 行初 19 号。

② 参见《习近平：把握数字经济发展趋势和规律　推动我国数字经济健康发展》，央视网，2021 年 10 月 19 日。

③ 习近平．扎实推动共同富裕［J］．求是，2021（20）：4.

益性投资经营所得个人所得税征收管理的公告》(财政部　税务总局公告 2021 年第 41 号),既规定了"持有股权、股票、合伙企业财产份额等权益性投资的个人独资企业、合伙企业(以下简称独资合伙企业),一律适用查账征收方式计征个人所得税。"也规定了"各级财政、税务部门应做好服务辅导工作,积极引导独资合伙企业建立健全账簿、完善会计核算和财务管理制度、如实申报纳税。"这是财政部门、税务部门联合管理纳税人账簿设置和会计核算,以及取消相关税收核定征收方式的良好开端。

二是发挥税务部门的优势,利用日常风险应对、"双随机、一公开"监管方式,将发现的纳税人会计违法行为(既包括违反《税收征收管理法》的会计违法行为,也包括不违反《税收征收管理法》但违反《会计法》的会计违法行为),按照中办、国办印发的《关于进一步深化税收征管改革的意见》要求,及时推送财政部门,共同对违反《会计法》和国家统一的会计制度的会计违法行为予以惩处,尤其是依法打击财务会计造假,并加大相应的处罚力度,从而不断提高会计信息质量,夯实税收征管基础,不断推进精确执法、精准监管,减少税收争议、行政复议以及行政诉讼案件发生,最终达到依法公正监管、实现公平税负和促进公平竞争的目的。

(二)关于《会计法》中监管权和检举权的合法运用

《会计法》第三十五条规定了单位配合政府业务监管部门监督检查的义务,第四十四条和第四十五条规定了单位和个人不配合监督检查的法律责任,第三十条赋予了任何单位和个人对会计违法行为的检举权,加上《会计法》相关条款对会计人员职业禁止的规定;《刑法》第一百六十二条之一对"隐匿、故意销毁会计凭证、会计账簿、财务会计报告罪"[①] 作出了具体规定,可谓法律规定严格、法律责任重。《税收征收管理法》第五十六条和第七十条虽然也规定了纳税人配合税务检查的义务和不配合税务检查的法律责任,但相比而言,法律要求不够细,责任主体仅为单位,处罚标准较低,并且无对应的刑事责任规定,不足以威慑纳税人,也难以对不配合税务检查的个人严格追究法律责任。这就会导致税务稽查有时调账难、检查难,进而导致取证难、定性难。税务稽

---

① 《刑法》第一百六十二条之一"隐匿、故意销毁会计凭证、会计账簿、财务会计报告罪":隐匿或者故意销毁依法应当保存的会计凭证、会计账簿、财务会计报告,情节严重的,处五年以下有期徒刑或者拘役,并处或者单处二万元以上二十万元以下罚金。单位犯前款罪的,对单位判处罚金,并对其直接负责的主管人员和其他直接责任人员,依照前款的规定处罚。

查实务中，纳税人不及时提供或不提供完整的账簿凭证等涉税会计资料以阻碍检查的理由五花八门。例如，会计人员已辞职不知去向并带走了以前年度的账簿资料，企业搬家遗失部分账簿凭证，办公室失火烧毁了部分账簿凭证，水灾损毁了账簿凭证，账簿凭证被盗，会计出差开不了锁、开不了电脑，等等。一些涉嫌偷逃税的企业和虚开发票企业甚至隐匿、故意销毁账簿凭证等涉税会计资料，阻挠、抗拒税务稽查人员依法检查，试图逃避税务处罚乃至刑事处罚。由此，案件办理陷入困境，稽查办案效率受到严重影响。那么，税务机关有没有办法克服困难、提高税务稽查的效率呢？如新华社 2018 年 10 月 3 日有这样一条报道："……经查，2018 年 6 月，在税务机关对范冰冰及其经纪人牟某广所控制的相关公司展开调查期间，牟某广指使公司员工隐匿、故意销毁涉案公司会计凭证、会计账簿，阻挠税务机关依法调查，涉嫌犯罪。现牟某广等人已被公安机关依法采取强制措施，案件正在进一步侦查中。"

上述报道内容表明，税务机关已经依法查清了范冰冰涉税案件事实，但在调查范冰冰及其经纪人牟某广所控制的相关公司时，牟某广指使公司员工隐匿、故意销毁会计凭证、会计账簿，阻挠税务机关依法调查，已经涉嫌犯罪，公安机关依法进一步侦查。公安机关对牟某广采取强制措施并没有影响税务机关办理税案，因为公安机关仍然在依法侦查中，而税务机关已经依法查清了案件事实并公布了税务处理、处罚结果。

显然，牟某广"指使""隐匿、故意销毁""阻挠"的行为，正是税务稽查中多见的情形。在这个案件中，税务机关没有陷入困境，而是依法认定其"涉嫌犯罪"，将案件移送公安机关，由公安机关受案、立案侦查。税务机关依据《会计法》第三十二条赋予的会计监管职权，认定其"涉嫌犯罪"的法律依据是《会计法》第四十四条和第四十五条；公安机关立案、采取强制措施的法律依据是《会计法》第四十四条和第四十五条、《刑法》第一百六十二条之一以及《最高人民检察院　公安部关于公安机关管辖的刑事案件立案追诉标准的规定（二）》第八条①。

从法理上看，《税收征收管理法》第六十三条第一款规定了构成偷税的四

① 《最高人民检察院　公安部关于公安机关管辖的刑事案件立案追诉标准的规定（二）》第八条规定："隐匿或者故意销毁依法应当保存的会计凭证、会计账簿、财务会计报告，涉嫌下列情形之一的，应予立案追诉：（一）隐匿、故意销毁的会计凭证、会计账簿、财务会计报告涉及金额在五十万元以上的；（二）依法应当向监察机关、司法机关、行政机关、有关主管部门等提供而隐匿、故意销毁或者拒不交出会计凭证、会计账簿、财务会计报告的；（三）其他情节严重的情形。"

种行为及处理处罚标准，针对的是行为的结果，相应的罪名是《刑法》“危害税收征管罪”一节规定的；《会计法》第四十四条和第四十五条针对的是行为本身，相应的罪名是“妨害对公司、企业的管理秩序罪”一节规定的。从刑法理论上讲，“隐匿、故意销毁会计凭证、会计账簿、财务会计报告罪”与相关涉税类罪名属于两类法条不竞合的罪类。因为，“隐匿、故意销毁会计凭证、会计账簿、财务会计报告”行为未必造成少缴、不缴税款或骗税。并且，在大多数情况下，税务机关可以依据《会计法》第四十四条和第四十五条选择实施会计违法行为的个人作为涉嫌犯罪的主体，而不选择单位（纳税人）作为涉嫌犯罪主体，如牟某广。这样，公安机关针对个人立案办理刑事案件，与税务机关针对纳税人办理税案互不冲突。在公安机关收集、保全会计凭证、会计账簿、财务会计报告等涉税会计资料后，税务机关可以通过会计凭证、会计账簿对纳税人的涉税问题进行深入检查。

由此可以看出，《会计法》赋予的会计监管权力与义务不仅是税务执法的直接基础，更是税务执法的有力帮手，解决了调账难、检查难、取证难、定性难的问题。因此，税务机关如果依法行使《会计法》赋予的会计监管职权以及单位或个人检举权，就能够优化税务执法方式、提高执法办案效率。

另外，税务机关可以从增值税发票管理系统或行政执法全过程记录中获取《最高人民检察院　公安部关于公安机关管辖的刑事案件立案追诉标准的规定（二）》第八条规定的违法行为证据，并可以通过警税联络机制及时移送公安机关办理。在这个方面税务机关已有成功的先例，例如，重庆市九龙坡区人民法院刑事判决书（2016）渝 0107 刑初 1270 号。[①]

① 参阅张剑妨害公务，隐匿、故意销毁会计凭证、会计账簿、财务会计报告一审刑事判决书，重庆市九龙坡区人民法院刑事判决书（2016）渝 0107 刑初 1270 号。

第三章　财务会计思维

第一节　财务会计概念框架

一、财务会计目标

“财务会计是会计的一个主要分支，它继承并发展了传统会计的记录、计量、列报等方法与技术，立足主体（主要是企业）、面向市场（主要是资本市场），向市场提供（通过表内确认和表外披露）一个企业整体的、以财务信息为主的经济信息的系统。”[①] 这里所说“提供一个企业整体的、以财务信息为主的经济信息”，就是财务会计的目标。所谓“通过表内确认和表外披露”，说的是财务会计目标得以实现的标志性程序方法（编制和报送财务会计报告）。

财务会计报告是企业等主体财务会计工作系统输出的最终成果，集中地体现着财务会计目标的内在要求。也正因如此，我国《企业会计准则——基本准则》第四条规定：“企业应当编制财务会计报告（又称财务报告）。财务会计报告的目标是向财务会计报告使用者提供与企业财务状况、经营成果和现金流量等有关的会计信息，反映企业管理层受托责任履行情况，有助于财务会计报告使用者作出经济决策。财务会计报告使用者包括投资者、债权人、政府及其有关部门和社会公众等。”可见，在我国企业会计准则语境下，财务会计目标的关键问题在于厘清财务报告向谁报告和报告什么。

（一）向谁报告

向谁报告，就是财务会计报告的使用者是谁，包括企业的投资者、债权人、政府及其职能机构、客户、企业内部管理者和员工等与企业有各种经济利益关系的单位和个人。不同的利益关系者有不同的利益要求，其所需要的会计信息侧重点也有所不同。

---

① 葛家澍，叶凡，等．财务会计定义的经济学解读［J］．会计研究，2013（6）：5－6.

1. 投资者和潜在投资者

投资者和潜在投资者进行投资决策的最终目的是扩大财富，因此，他们最为关心的是企业价值的大小及成长问题。所以，投资者和潜在投资者在阅读财务会计报告时，主要结合企业投资项目、资本结构和股利分配政策等，以了解企业的盈利能力及其变化趋势，了解企业目前的经营管理状况，判断企业未来现金流量的金额、时间和不确定性，据以作出投资决策。

2. 债权人

企业债权人包括银行、非银行金融机构（财务公司、信贷投资公司等）、债券购买者和其他债权人。债权人的目的不是企业价值最大化，而是其能否及时完整地收回本金并获得约定的利息收入。所以，企业债权人主要关心的并非仅仅是企业的盈利能力，他们更注重企业的资本结构、资产结构等影响偿债能力方面的信息，以关注和判断其债权所面临的风险程度。

3. 政府及其职能机构

政府作为投资者，关心的是政府资本在企业中的保值增值，它有与一般投资者一样的会计信息需求。同时，政府作为社会管理者，需要根据企业的财务会计报告信息，在了解微观经济资源的配置状况与效益、经济秩序、税收缴纳情况等基础上，对社会宏观经济进行调整和控制。

4. 企业管理当局

企业以营利为目的，投资人把资源投入企业，就希望能在企业管理当局有效的经营管理下，在激烈的竞争中不断发展壮大，从而实现预期的回报。企业管理当局为了履行其受托责任，就必须运用自己的经营管理才能去努力实现投资者所期望的目标。为此，企业管理当局根据企业会计信息评价和预测企业的财务状况和盈利能力，并根据企业的现实情况进行计划调整，以提高管理水平，更好地作出有利于企业生存发展的经营决策。

（二）报告什么

报告什么，就是财务会计报告提供哪些财务信息，包括有助于财务会计报告使用者作出相关决策的信息和反映企业管理层受托责任履行情况的信息。

1. 对企业利害各方相关决策有用的信息

企业编制财务会计报告的主要目的是满足财务会计报告使用者的信息需要，有助于财务会计报告使用者作出决策。因此，向财务会计报告使用者提供决策有用的信息是财务会计报告的基本目标。根据这一目标的要求，财务会计报告所提供的会计信息应当如实反映企业拥有或者控制的经济资源、对经济资源的要求权以及经济资源要求权的变化情况；如实反映企业的各项收入、费用、利得和损失的金额及其变动情况；如实反映企业各项经营活动、投资活动和筹资活动等形成的现金流入和现金流出情况等，从而有助于现在的或者潜在的投资者、债权人以及其他使用者正确、合理地评价企业的资产质量、偿债能力、盈利能力和营运效率等；有助于使用者根据相关会计信息作出理性的投资和信贷决策；有助于使用者评估与投资和信贷有关的未来现金流量的金额、时间和风险等。

2. 企业管理层受托责任履行情况的信息

在现代企业制度下，企业所有权和经营权相分离，企业投资者和债权人等，需要及时或者经常性地了解企业管理层保管、使用由他们投入或借出的资产情况，以便于评价企业管理层受托责任的履行情况和业绩情况，并决定是否需要调整投资或者信贷政策，是否需要加强企业内部控制和其他制度建设，是否需要更换管理层等。因此，反映企业管理层受托责任的履行情况，以有助于评价企业的经营管理责任和资源使用的有效性就成为财务会计报告的又一重要目标。

作为政府的会计监管部门之一的税务部门，不仅是企业财务会计报告的使用者，更是企业会计账簿、凭证的使用者。税务人员在税务执法过程中通过企业的报表、账簿、凭证，在掌握企业财务状况、经营成果和现金流量的基础上，进一步判断企业的纳税状况、纳税义务大小和纳税能力。因此，税务人员要学习掌握好生成会计数据（即会计信息）的财务会计基本理论、基本程序和方法、会计信息化技术、各类会计核算制度，养成高水平的、与智慧税务相适配的财务会计思维，做到精准监管、精细服务，从而贯彻落实好中办、国办印发的《关于进一步深化税收征管改革的意见》。

二、会计基本假设和会计核算基础

（一）会计基本假设

会计基本假设，是指会计准则和会计制度中规定的各项会计要素确认、计量和报告适用的前提条件，通常也叫会计假设，是会计人员对会计核算所处的变化不定的环境作出的合理设定，是对会计对象和方法在空间范围、时间界限、计量方式上所做的限制和选择，无须证明即为人们所接受。会计基本假设包括会计主体、持续经营、会计分期和货币计量。①

1. 会计主体

会计主体，是指会计工作为其服务的特定单位。会计主体是一个独立的经济实体，它只能独立地记录和核算与本身有关的经济业务，而不能核算、反映单位投资者或者其他经济主体的经济活动。

首先，明确会计主体，才能划定会计所要处理的各项交易或者事项的范围。在会计工作中，只有那些影响主体本身经济利益的各项交易或事项才能加以确认、计量和报告，不影响主体本身经济利益的各项交易或事项则不能确认、计量和报告。

其次，明确会计主体，才能将会计主体的交易或者事项与会计主体所有者的交易或者事项，以及其他会计主体的交易或者事项区分开来。例如，企业投资人发生的经济交易或者事项是属于企业所有者主体发生的，不应纳入企业会计核算的范围。

会计主体与法律主体并不是同一概念。一般说来，法律主体必然是会计主体，但会计主体并不一定是法律主体。任何企业，无论是公司，还是个人独资企业、合伙企业，都是会计主体。在企业规模较大的情况下，为了便于掌握其分支机构的生产经营活动和收支情况，可以将分支机构作为会计主体。也就是说，会计主体可以是独立法人，也可以是非法人；可以是一个企业，也可以是企业内部某一单位或企业中的一个特定的部分；可以是单一企业，也可以是由几个企业组成的企业集团。

纳税主体与会计主体确定的标准不同。一般情况下，一个会计主体同时也是一个纳税主体。但是在特定情况下，一个会计主体不一定是一个纳税主体，例如，每只证券投资基金是会计主体，但不是纳税主体。一个集团公司是一个会计主体，但是集团公司包含多个纳税主体，母公司和各个子公司都是独立的纳税主体。一个纳税主体也不一定是一个会计主体，例如，根据《中华人民共和国个人所得税法》（2018 年修正，下同）规定，取得工资薪金收入的个人是纳税人，但是个人不是会计主体。

2. 持续经营

持续经营，是指会计主体的生产经营活动将无限期地延续下去。针对非持

---

① 国家税务总局教材编写组．会计基础知识（税务版）［M］．北京：中国税务出版社，2011：26－31.

续经营而言，企业在可预见的未来，不会因破产清算、解散、倒闭而不复存在，将会按当前的规模和状态继续经营下去，不会停业，也不会大规模削减业务。

企业是否持续经营，在会计原则、会计方法的选择上有很大差别。一般情况下，应当假设企业将会按照当前的规模和状态继续经营下去。明确这个基本假设，就意味着会计主体将按照既定用途使用资产，按照既定的合约条件清偿债务，会计人员就可以在此基础上选择会计原则和会计方法。例如，可以将资产划分为流动资产和非流动资产，将负债划分为流动负债和非流动负债；可以假定企业的固定资产会在持续经营的生产经营过程中长期发挥作用，并服务于生产经营过程，固定资产就可以采用折旧的方法，将历史成本分摊到各个会计期间或相关产品的成本中。

在市场经济环境下，任何企业都存在破产、清算的风险，也就是说，企业不能持续经营的可能性总是存在的。因此，需要企业定期对其持续经营的基本前提作出分析和判断。如果可以判断企业不能持续经营，就应当改变会计核算的原则和方法，并在企业财务会计报告中作相应披露。

企业会计准则体系是以企业持续经营为前提进行规范的，涵盖了从企业成立到清算（包括破产）整个期间的交易或者事项的会计处理。

不同税种纳税义务的设定标准不同，所以“持续经营”条件的存在对纳税义务产生的影响在不同税种中体现得也不一样。影响最大的是《企业所得税法》，企业所得税应纳所得税额的计算应以企业持续经营为前提，如各种跨期确认的费用、各项长期资产的管理等。如果企业不再持续经营而是进入清算阶段，企业所得税纳税义务则有相应的特殊规定。例如，财政部、国家税务总局发布的《关于企业清算业务企业所得税处理若干问题的通知》（财税〔2009〕60 号），专门规定了企业清算的所得税处理区别于持续经营情况下的处理方法。

3. 会计分期

会计分期，是指将一个会计主体持续经营的生产经营活动期间划分为若干连续的、长短相同的期间。会计分期的目的，在于通过会计期间的划分，将持续经营的生产经营活动期间划分成连续、相同的期间，据以结算盈亏。按期编报财务会计报告和对会计信息进行比较、分析，从而及时向财务会计报告使用者提供有关企业财务状况、经营成果和现金流量的信息。

会计期间分为年度和中期。会计期间为一个公历年度或者超过一个公历年度的一个营业周期时，通常称为会计年度。会计中期，是指短于一个完整的会计年度的报告期间，如月度、季度、半年度。

因为存在会计分期假设，于是产生了期末结账的会计核算需求，产生了期末经营成果的计算问题，产生了本期与非本期区分的要求，产生了当期与以前期间差别的比较。

我国现行的每一个具体税种都规定了相应的纳税期限，包括纳税义务计算的周期和税款实际缴纳的限期。例如，企业所得税按纳税年度（自公历 1 月 1 日起至 12 月 31 日止）计算，分月或者分季预缴，年终汇算清缴，次年 5 月 31 日前汇缴完成。①

有些税种的纳税期限与会计分期一致，如按月计算的增值税、消费税等，按年计算的房产税、车船税、企业所得税等；有些则不一致，如按次或按天计算的增值税、按次纳税的印花税等，但不管纳税期限如何，会计主体均要在财务会计报告中确认属于当期的各项税费，披露当期应缴纳税款和已缴纳税款情况。

4. 货币计量

货币计量，是指会计主体在进行会计确认、计量和报告时以货币为计量单位，反映会计主体的财务状况、经营成果和现金流量。

根据《会计法》规定，我国会计核算以人民币为记账本位币。业务收支以人民币以外的货币为主的单位，可以选定其中一种货币作为记账本位币，但是编报的财务会计报告应当折算为人民币。②

我国现行的每一个税种均规定了纳税人的应纳税额以人民币计量。例如，在增值税中，销售额以人民币计算，纳税人以人民币以外的货币结算销售额的，应当折合成人民币计算。③

（二）会计核算基础

企业资产的流动会引起相应的现金流动。由于存在会计分期这一假设，常常会出现资产流动的发生时间与现金实际收付的时间不属于同一会计期间的情况。例如，企业销售商品，当月根据合同约定发出货物并开具发票，但当月并

---

① 参见《中华人民共和国企业所得税法》（2018 年修正）第五十三条和第五十四条规定。
② 参见《中华人民共和国会计法》（2017 年修正）第十二条规定。
③ 参见《中华人民共和国增值税暂行条例》（2017 年修订）第六条规定。

未实际收到货款，而是次月才收到该笔货款。会计在确认资产、负债、收入和费用时，应该以什么样的基础为标准进行确认，是进行会计核算时要明确的重要问题之一，选择不同的确认基础，会得到不同的确认结果。

根据《企业会计准则——基本准则》第九条的规定，企业应当以权责发生制为基础进行会计确认、计量和报告。

权责发生制也称应计制或应收应付制，是指以权利取得和责任完成为标准确定资产、负债、收入和费用的归属期。权责发生制要求，凡是当期已经实现的收入和已经发生或应当负担的费用，无论款项是否收付，都应当作为当期的收入和费用进行确认和计量，并计入利润表；凡是不属于当期的收入和费用，即使款项已在当期收付，也不应当作为当期的收入和费用予以确认。例如，2021 年 7 月 1 日，甲公司从银行取得借款 1000 万元，期限 1 年，年利率为 6%，合同约定每季度结算一次利息。对此项借款业务，虽然第一个季度的利息要等到 9 月末才实际支付给银行，但是按照权责发生制要求，甲公司应于 2021 年 7 月末和 8 月末分别确认当月的利息费用 5 万元。

权责发生制也是税法确认收入和费用的主要原则，但是税法中会有例外情形。例如，对于企业所得税来说，“企业应纳税所得额的计算，以权责发生制为原则，属于当期的收入和费用，不论款项是否收付，均作为当期的收入和费用；不属于当期的收入和费用，即使款项已经在当期收付，均不作为当期的收入和费用。本条例和国务院财政、税务主管部门另有规定的除外”①。

此外，与权责发生制相对应的一种会计核算基础是收付实现制，它是以实际收到或支付现金作为确认收入和费用等的依据。收付实现制要求，凡是当期实际收到的款项，不论其是否属于当期的收入，均作为当期收入进行确认；凡是当期实际支付的款项，不论其是否属于当期的费用，均作为当期费用进行确认。收付实现制主要应用于政府会计中的预算会计。

三、财务会计信息质量要求

财务会计信息质量要求是对企业财务会计报告中所提供会计信息质量的基本要求，是使财务会计报告信息对投资者、债权人等使用者决策有用应具备的基本特征，包括可靠性、相关性、可理解性、可比性、实质重于形式、重要

① 参见《中华人民共和国企业所得税法实施条例》（2019 年修订）第九条规定。

性、谨慎性和及时性等。其中：可靠性、相关性、可理解性和可比性是会计信息的首要质量要求，是企业财务会计报告中所提供会计信息应具备的基本质量特征；实质重于形式、重要性、谨慎性和及时性是会计信息的次级质量要求，是对可靠性、相关性、可理解性和可比性等首要质量要求的补充和完善，尤其是在对某些特殊交易或者事项进行会计处理时，需要根据这些质量要求来把握会计处理原则。另外，及时性还是会计信息相关性和可靠性的制约因素，企业需要在相关性和可靠性之间寻求一种平衡，以确定信息及时披露的时间。

（一）可靠性

可靠性要求企业应当以实际发生的交易或者事项为依据进行确认、计量和报告，如实反映符合确认和计量要求的各项会计要素及其他相关信息，保证会计信息真实可靠、内容完整。

会计信息要有用，必须以可靠为基础。如果财务会计报告所提供的会计信息是不可靠的，甚至虚构交易或事项，就会对投资者等使用者的决策产生误导甚至损失，包括对税收工作的误导。为了贯彻可靠性要求，企业应当做到以下三点：

（1）以实际发生的交易或者事项为依据进行会计确认、计量和报告，将符合会计要素定义及其确认条件的资产、负债、所有者权益、收入、费用和利润等如实反映在财务报表中，刻画出企业生产经营及财务活动的真实面貌，不得根据没有发生的或者尚未发生的虚构的交易或者事项进行会计确认、计量和报告。

（2）在符合重要性和成本效益原则的前提下，保证会计信息的完整性。其中包括应当编报的报表及其附注内容等应当保持完整，不能随意遗漏或者减少应予披露的信息，与使用者决策相关的有用信息都应当充分披露。

（3）包括在财务会计报告中的会计信息应当是中立的、无偏的。如果企业在财务会计报告中为了达到事先设定的结果或效果，通过选择或列示有关会计信息以影响决策和判断的，这样的财务会计报告信息就不是中立的、无偏的。

【例3－1】 某公司于2021年末发现公司销售情况不好，无法实现年初确定的销售收入目标，为此提前预计库存商品销售，在2021年末确认了销售收入实现。该公司的这种处理不是以实际发生的交易事项为依据，而是虚构交易事项，违背了财务会计信息质量要求的可靠性原则，也违背了《会计法》的规定。

（二）相关性

相关性要求企业提供的会计信息应当与投资者等财务会计报告使用者的经济决策需要相关，有助于投资者等财务会计报告使用者对企业过去、现在或者未来的情况作出评价或者预测。

会计信息是否有用，是否具有价值，关键是看其与使用者的决策需要是否相关，是否有助于决策或者提高决策水平。相关的会计信息应当能够有助于使用者评价企业过去的决策，证实或者修正过去的有关预测，因而具有反馈价值。相关的会计信息还应当具有预测价值，有助于使用者根据财务会计报告所提供的会计信息预测企业未来的财务状况、经营成果和现金流量。

【例3-2】 某上市公司按《企业会计准则第22号——金融工具确认和计量》的要求，在金融资产确认中将以交易为目的的国债投资确认为“交易性金融资产”，并采用公允价值计量。这种计量方法有助于提升会计信息的评估和预测价值，体现会计信息的相关性。

财务会计信息质量的相关性要求，需要企业在确认、计量和报告会计信息的过程中，充分考虑使用者的决策模式和信息需要。但是，相关性是以可靠性为基础的，两者之间并不矛盾，不应将两者对立起来。会计信息在可靠性的前提下，应尽可能做到相关性，以满足财务会计报告使用者的决策需要。

（三）可理解性

可理解性要求企业提供的会计信息应当清晰明了，便于投资者等财务会计报告使用者理解和使用。

企业编制财务会计报告、提供会计信息的目的在于使用，而要使使用者有效使用会计信息，应当能让其了解会计信息的内涵，弄懂会计信息的内容，这就要求财务会计报告所提供的会计信息应当清晰明了、易于理解。只有这样，才能提高会计信息的有用性，实现财务会计报告的目标，满足向投资者等财务会计报告使用者提供决策有用信息的要求。

由于会计信息是一种专业性较强的信息产品，因此在强调会计信息的可理解性要求的同时，还应假定使用者具有一定的有关企业经营活动和会计方面的知识。对于某些复杂的信息，如交易本身较为复杂或者会计处理较为复杂，但其与使用者的经济决策相关的，企业就应当在财务会计报告中予以充分披露，不能仅仅以该信息会使某些使用者难以理解而将其排除在财务会计报告所应披露的信息之外。

（四）可比性

可比性要求企业提供的会计信息应当相互可比，主要包括以下两层含义。

1. 同一企业不同时期可比

为了便于投资者等财务会计报告使用者了解企业财务状况、经营成果和现金流量的变化趋势，比较企业在不同时期的财务会计报告信息，全面、客观地评价过去、预测未来，从而作出决策，会计信息质量的可比性要求同一企业不同时期发生的相同或者相似的交易或者事项，应当采用一致的会计政策，不得随意变更。不过，满足会计信息可比性要求，并非表明企业不得变更会计政策，如果按照规定或者在会计政策变更后可以提供更可靠、更相关的会计信息的，就有必要变更会计政策，以向使用者提供更为有用的信息，但是有关会计政策变更的情况，应当在附注中予以说明。

2. 不同企业相同会计期间可比

为了便于投资者等财务会计报告使用者评价不同企业的财务状况、经营成果和现金流量及其变动情况，从而有助于使用者作出科学合理的决策，会计信息质量的可比性要求不同企业同一会计期间发生的相同或者相似的交易或者事项，可以采用规定的、一致的会计政策，确保会计信息口径一致、相互可比，以使不同企业按照一致的确认、计量和报告要求提供有关会计信息。

【例 3－3】 某家电生产企业 2021 年 5 月计算的本月产品销售成本为 400 万元，该企业采用的存货发出计价方法是“先进先出法”。这个数字是否真实、准确？初步判断时使用者可以与本企业去年、前年同期数字进行比较，比较的前提是该企业一直采用“先进先出法”这种计价方法，否则没有比较的意义。也可以与同类企业同期资料进行比较，比较的前提也是要选择同样采用“先进先出法”计价的企业。如果均是这种方法，计算的结果出现差距较大情况时，再进一步采用其他方法进行验证。这种采用纵向或横向比较的评价方法就是应用了会计信息可比性要求。

（五）实质重于形式

实质重于形式要求企业应当按照交易或者事项的经济实质进行会计确认、计量和报告，不应仅以交易或者事项的法律形式为依据。在实务中，交易或者事项的法律形式并不总能完全真实地反映其实质内容。所以，会计信息要想真实反映其交易或事项，就必须根据交易或事项的经济实质进行判断，而不能仅仅根据它们的法律形式。

【例3-4】 2021年5月，甲公司与乙公司签订了销售合同，销售自产设备一台，合同约定交易价格200万元（不含税），增值税税额26万元。合同还约定3个月后甲公司应将该台设备从乙公司无条件回购回来，回购价格为205万元（不含税），增值税税额26.65万元。该项合同为不可撤销合同。甲公司根据合同要求向乙公司发出商品并同时开具增值税专用发票，乙公司收到货物后按合同约定支付货款及增值税税款226万元。甲公司对该项业务进行会计核算时，根据实质重于形式要求和《企业会计准则第14号——收入》的规定，不确认销售收入的实现，而是将实际收到的200万元货款确认为一项负债。

（六）重要性

重要性要求企业提供的会计信息应当反映与企业财务状况、经营成果和现金流量有关的所有重要交易或者事项。

企业财务会计报告中提供的某项会计信息，如果被省略或者错报会影响使用者据此作出经济决策，该信息就具有重要性。重要性的应用需要依赖职业判断，企业应当根据所处环境和实际情况，从项目性质和金额大小两方面来判断其重要性。例如，企业发生的某些支出金额较小，虽然从支出受益期来看，可能需要在若干会计期间进行分摊，但根据重要性要求，可以一次性计入当期损益。

（七）谨慎性

谨慎性要求企业对交易或者事项进行会计确认、计量和报告时应当保持应有的谨慎，不应高估资产或者收益、低估负债或者费用。

在市场经济环境下，企业的生产经营活动面临着许多风险和不确定性，如应收款项的可收回性、固定资产的使用寿命、无形资产的使用寿命、售出存货可能发生的退货或者返修等。会计信息质量的谨慎性要求，是指企业在面临不确定性因素的情况下，作出职业判断时应当保持应有的谨慎，充分估计到各种风险和损失，既不高估资产或者收益，也不低估负债或者费用。

【例3－5】2021年4月，某企业与客户签订销售商品合同，商品价款10万元，增值税税额1.3万元。按照合同约定，客户应在3个月内支付货款。据此企业发出商品确认收入同时确认“应收账款”11.3万元。由于3个月后客户并未支付货款，企业根据信用评价结果，计提5万元坏账准备，同时确认“信用减值损失”。这种做法体现了会计信息质量的谨慎性要求，不高估资产，不低估损失。

谨慎性的应用并不允许企业设置秘密准备，如果企业故意低估资产或者收益，或者故意高估负债或者费用，将不符合会计信息的可靠性和相关性要求，损害会计信息质量，扭曲企业实际的财务状况和经营成果，从而对使用者的决策产生误导，这也是企业会计准则所不允许的。

（八）及时性

及时性要求企业对于已经发生的交易或者事项，应当及时进行会计确认、计量和报告，不得提前或者延后。

会计信息的价值在于帮助使用者作出经济决策，具有时效性。即使是可靠、相关的会计信息，如果不及时提供就失去了时效性，对于使用者的效用就大大降低，甚至不再具有实际意义。在会计确认、计量和报告过程中贯彻及时性：一是要求及时收集会计信息，即在经济交易或者事项发生后，及时收集整理各种原始单据或者凭证；二是要求及时处理会计信息，即按照会计准则的规定，及时对经济交易或者事项进行确认、计量，并编制财务会计报告；三是要求及时传递会计信息，即按照国家规定的有关时限，及时地将编制的财务会计报告传递给财务会计报告使用者，便于其及时使用和决策。

综合上述分析，财务会计信息质量要求是对企业财务会计报告中所提供会计信息质量的基本要求，是会计信息质量的保证。

税法对于财务会计信息质量要求首先强调客观性原则，企业应根据实际经营情况进行确认和计量，在此基础上还应符合合理性原则、相关性原则、实质重于形式原则①、税法优先原则、独立交易原则等。合理性原则，是指如果税法规定了费用扣除标准，应按照税法规定的标准进行纳税调整，如果税法没有明确规定标准，则各项支出应符合商业常规。税法优先原则，是指企业财务会

① 参见《国家税务总局关于确认企业所得税收入若干问题的通知》（国税函〔2008〕875号）规定。

计处理方法与税收法律、行政法规的规定不一致的，应当依照税收法律、行政法规的规定进行纳税调整，并根据调整后的应纳税所得额计算缴纳企业所得税。[①]

会计信息质量要求在税务管理中的应用分为两种情况，一种是直接应用，比如客观性要求、可比性要求、及时性要求等，这些属于税法接受的原则，反映这些信息质量要求的会计数据可以直接在税务管理中被使用。如在税务风险评估中，开展趋势分析时，不同期间数据变动合理性分析、不同企业之间信息比较分析，均是基于会计信息质量的可比性要求而采用的方法。另一种情况是反向应用，即对于税法不认同的会计处理方法，根据会计处理所遵循的信息质量要求进行识别，在进行风险管理和税务检查时，将会计信息质量作为发现问题、锁定风险的依据，例如，会计根据谨慎性要求确认的费用或损失，除非税法有特殊规定之外，一般不予确认，应进行纳税调整。基于谨慎性要求处理的业务一般包括资产损失的确认、预计费用或损失的确认、延迟确认收入等，税务监管中可以针对这些情况加强税务管理。

四、财务会计报告和报告主体

（一）财务会计报告

财务会计报告，又称财务报告，是指企业对外提供的反映企业某一特定日期的财务状况和某一会计期间的经营成果、现金流量等会计信息的文件。财务报告包括财务报表和其他应当在财务报告中披露的相关信息和资料。依据现行《企业会计准则——基本准则》的要求，为了达到财务报表服务决策和评价企业管理层受托责任履行情况的目标，一套完整上市公司的年度财务报告至少应包括财务报表和审计报告（第三方对财务报表的鉴证与评价）等反映公司财务会计信息和会计师事务所等中介机构的评价信息。而财务报表则至少应当包括“四表一注”，即资产负债表、利润表、现金流量表、所有者权益变动表以及附注和其他应当在财务报告中披露的相关信息与资料。

1. 资产负债表

资产负债表是反映企业某一特定日期（月末、季末、年末）全部资产、负债和所有者权益情况的会计报表。报表左边反映的是企业所拥有的经济

---

① 参见《中华人民共和国企业所得税法》第二十一条规定。

资源；右边反映的是企业的不同权利人对这些资源的要求权。通过资产负债表提供的信息，可以看出企业资产的分布状态、负债和所有者权益的构成情况，分析企业资产的流动性或变现能力，以及长期、短期债务数量和偿债能力。

2. 利润表

利润表是反映企业一定时期实现的经营成果的会计报表。报表列报的收入减去费用，加上利得减去损失后的余额即为企业一定时期实现的经营成果。通过利润表，可以对企业的经营业绩、管理水平作出评估，从而评价投资者的投资价值和报酬。对利润表的分析包括两个方面：一是反映公司的收入及费用，说明公司在一定时期内的利润或亏损金额，据以分析公司的经济效益及盈利能力；二是反映公司财务成果的来源，说明公司的各种利润来源在利润总额中所占比例，以及这些来源之间的相互关系。

3. 现金流量表

现金流量表是反映企业一定会计期间现金和现金等价物流入和流出的报表。编制现金流量表的主要目的，是为财务报表使用者提供企业一定会计期间内现金和现金等价物流入和流出的信息，以便于财务报表使用者了解和评价企业获取现金和现金等价物的能力，并据以预测企业未来现金流量。

现金，是指企业库存现金以及可以随时用于支付的存款，不能随时用于支付的存款不属于现金。现金主要包括库存现金、银行存款和其他货币资金。现金等价物，是指企业持有的期限短、流动性强、易于转换为已知金额现金、价值变动风险很小的投资。其中，“期限短”一般是指从购买日起 3 个月内到期，例如，可在证券市场上流通的 3 个月内到期的短期债券等。

现金流量表可以告诉报表使用者企业经营活动、投资活动和筹资活动所产生的现金收支情况，以及现金流量净增加额，有助于报表使用者分析企业支付能力，把握企业的生存能力、发展能力和适应市场变化的能力。

4. 所有者权益变动表

所有者权益变动表是反映企业本期（年度或中期）内至截至期末所有者权益变动情况的报表。所有者权益变动表应当全面反映一定时期所有者权益变动的情况。

所有者权益变动表既可以为报表使用者提供所有者权益总量增减变动的信息，也能提供所有者权益增减变动的结构性信息，特别是能够让报表使用者理解所有者权益增减变动的根源。所有者权益变动表以矩阵的形式列示，一方面，列示导致所有者权益变动的交易或事项，即所有者权益变动的来源，对一定时期所有者权益的变动情况进行全面反映；另一方面，按照所有者权益各组成部分（即实收资本、资本公积、盈余公积、未分配利润和库存股）列示交易或事项对所有者权益各部分的影响。

5. 附注

附注是对在资产负债表、利润表、现金流量表和所有者权益变动表等报表中列示项目的文字描述或明细资料，以及对未能在这些报表中列示项目的说明。附注中的内容非常重要，主要包括企业采用的主要会计处理方法，会计处理方法的变更情况、变更的原因及对财务状况和经营业绩的影响，发生的非经常性项目，一些重要报表项目的明显情况，或有事项，期后事项，以及其他对理解和分析财务报表重要的信息。

附注是对财务报表的补充说明，是财务会计报告体系不可或缺的重要组成部分。随着经济环境的复杂化以及报表使用者对相关信息要求的提高，附注在整个报告体系中的地位日益突出。企业需要通过财务报表附注对财务报表的编制基础、编制依据、编制原则和方法及主要事项等进行解释，以此增进会计信息的可理解性，同时使不同企业的会计信息的差异更具可比性，便于进行对比分析。附注帮助报表使用者更全面了解企业状况，对四张主要报表起到补充作用，对于准确理解报表非常重要。

财务会计报告是会计信息的载体，综合反映企业的财务状况、经营成果和现金流量等信息。企业在进行纳税申报时，财务会计报告也是纳税申报的基础和依据。例如，企业所得税纳税申报时，预缴申报表可以以会计利润作为计算预缴税款的基数，年度纳税申报表主表的前 13 行是会计利润表中的利润总额的相关内容；再如，房产税纳税申报时，固定资产的原值是以资产负债表中固定资产账面价值为依据分析填报。

（二）报告主体

报告主体是指遵照会计法律法规要求必须编制财务报表的主体或者选择编制财务报表的主体。报告主体不必一定是一个法律主体，报告主体可以是一个单位、一个单位的某一部门，也可以由一个以上的单位组成的主体，比如集团公司。如果一个报告主体由母公司及其子公司组成，该报告主体的财务报表称作“合并财务报表”。如果报告主体仅为母公司，该报告主体的财务报表称作

"个别财务报表"。

如果报告主体并非法律主体或者报告主体并非仅由母子关系连接的法律主体组成，确定报告主体的恰当边界可能存在困难，在这种情况下，财务报表主要使用者的信息需求，是确定报告主体边界的决定性因素。

报告主体与纳税主体是两个不同的概念，一般情况下，报告主体同时也是纳税主体。例如，一个公司是报告主体，同时该公司是企业所得税的纳税主体，公司取得销售货物、提供劳务或服务收入后，也是增值税的纳税主体。一个报告主体也可能包括多个纳税主体，比如由母公司和子公司组成的集团公司，编制合并财务报表时，集团公司是一个报告主体，集团公司的母公司和各个子公司分别是不同的纳税主体，即一个报告主体包括多个纳税主体。

五、财务会计要素组成

会计要素是对会计对象的具体分类，是构成会计报表的基本项目。《企业会计准则——基本准则》将会计要素分为资产、负债、所有者权益、收入、费用和利润6个会计要素。

会计要素中资产、负债和所有者权益要素反映企业在某一特定时点的财务状况，称为静态会计要素，构成资产负债表的基本框架；收入、费用和利润要素反映企业在一定时期形成的经营成果，称为动态会计要素，构成利润表的基本框架。会计要素的界定和分类可以使财务会计系统更加科学严密，并可以为使用者提供更加有用的信息。

（一）资产

资产，是指企业过去的交易或者事项形成的、由企业拥有或者控制的、预期会给企业带来经济利益的资源，包括各种财产、债权和其他权利。

1. 资产的特征

（1）资产预期会给企业带来经济利益。资产预期会给企业带来经济利益，是指资产具有直接或者间接导致现金和现金等价物流入企业的潜力。这种潜力可以来自企业日常的生产经营活动，也可以是非日常生产经营活动。带来的经济利益可以是现金或者现金等价物，或者是可以转化为现金或者现金等价物的其他资产，或者是可以减少现金或者现金等价物流出企业的资源。

资产预期能够为企业带来经济利益是资产的重要特征。例如，企业采购的原材料、购置的固定资产等可以用于生产经营过程，制造商品对外出售后收回货款，货款即为企业所获得的经济利益。如果某一项目预期不能给企业带来经济利益，那么就不能将其确认为企业的资产。前期已经确认为资产的项目，如果不能再为企业带来经济利益，也不能再继续确认为企业的资产。

【例3-6】 甲公司在2021年6月末盘点原材料库存情况，发现部分A材料已经毁损不再具备使用价值，该批材料成本20万元。甲公司以该批材料管理责任不清为由，将毁损的材料继续挂账，并在资产负债表中作为流动资产反映。这种会计处理是错误的，因为该批材料已经毁损，预期不能为企业带来经济利益，不符合资产的定义，不应继续在资产负债表中被确认为一项资产。

（2）资产是由企业过去的交易或者事项形成的资源。资产由企业过去的交易或者事项形成。过去的交易或者事项包括购买、生产、建造行为或者其他交易或事项，即只有过去发生的交易或者事项才能产生资产，企业预期在未来发生的交易或者事项不形成资产。

【例3-7】 甲公司和乙公司签订了一份购买原材料的合同，在该合同尚未履行前，即甲公司尚未取得该材料的控制权时，不能将该材料作为自己的资产确认，因为不符合资产的定义。

（3）资产是企业拥有或者控制的资源。资产作为一项资源，应当由企业拥有或控制。具体是指企业享有某项资源的所有权，或者虽然不享有某项资源的所有权，但该资源能够被企业控制。

企业享有资产的所有权，通常表明企业能够排他性地从资产中获取经济利益。在有些情况下，资产虽然不被企业所拥有，即企业并不拥有资产所有权，但由于企业控制了这些资产，同样表明企业能够从该资产中获取经济利益，符合资产的定义。例如，企业通过土地出让方式获得的土地使用权，企业可以将其确认为资产。

2. 资产的分类

在资产负债表中，企业的资产按其流动性分为流动资产和非流动资产。

资产满足下列条件之一的，应当归类为流动资产：

（1）预计在一个正常营业周期中变现、出售或耗用。

（2）主要为交易目的而持有。

（3）预计在资产负债表日起一年内（含一年，下同）变现。

（4）自资产负债表日起一年内，交换其他资产或清偿负债的能力不受限制的现金或现金等价物。

流动资产主要包括货币资金、应收及预付款项、交易性金融资产、合同资产和存货等。

流动资产以外的资产应当归类为非流动资产，包括债权投资、长期股权投资、投资性房地产、固定资产、使用权资产、生产性生物资产、递延所得税资产、无形资产等。

（二）负债

负债，是指企业过去的交易或者事项形成的、预期会导致经济利益流出企业的现时义务。

1. 负债的特征

（1）负债是企业承担的现时义务。负债必须是企业承担的现时义务，这是负债的一个基本特征。现时义务，是指企业在现行条件下已承担的义务。未来发生的交易或者事项形成的义务，不属于现时义务，不应当确认为负债。

现时义务可以是法定义务，也可以是推定义务。其中：法定义务是指具有约束力的合同或者法律、行政法规规定的义务，通常在法律意义上需要强制执行；推定义务是指根据企业多年来的习惯做法、公开的承诺或者公开宣布的政策而导致企业将承担的责任，这些责任也使有关各方形成了企业将履行义务解脱责任的合理预期。

【例3-8】 甲企业发生如下业务：①购买原材料尚未支付500万元购货款，形成应付账款；②向银行借入构建厂房的专项借款5000万元（期限3年、年利率5%、按年付息），形成长期借款；③按照税法规定应当缴纳但尚未缴纳的税款100万元，形成应交税费。这些货款、借款、税款均属于甲公司承担的法定义务，需要依法予以偿还。但对专项借款满一年时才需要支付的利息费用，在借款发生时尚未形成现时义务，不应当确认为负债。

【例3-9】 某企业为所销售的商品提供免费保修。根据以往经验，该企业判断在保修期内很可能发生维修事项，即企业的该项承诺很可能会导致其经济利益流出。这就使企业承担了一项现时义务，虽然不是法定义务，却是一项推定义务，因此企业应该将很可能发生的保修费用确认为一项负债。

（2）负债的清偿预期会导致经济利益流出企业。负债的清偿会导致经济利益流出企业是负债的又一重要特征。只有企业在履行义务时会导致经济利益流出企业的，才符合负债的定义；如果不会导致企业经济利益流出的，则不符合负债的定义。在履行现时义务清偿负债时，导致经济利益流出企业的形式多种多样。例如，用现金或实物资产偿还债务，以提供劳务偿还债务，或者一部分以实物资产偿还、一部分以提供劳务偿还。

（3）负债是由企业过去的交易或者事项形成的。负债由企业过去的交易或者事项形成。过去的交易或者事项包括购买货物、接受劳务、取得银行借款等。即只有过去发生的交易或者事项才形成负债，企业在未来发生的现时业务承诺、签订的合同等，不形成负债。

【例3-10】甲企业与银行签订借款合同，借入经营性借款500万元，甲企业应当确认500万元的负债。乙企业与银行达成了6个月后借入3000万元的专项借款意向书，6000万元的借款意向属于未来可能发生的交易，不属于过去的交易或者事项，所以乙企业不应将6000万元确认为负债。

2. 负债的分类

在资产负债表中，企业的负债按其流动性分为流动负债和非流动负债。

负债满足下列条件之一的，应当归类为流动负债：

（1）预计在一个正常营业周期中清偿。

（2）主要为交易目的而持有。

（3）自资产负债表日起一年内到期应予以清偿。

（4）企业无权自主地将清偿推迟至资产负债表日后一年以上。

流动负债主要包括短期借款、应付及预收款项、应付职工薪酬、应交税费等。

流动负债以外的负债应当归类为非流动负债，包括长期借款、应付债券、长期应付款、租赁负债等。

（三）所有者权益

所有者权益，是指企业资产扣除负债后，由所有者享有的剩余权益。公司的所有者权益又称为股东权益。所有者权益反映了所有者对企业资产的剩余索取权，是企业资产中扣除债权人权益后应由所有者享有的部分，既反映了所有者投入资本的保值增值情况，又体现了保护债权人权益的理念。所有者权益从数量上表现为企业的全部资产减去全部负债后的余额，因此被称为净资产。

1. 所有者权益的来源

所有者权益的来源包括所有者投入的资本、直接计入所有者权益的利得和损失、留存收益等。

（1）所有者投入的资本，是指所有者投入企业的资本部分，它既包括构成企业注册资本或者股本部分的金额，也包括投入资本超过注册资本或者股本部分的金额，即资本溢价或者股本溢价。

【例3-11】 A公司注册资本为10000万元，甲企业拥有其10%的股权，但按照投资协议约定，甲企业应投入资本1200万元，其中1000万元为股本，200万元为股本溢价。

（2）直接计入所得者权益的利得和损失，是指不应计入当期损益、会导致所有者权益发生增减变动的、与所有者投入资本或者向所有者分配利润无关的利得或者损失。利得，是指由企业非日常活动所形成的、会导致所有者权益增加的、与所有者投入资本无关的经济利益的流入。损失，是指由企业非日常活动所发生的、会导致所有者权益减少的、与向所有者分配利润无关的经济利益的流出。例如，资产负债表日其他权益工具投资的公允价值高于或者低于其账面价值之间的差额。

（3）留存收益，是指企业历年实现的净利润留存于企业的部分，主要包括计提的盈余公积和累计未分配利润。

【例3-12】 甲公司2021年度实现净利润50000万元，按10%的比例提取盈余公积5000万元，向投资者分配利润15000万元，剩余的30000万元形成本期的未分配利润，2021年公司增加留存收益35000万元（5000+30000）。

2. 所有者权益的特征

（1）一般不要求企业直接偿还，除非发生法定行为的减资、清算等事项。从法律角度看，负债对企业资产的要求权优先于所有者权益，当企业进行清算时，资产在扣除了破产清算费用后将优先用于偿还负债，剩余的资产才能在投资者之间按出资比例进行分配。

（2）表明投资者与企业之间的投资与被投资关系。企业的投资者可以凭借对企业的所有权，参与企业的经营管理，而债权人通常无权参与企业的经营管理。

（3）投资者通常以股利或利润的形式参与企业的利润分配，而债权人不能参与企业的利润分配，只能按预先约定的条件取得利息收入。

3. 所有者权益的分类

所有者权益包括实收资本（或股本）、其他权益工具、资本公积、其他综合收益、盈余公积和未分配利润。

（四）收入

收入，是指企业在日常活动中形成的、会导致所有者权益增加的、与所有者投入资本无关的经济利益的总流入。

1. 收入的特征

（1）收入是企业在日常活动中形成的。日常活动，是指企业为完成其经营目标所从事的经常性活动以及与之相关的活动。例如，工业企业制造并销售产品、商业企业销售商品、保险公司签发保单、咨询公司提供咨询服务、软件企业为客户开发软件等，均属于企业的日常活动。企业非日常活动所形成的经济利益的流入不能确认为收入，如企业因其他企业违约收取的违约金、处置固定资产和无形资产净收益、接受捐赠收益等。

（2）收入会导致经济利益的流入，该流入不包括所有者投入的资本。收入会导致经济利益的流入，并表现为资产的增加或者负债的减少。例如，企业销售商品，要收到现金或者有权利将来收到现金，或者有对应的债务可以抵减，应当将其确认为收入。企业经济利益的流入有时是由所有者投入资本的增加所导致的，所有者投入资本的增加不应当确认为收入，应当将其直接确认为所有者权益。

收入不包括为第三方或客户代收的款项，如增值税销项税额、代收利息等。因为代收款项在增加资产的同时也增加了负债，最终不能增加所有者权益。

（3）收入最终会导致所有者权益的增加。与收入相关的经济利益的流入经过利润的核算最终会导致所有者权益的增加，不会导致所有者权益增加的经济利益的流入不符合收入的定义，不应确认为收入。

【例3－13】 某企业向银行借款1000万元，尽管该借款导致了该企业经济利益的流入，使资产增加，但是该流入并不会导致所有者权益的增加，而是使该企业承担了一项将来会导致经济利益流出的现时义务。因此，对于该企业因借入款项所导致的经济利益的增加，不应将其确认为收入，而应当确认为一项负债。

2. 收入的分类

按实现收入的业务在企业经营业务中所占的主次程度不同，分为主营业务收入和其他业务收入；按收入实现的性质不同，分为销售商品收入、提供劳务收入和让渡资产使用权收入等。

（五）费用

费用，是指企业在日常活动中发生的、会导致所有者权益减少的、与向所有者分配利润无关的经济利益的总流出。

1. 费用的特征

（1）费用是企业在日常活动中发生的。费用应当是企业在日常活动中所发生的，这些日常活动的界定与收入定义中涉及的日常活动一致。日常活动中所产生的费用通常包括销售费用、财务费用、管理费用等。非日常活动所形成的经济利益的流出与实现收入无关，不能确认为费用，应当计入损失，如企业因违约支付罚款、处置固定资产和无形资产净损失、对外捐赠支出等。

（2）费用会导致经济利益的流出。费用的发生会导致经济利益的流出，通常表现为资产的消耗，有时候也表现为负债的增加，但是负债的偿还最终还是表现为经济利益的流出。

（3）费用最终会导致所有者权益的减少。与费用相关的经济利益的流出，表现为资产的减少或者负债的增加，或者二者兼有，这样最终会导致所有者权益的减少。需要注意的是，企业向所有者分配利润虽然也会导致所有者权益减少，但是该种减少属于经营成果向投资人的分配，不属于费用范畴。

【例3-14】某企业用银行存款偿还了一笔短期借款400万元，该偿付行为尽管导致该企业经济利益流出400万元，但是该流出并没有导致该企业所有者权益的减少，而是使该企业的负债减少了，所以，不能将该经济利益的流出确认为费用。

2. 费用的分类

企业的费用，按其发生的原因不同，可分为营业成本、税金及附加、销售费用、管理费用、财务费用等。

（六）利润

利润，是指企业在一定会计期间取得的经营成果。利润反映了企业一段时期内经营的效果，通过对利润结构的分析可以评价经营活动的效率，因此，利润通常是评价企业管理者业绩的一项重要指标，也是投资者、债权人等作出投资决策、信贷决策的重要参考指标。

利润包括收入减去费用后的净额、直接计入当期利润的利得和损失等。其中，收入减去费用后的净额反映的是企业日常活动的业绩，直接计入当期利润的利得和损失反映的是企业非日常活动的结果。直接计入当期利润的利得和损失，是指应当计入当期损益、最终会引起所有者权益发生增减变动的、与所有者投入资本或者向所有者分配利润无关的利得或者损失，如接受捐赠实现的收益、自然灾害导致的损失等。企业应当严格区分收入和利得、费用和损失，更加准确地反映企业的经营业绩。

“利润”要素在利润表中反映，为了便于管理和评价，通常分步计算。

第二节　复式记账原理

一、会计等式

会计等式是指表明各会计要素之间基本数量关系的恒等式，会计等式也称为会计平衡公式。

（一）会计基本等式

企业为了开展生产经营活动，首先必须拥有或控制一定数量的、能满足其生产经营需要的资产，如货币资金和实物资产等。企业拥有的这些资产必有其来源，在会计上将企业资产的提供者对资产所具有的要求权称之为权益。资产与权益是同一经济活动的两个方面，二者相互依存，互为条件，没有权益的存在，就不会有资产，同样，没有资产的存在，就不会产生有效的权益。从数量关系看，一定量的资产必然有与其等量的权益；反之，一定量的权益也必然有与其等量的资产。每个企业的资产总量与权益总量必然相等，资产与权益之间这种客观存在的数量上的平衡关系，可以用公式表示：

资产 = 权益

根据企业资产的提供者对企业要求权的不同，可以将其分为两部分，一是债权人，二是投资者。债权人对企业的要求权是到期偿还本金和利息，表现为企业承担的债务，如应付账款、短期借款等，企业须以资产或劳务进行偿还。投资人对企业的要求权是资本的保值和增值，表现为对企业净资产的所有权，如实收资本、盈余公积等。因此，企业的权益由负债和所有者权益两部分组成，会计等式可以进一步表示为：

资产 = 负债 + 所有者权益

上述公式在会计上称为会计基本等式，也是国际上通用的会计等式。这一等式反映了资产、负债和所有者权益三个会计要素之间的联系和基本数量关系。这种数量关系表明了企业在一定时点上的财务状况，所以这一等式也称为静态会计等式，它是编制资产负债表的理论基础。

企业的目标就是从生产经营过程中获取收入，实现盈利。企业在取得收入的同时，也必然会发生相应的费用。收入和费用配比，其差额是企业的经营成果。根据收入、费用和利润这三个会计要素的定义，三者之间的数量关系表示为：

利润 = 收入 - 费用 + 利得 - 损失

如果将“收入 + 利得”称为广义的“收入”、“费用 + 损失”称为广义的“费用”，则从广义而言，收入、费用和利润的关系可以用公式表示为：

利润 = 收入 - 费用

这一公式反映了一定时期内收入、费用和利润三个会计要素之间的关系及在一定时期内的企业经营成果的形成过程，因此也称为动态会计等式，它是编制利润表的理论依据。

（二）会计基本等式的扩展

企业在一定时期内取得的经营成果能够对资产和所有者权益产生影响，如果企业的收入大于费用，企业就可以获得利润，所有者权益将增加；如果企业的费用大于收入，企业就会亏损，所有者权益会减少。收入可以导致企业资产的增加或负债的减少，最终导致所有者权益的增加；费用可以导致企业资产的减少或负债的增加，最终导致所有者权益的减少。所以，一定时期的经营成果必然影响一定时点的财务状况。因此，在一定会计期间将 6 个会计要素联系起来，就可得到以下公式：

资产 = 负债 + 所有者权益 + 利润

　　= 负债 + 所有者权益 + （收入 - 费用）

上述公式是会计基本等式的扩展形式，它将会计 6 个要素有机地结合起来，完整地反映了企业的资金运动过程，揭示了资产负债表要素和利润表要素内部及其相互之间的联系和依存关系。

会计等式完整地反映了企业财务状况和经营成果及其形成过程，它是设置账户、复式记账、编制会计报表的理论基础。

（三）经济业务对会计等式的影响

企业经济业务（即交易或事项）的发生，必然会引起有关会计要素的增减变动。但是，不论企业的经济业务引起有关的会计要素发生怎样的变动，都不会改变会计等式的平衡关系。

例如，企业以10000元的银行存款购买并收到了原材料一批，虽然企业的一项资产（银行存款）减少了10000元，但其另一项资产（原材料）增加了10000元，而且增减金额相等，因此企业的总资产金额未发生变化，即该项经济业务的发生，没有改变会计等式的平衡关系。

一个企业在经营过程中所发生的经济业务是多种多样的，但从其对企业会计要素的影响来看，可以概括为4大类，并可细分为9小类。

（1）一项资产增加，另一项资产减少，增减金额相等。

（2）一项权益增加，另一项权益减少，增减金额相等。这一类又可细分为4小类：一项负债增加，另一项负债减少；一项所有者权益增加，另一项所有者权益减少；一项负债增加，一项所有者权益减少；一项所有者权益增加，一项负债减少。

（3）资产与权益同时增加，双方增加金额相等。这一类又可细分为2小类：一项资产增加，一项负债增加；一项资产增加，一项所有者权益增加。

（4）资产与权益同时减少，双方减少金额相等。这一类又可细分为2小类：一项资产减少，一项负债减少；一项资产减少，一项所有者权益减少。

也就是说，企业每发生一项经济业务都会使某一具体的会计要素发生增减变动，并同时引起相关的会计要素发生等量增减变动。经济业务的发生对会计等式的影响不外乎两种情况：一是引起会计等式一边内部项目有增有减，增减金额相等，相互抵消后，其总额保持不变［如上述第（1）大类和第（2）大类经济业务］。二是引起会计等式两边对应项目同增同减，增减金额相等，双方以变动后的总额保持相等关系［如上述第（3）大类和第（4）大类经济业务］。

二、会计科目与账户

（一）会计科目

会计要素是对会计主体发生的经济业务进行的总括性分类，这种分类难以满足有关各方面对会计信息的具体需求。为了全面、系统、连续、分类地记录、反映和监督各项经济业务的发生情况，以及由此而引起的各个会计要素的具体增减变动情况，有必要对各个会计要素作进一步的明细分类，以便进行具体的会计核算。这种对会计要素进行明细分类后的项目，称为会计科目。例如，对资产进行明细分类后的项目“库存现金”“银行存款”“原材料”“固定资产”等就称为会计科目。

1. 会计科目的含义

会计科目是对会计要素的具体内容进行分类核算的项目名称。会计要素的具体分类不同，对应的会计科目也不同。

设置会计科目是复式记账的基础，它使编制、整理会计凭证和设置账簿记录有了依据，编制会计报表有了基础，并能提供全面、统一的会计信息，便于投资人、债权人以及其他会计信息使用者掌握和分析企业财务情况和经营成果。

2. 会计科目的设置

会计科目必须根据会计准则和国家统一会计核算制度的规定设置和使用。设置会计科目应遵循下列基本原则：

（1）会计科目的设置要保持会计指标体系的完整和统一，做到既能全面概括反映企业资金的运动情况，以满足国家宏观经济管理的要求和有关各方了解企业财务状况和经营成果的需要，又能适合企业经营活动的特点，满足企业内部经营管理的需要。

（2）会计科目的设置要讲究实用，以便清晰地提供企业管理所需要的资料。

（3）会计科目名称要力求简明扼要，内容确切。每一科目，原则上反映一项经济内容，各科目之间不能互相混淆，以保证核算指标口径一致。

《企业会计准则——应用指南》要求，企业在不违反会计准则中确认、计量和报告规定的前提下，可以根据本单位的实际情况自行增设、分拆、合并会计科目。会计科目编号供企业填制会计凭证、登记会计账簿、查阅会计账目、采用会计软件系统参考，企业可结合实际情况自行确定会计科目编号。

根据《企业会计准则——应用指南》，企业常用会计科目如表 3－1 所示。

表 3-1　会计科目表

顺序号	编号	会计科目名称	顺序号	编号	会计科目名称
一、资产类			34	1411	周转材料
1	1001	库存现金	35	1421	消耗性生物资产
2	1002	银行存款	36	1431	贵金属
3	1003	存放中央银行款项	37	1441	抵债资产
4	1011	存放同业	38	1451	损余物资
5	1015	其他货币资金	39	1461	融资租赁资产
6	1021	结算备付金	40	1471	存货跌价准备
7	1031	存出保证金	41	1475	合同资产
8	1101	交易性金融资产	42	1481	持有待售资产
9	1111	买入返售金融资产	43	1501	持有至到期投资
10	1121	应收票据	44	1502	持有至到期投资减值准备
11	1122	应收账款	45	1503	可供出售金融资产
12	1123	预付账款	46	1511	长期股权投资
13	1131	应收股利	47	1512	长期股权投资减值准备
14	1132	应收利息	48	1521	投资性房地产
15	1201	应收代位追偿款	49	1531	长期应收款
16	1211	应收分保账款	50	1532	未实现融资收益
17	1212	应收分保合同准备金	51	1541	存出资本保证金
18	1231	其他应收款	52	1601	固定资产
19	1241	坏账准备	53	1602	累计折旧
20	1301	贴现资产	54	1603	固定资产减值准备
21	1302	拆出资金	55	1604	在建工程
22	1303	贷款	56	1605	工程物资
23	1304	贷款损失准备	57	1606	固定资产清理
24	1311	代理兑付证券	58	1611	未担保余值
25	1321	代理业务资产	59	1621	生产性生物资产
26	1401	材料采购	60	1622	生产性生物资产累计折旧
27	1402	在途物资	61	1631	油气资产
28	1403	原材料	62	1632	累计折耗
29	1404	材料成本差异	63	1641	使用权资产
30	1405	库存商品	64	1701	无形资产
31	1406	发出商品	65	1702	累计摊销
32	1407	商品进销差价	66	1703	无形资产减值准备
33	1408	委托加工物资	67	1711	商誉

续表

顺序号	编号	会计科目名称	顺序号	编号	会计科目名称
68	1801	长期待摊费用	102	2702	未确认融资费用
69	1811	递延所得税资产	103	2711	专项应付款
70	1901	待处理财产损溢	104	2801	预计负债
		二、负债类	105	2901	递延所得税负债
71	2001	短期借款			三、共同类
72	2002	存入保证金	106	3001	清算资金往来
73	2003	拆入资金	107	3002	货币兑换
74	2004	向中央银行借款	108	3101	衍生工具
75	2011	吸收存款	109	3201	套期工具
76	2012	同业存放	110	3202	被套期项目
77	2021	贴现负债			四、所有者权益类
78	2101	交易性金融负债	111	4001	实收资本
79	2201	应付票据	112	4002	资本公积
80	2202	应付账款	113	4003	其他综合收益
81	2203	预收账款	114	4101	盈余公积
82	2204	合同负债	115	4103	本年利润
83	2211	应付职工薪酬	116	4104	利润分配
84	2221	应交税费	117	4201	库存股
85	2231	应付利息	118	4301	专项储备
86	2232	应付股利	119	4401	其他权益工具
87	2241	其他应付款			五、成本类
88	2251	应付保单红利	120	5001	生产成本
89	2261	应付分保账款	121	5002	开发成本
90	2311	代理买卖证券款	122	5104	制造费用
91	2312	代理承销证券款	123	5201	劳务成本
92	2313	代理兑付证券款	124	5301	研发支出
93	2314	代理业务负债	125	5401	工程施工
94	2401	递延收益	126	5402	工程结算
95	2501	长期借款	127	5403	机械作业
96	2502	应付债券	128	5405	合同履约成本
97	2601	未到期责任准备金	129	5407	合同结算
98	2602	保险责任准备金	130	5408	合同取得成本
99	2611	保户储金			六、损益类
100	2621	独立账户负债	131	6001	主营业务收入
101	2701	长期应付款	132	6011	利息收入

续表

顺序号	编号	会计科目名称	顺序号	编号	会计科目名称
133	6021	手续费及佣金收入	145	6403	税金及附加
134	6031	保费收入	146	6411	利息支出
135	6041	租赁收入	147	6421	手续费及佣金支出
136	6051	其他业务收入	148	6601	销售费用
137	6061	汇兑损益	149	6602	管理费用
138	6101	公允价值变动损益	150	6603	财务费用
139	6111	投资收益	151	6604	勘探费用
140	6115	资产处置损益	152	6701	资产减值损失
141	6121	其他收益	153	6711	营业外支出
142	6301	营业外收入	154	6801	所得税费用
143	6401	主营业务成本	155	6901	以前年度损益调整
144	6402	其他业务支出			

（二）会计账户

为了系统地核算和监督各项经济业务发生所引起的各个会计要素明细项目增减变动的过程和结余情况，为日常的经营管理提供必要的信息，会计核算要求设置会计账户，通过会计账户对企业发生的经济业务进行系统地归类和记录，为编制会计报表提供依据。

1. 会计账户的含义

会计账户是用以记录经济业务，整理、汇集会计数据资料，提供会计核算具体信息的工具。它是根据会计科目开设的，具有一定结构，在会计账簿中具有一定格式的记账实体。

会计账户与会计科目是既有联系又有区别的两个概念。二者的联系表现在它们都是分类反映会计要素具体内容的，会计科目是设置账户的依据，是会计账户的名称；会计账户是会计科目的具体运用，会计科目所反映的经济内容，就是会计账户所要登记的内容。二者的区别在于：一是二者的概念不同。会计科目只是对会计要素具体内容分类的结果，而会计账户是记录发生经济业务而引起的会计要素具体内容增减变化的场所。二是二者的表现形态不同。会计科目仅是一种分类的标志，本身没有结构，不能记录和反映经济业务的内容；而会计账户则有相应的结构，能够记录和反映经济业务的增减变化情况及结果。

2. 会计账户的设置

设置并运用账户，是会计核算方法体系中的重要环节，也是应用复式记账的前提条件，因此，各企业在会计核算中必须依据会计科目开设账户。一方面，应当根据会计科目按经济内容分类开设账户；另一方面，应当根据会计科目所提供核算指标的详细程度分别开设总分类账户和明细分类账户，以全面反映会计要素的具体内容，为企业管理提供各种各样的核算资料。

3. 会计账户的基本结构

会计账户具有一定的结构，账户的结构是指账户的格式。账户的基本格式一般应包括以下内容：账户的名称（即会计科目）、日期和凭证号数（用以说明账户记录的日期及来源）、摘要（概括说明经济业务的内容）、增加和减少的金额、余额。账户的一般格式如图 3－1 所示。

账户名称（会计科目） 第 页

日期	凭证号数	摘要	借方（金额）	贷方（金额）	借或贷（方向）	余额

图 3－1 借贷记账法下账户的一般格式

上列账户借、贷方金额栏，根据该账户所记录的经济内容，一方记录增加额，另一方记录减少额，增减金额相抵后的差额，称之为账户余额。通过账户记录的金额可以提供期初余额、本期增加额、本期减少额和期末余额 4 个核算指标。

（1）期初余额，是指上期期末余额转入本期的金额。

（2）本期增加额，也称本期增加发生额，是指一定时期（如月份、季度或年度）内账户所登记的增加金额的合计数。

（3）本期减少额，也称本期减少发生额，是指一定时期（如月份、季度或年度）内账户所登记的减少金额的合计数。

（4）期末余额，在没有期初余额的情况下，是指本期增加发生额和本期减少发生额相抵后的差额。在有期初余额的情况下，期末余额应为期初余额加上本期增加发生额之和，与本期减少发生额相抵后的差额，它反映了 4 个核算指标之间的数量关系，可以用下列等式表示：

期末余额＝期初余额＋本期增加发生额－本期减少发生额

为了日常工作方便，常常使用一种简化的账户格式，该格式只突出账户基本结构：左方、右方，其他部分略去，该简化格式形似英文字母“T”，所以称之为“T”字形账户，如图 3－2 所示。

借方	账户名称（会计科目）		贷方
期初余额（或在贷方）	×××		
本期借方发生额	×××	本期贷方发生额	×××
期末余额（或在贷方）	×××		

图 3－2　简化账户格式示意

三、借贷记账法

记账方法，是指根据一定的原理、记账符号、记账规则，采用一定的计量单位，利用文字和数字记录经济业务的方法。

记账方法按记账方式的不同，可分为单式记账法和复式记账法两大类。复式记账法是对发生的每笔经济业务，都必须以相等的金额，同时在两个或两个以上的账户中相互联系地进行登记，借以反映资金运动的来龙去脉的一种记账方法。

根据《企业会计准则——基本准则》第十一条规定，企业应当采用借贷记账法记账；根据《政府会计准则——基本准则》第十条规定，政府会计核算应当采用借贷记账法记账。根据《小企业会计准则》和《民间非营利组织会计制度》规定，小企业和民间非营利组织的会计核算亦采用借贷记账法记账。

（一）借贷记账法的含义和记账符号

借贷记账法是以会计等式作为记账原理，以“借”和“贷”作为记账符号，反映经济业务增减变化的一种复式记账方法。它对于任何一项经济业务，都必须在有关的至少两个账户中进行全面的、相互联系的记录，一方面记入一个或几个账户的借方，另一方面记入一个或几个账户的贷方，记入借方的金额与记入贷方的金额相等。

借贷记账法以“借”和“贷”作为记账符号，来反映经济业务所引起的会计要素具体内容增减变化的情况。

借贷记账法起源于商品经济比较发达的意大利，总结于 14 世纪末，并逐渐流传于全世界。“借”和“贷”二字最初只表示资本家与贷款人或与借贷人之间的债权、债务关系及其增减变化，随着会计记录业务内容的丰富，逐渐演变为单纯表示各种财产物资增减变化的记账符号，变成会计学中的专门术语。也就是说，“借”和“贷”二字，已作为记账符号使用。

（二）借贷记账法下各类账户的结构

在借贷记账法下，任何账户都分为借方和贷方两个基本部分，账户的一般格式可用“T”字形账户的形式表示，通常左方为借方，右方为贷方。

采用借贷记账法时，所有账户的借方和贷方都要按相反的方向记录其增减变动，即一方登记增加金额，另一方登记减少金额。对于一个账户来说，如果规定借方用来登记增加额，则贷方就用来登记减少额；如果规定贷方用来登记增加额，则借方就用来登记减少额。至于哪一方登记增加金额，哪一方登记减少金额，则取决于各账户的性质。账户的性质是由各账户所反映的经济内容决定的。

1. 资产类账户结构

资产类账户结构是账户的借方登记增加额，贷方登记减少额，资产类账户若有期末（期初）余额，其期末（期初）余额一般在借方，表示期末（期初）资产的实有数。每一个会计期间借方记录的金额合计称为借方本期发生额，贷方记录的金额合计称为贷方本期发生额。资产类账户的期末余额可根据下列公式计算：

借方期末余额 = 借方期初余额 + 借方本期发生额 − 贷方本期发生额

2. 负债类和所有者权益类账户结构

负债类和所有者权益类的账户结构是账户的贷方登记增加额，借方登记减少额，负债类和所有者权益类账户若有期末（期初）余额，其期末（期初）余额一般在贷方，表示负债和所有者权益的期末（期初）实有数。负债类和所有者权益类账户的期末余额可根据下列公式计算：

贷方期末余额 = 贷方期初余额 + 贷方本期发生额 − 借方本期发生额

3. 成本和费用类账户结构

成本和费用类账户结构与资产类账户结构一致。成本和费用类账户的借方登记其增加额，贷方登记其减少额。由于企业发生的各种费用支出会导致利润减少，因此，期末应将费用类账户的发生额转入“本年利润”账户的借方，结转后费用类账户期末一般没有余额。成本类账户期末若有余额，表示期末未完工产品成本的余额。

4. 收入类账户结构

收入类账户结构与所有者权益类账户结构一致。收入类账户的贷方登记收入的增加额，借方登记收入的减少额或转销额。企业的各种收入是利润增加的主要因素，因此，期末收入的增加额减去收入的减少额后的差额，应转入“本年利润”账户的贷方，结转后，各种收入账户期末没有余额。

根据以上各类账户结构的说明，可以将账户借方和贷方所记录的经济内容加以归纳，如图 3－3 所示。

借方　　账户名称（会计科目）　　贷方

资产增加 成本、费用增加 负债减少 所有者权益减少 收入减少	资产减少 成本、费用减少 负债增加 所有者权益增加 收入增加
期末余额：资产余额（或成本余额）	期末余额：负债、所有者权益余额

图 3－3　各类账户结构说明

（三）借贷记账法的记账规则

根据复式记账原理，运用借贷记账法记账时，对每项经济业务必须以相等金额，一方面记入一个或几个有关账户的借方，另一方面记入一个或几个有关账户的贷方，记入借方账户与贷方账户的金额必然相等，这是借贷记账法的规则，是由借贷记账法下账户的结构决定的。下面举例说明借贷记账法的记账规则。

【例 3－15】 某企业收到投资者投入资金 6000 万元。

这项经济业务的发生，一方面使该企业的银行存款这一资产项目增加了 6000 万元，另一方面使该企业的实收资本这一所有者权益项目增加了 6000 万元，因此，这项经济业务涉及“银行存款”和“实收资本”两个账户。“银行存款”是资产类账户，金额增加应记在账户的借方；“实收资本”是所有者权益类账户，金额增加应记在账户的贷方。

【例 3－16】 某企业从银行借入短期借款 100 万元。

这项经济业务的发生，一方面使该企业的银行存款这一资产项目增加了 100 万元，另一方面使该企业的短期借款这一负债项目增加了 100 万元。因此，这项经济业务涉及“银行存款”和“短期借款”两个账户。“银行存款”是资产类账户，金额增加应记在账户的借方；“短期借款”是负债类账户，金额增加应记在账户的贷方。

借贷记账法下，每一项经济业务的发生，都会同时影响到有些账户的借方和有些账户的贷方，而且记入借方的金额同记入贷方的金额相等。因此，借贷记账法的记账规则，可以概括为“有借必有贷，借贷必相等”。

（四）会计分录

会计分录，是指按照复式记账的要求，对每一项经济业务以账户名称（会计科目）、记账方向和金额，反映账户间对应关系的记录。在借贷记账法下，是指对每一笔经济业务列示其应借、应贷的账户名称及其金额的一种记录。

在会计实际工作中，为了保证账户记录的正确性，在将经济业务记入账户之前，应根据经济业务发生时所取得的原始凭证，先确定经济业务所涉及的账户及应记的借贷方向和金额，编制会计分录。

会计分录应包括以下内容：

（1）一组对应的记账符号：借方和贷方；

（2）所涉及两个或两个以上的账户的名称；

（3）借贷双方的相等金额。

【例3－17】 某企业是增值税一般纳税人，2021年5月以银行存款支付购进材料价款10000元和增值税进项税额1300元，材料验收入库。这项业务记账应编制会计分录：

借：原材料	10000	
应交税费——应交增值税（进项税额）	1300	
贷：银行存款		11300

【例3－18】 某企业2021年5月31日以银行存款支付本月职工工资640000元，并代扣代缴个人所得税21000元。这项业务记账应编制会计分录：

借：应付职工薪酬	640000	
贷：银行存款		619000
应交税费——应交个人所得税		21000

（五）试算平衡

试算平衡是根据资产和权益之间的平衡关系以及记账规则来检查各个账户的记录是否正确的一种验证方法。在借贷记账法下，试算平衡有发生额试算平衡法和余额试算平衡法两种方法。

1. 发生额试算平衡

在借贷记账法下，根据“有借必有贷，借贷必相等”的记账规则记账，每一项经济业务所编制的会计分录，借、贷两方的发生额必然相等。将一定时期内反映全部经济业务的所有会计分录都记入有关账户后，所有账户的借方本期发生额合计数与所有账户的贷方本期发生额合计数也必然相等，即：

全部账户借方本期发生额合计 = 全部账户贷方本期发生额合计

2. 余额试算平衡

在借贷记账法下，由于“全部账户借方本期发生额合计 = 全部账户贷方本期发生额合计”，根据“期初余额 + 本期增加发生额 – 本期减少发生额 = 期末余额”，计算每一个账户的期末余额后，“全部账户期末借方余额合计”与“全部账户期末贷方余额合计”两者之间也应该相等，即：

全部账户期末借方余额合计 = 全部账户期末贷方余额合计

试算平衡通过借贷金额是否平衡来检查账户记录是否正确。如果借贷不平衡，可以肯定账户的记录和计算有错误。但是即使借贷平衡，也并不能肯定记账没有错误，因为有些错误并不影响借贷双方的平衡关系。例如，某项经济业务被漏记或重记；某项经济业务用错了账户，或应借、应贷的方向被颠倒；某项经济业务记入有关账户的借贷金额出现等额多记或少记的错误；等等。因此，即使试算结果是平衡的，也还需要进一步对会计记录进行日常或定期的复核，以保证账户记录的正确性。

四、复式记账原理对税收工作的重要性

复式记账要求对每一笔业务均应在相互联系的不同账户中进行平行登记，以反映业务的来龙去脉，并且通过试算平衡，判断业务记录的准确性。税收征管中可以将复式记账原理运用到税收核算、纳税申报、税收分析等多项工作之中，对纳税人的纳税行为进行精准监管。

根据复式记账原理，能够判断不同的报表项目之间有着必然的勾稽关系和逻辑关系，即任何一个财务报表项目数据都不是孤立存在的，该数据的增减变化一定与其他项目的数据变动有关联，可以通过分析项目之间的这种关联关系，推测相关项目的合理性和准确性。复式记账原理既可以用于纳税义务的确认、税款计算的判断，也可以用于税收风险分析，还可以用于税务检查过程中的案头分析，为稽查取证提供帮助。

第三节 会计信息处理流程

一、会计处理程序

（一）确认

确认，就是将符合财务报表要素（资产、负债、所有者权益、收入、费用和利润）定义的项目纳入财务状况表或财务业绩表的过程。确认涉及在财务报表中用文字和货币金额反映一个项目，包括在财务报表中的一个或多个合计项中反映上述金额。财务状况表中确认的资产、负债或所有者权益金额，称作“账面金额”。

只有符合资产、负债或所有者权益定义的项目，才可以确认进入资产负债表。与此类似，只有符合收入、费用和利润定义的项目，才可以确认进入利润表。但是，并不是符合要素定义的所有项目均须确认。当符合确认条件，能够为信息使用者提供有用的信息时才可以确认。

（二）计量

计量，是指以货币形式量化财务报表中确认的各个要素。《企业会计准则——基本准则》规定，会计要素的计量属性主要包括历史成本、重置成本、可变现净值、现值和公允价值等。

1. 历史成本

在历史成本计量下，资产按照购置时支付的现金或者现金等价物的金额，或者按照购置资产时所付出的对价的公允价值计量。负债按照因承担现时义务而实际收到的款项或者资产的金额，或者承担现时义务的合同金额，或者按照日常活动中为偿还负债预期需要支付的现金或者现金等价物的金额计量。

历史成本计量属性的优点是有合法的原始凭证，具有可验证性，同时减少了人为的判断，具有可靠性，并且其计量的实践经验和理论比较丰富，目前会计计量中，历史成本仍占据主导地位。

2. 重置成本

在重置成本计量下，资产按照现在购买相同或者相似资产所需支付的现金或者现金等价物的金额计量，负债按照现在偿付该项债务所需支付的现金或者现金等价物的金额计量。

3. 可变现净值

在可变现净值计量下，资产按照其正常对外销售所能收到现金或者现金等价物的金额扣减该资产至完工时估计将要发生的成本、估计的销售费用以及相关税费后的金额计量。

4. 现值

在现值计量下，资产按照预计从其持续使用和最终处置中所产生的未来净现金流入量的折现金额计量，负债按照预计期限内需要偿还的未来净现金流出量的折现金额计量。

5. 公允价值

在公允价值计量下，资产和负债按照市场参与者在计量日发生的有序交易中，出售资产所能收到或者转移负债所需支付的价格计量。

（三）报告

报告，是指在确认、计量的基础上，根据会计记录等日常核算资料，对特定会计主体的财务状况、经营成果和现金流量情况，以财务报告的形式向会计信息使用者报送。报告包括列报和披露。通过财务报表分类列报，通过附注进行重要信息披露，可以使信息使用者更清楚理解会计信息，准确领会信息所传递的经济事项，提升财务报告信息的可理解性和可比性。

二、会计核算程序

（一）会计核算程序的含义

会计核算程序，是指将凭证组织、账簿组织、记账方法有机结合的方法和步骤。凭证组织，是指会计凭证种类、格式和各种凭证之间的关系。账簿组织，是指账簿的种类、格式和各种账簿之间的关系。记账方法，是指整个核算过程中所使用的方式、方法。

合理的会计核算程序应当满足以下基本要求：

（1）适应本单位经济活动的特点、规模的大小和业务的繁简等实际情况。

（2）能够正确、及时和完整地提供会计资料，以满足本单位经济管理的需要，同时也要能够为国家和有关部门提供必要的会计资料。

（3）在保证会计资料正确、及时和完整的前提下，简化会计核算工作，提高会计核算的工作效率。

(4) 有利于会计人员的分工和协作，建立会计工作的岗位责任制。

(二) 会计核算程序的种类

目前，我国企业常用的会计核算程序有四种。

1. 记账凭证核算程序

记账凭证核算程序是会计核算中最基本的一种会计核算程序，包括了会计核算程序的最基本的内容，其他会计核算程序都是在记账凭证核算程序的基础上演变而来的。[具体内容详见本部分“（三）记账凭证核算程序”]

2. 科目汇总表核算程序

科目汇总表核算程序的关键是科目汇总表的编制。科目汇总表也叫记账凭证汇总表，是定期根据记账凭证将相同的科目进行汇总编制的一种汇总表格。科目汇总表可以每汇总一次编制一张，也可以按旬汇总一次、每月编制一张。任何格式的科目汇总表，都只反映各个会计科目的本期借方发生额和本期贷方发生额，而不反映各个会计科目的对应关系。

3. 汇总记账凭证核算程序

汇总记账凭证核算程序的关键是根据记账凭证定期编制汇总记账凭证，然后根据汇总记账凭证登记总账。汇总记账凭证分为汇总收款凭证、汇总付款凭证和汇总转账凭证。

汇总收款凭证是按“库存现金”和“银行存款”科目的借方设置，定期将这一期间的全部现金收款凭证、银行存款收款凭证，分别按与设置科目相对应的贷方科目加以归类、汇总填列一次，每月编制一张。月终结出汇总收款凭证的合计数，据以登记总分类账。

汇总付款凭证是按“库存现金”和“银行存款”科目的贷方设置，定期将这一期间的全部现金付款凭证、银行存款付款凭证，分别按与设置科目相对应的借方科目加以归类、汇总填列一次，每月编制一张。月终结出汇总付款凭证的合计数，据以登记总分类账。

汇总转账凭证通常是按每一科目的贷方分别设置，定期将这一期间的全部转账凭证，按与设置科目相对应的借方科目加以归类、汇总填列一次，每月编制一张，据以登记总分类账。

4. 多栏式日记账核算程序

多栏式日记账核算程序主要特点是现金日记账和银行存款日记账采用多栏式。多栏式现金和银行存款日记账，具有科目汇总表的作用，月终可以根据这些日记账的本月收、付发生额和各对应科目的发生额直接登记总分类账。

上述各种会计核算程序有许多共同点，也各有其自身特点，各种核算程序的主要区别在于登记总账的直接依据不同。

（三）记账凭证核算程序

1. 取得和填报会计凭证

会计凭证是记录经济业务、明确经济责任、作为记账依据的书面证明。

为了如实反映企业的经济活动情况，在经济活动发生时，企业必须取得或自行填制会计凭证，以此证明经济业务的发生或完成情况。会计凭证须载明经济业务的内容、数量、金额，并签名盖章，有的还要加盖公章，以明确对该项经济业务的合法性和凭证真实性、准确性所负的相应责任。

原始凭证是在经济业务发生或完成时取得或编制的，载明经济业务的具体内容，明确经济责任，具有法律效力的书面证明，它是组织会计核算的原始依据。原始凭证必须具备的基本内容包括：①原始凭证的名称，②填制凭证的日期，③填制凭证单位名称或者填制人姓名，④接受凭证单位名称，⑤经济业务的内容摘要，⑥经济业务所涉及的品名、数量、单价和金额，⑦经办部门和人员的签名或盖章。《会计法》第十四条规定："原始凭证记载的各项内容均不得涂改，原始凭证有错误的，应当由出具单位重开或者更正，更正处应当加盖出具单位印章。原始凭证金额有错误的，应当由出具单位重开，不得在原始凭证上更正。"

记账凭证亦称分录凭证，是会计人员通过对原始凭证归类整理，根据审核无误的原始凭证或原始凭证汇总表编制，用来确定会计分录并据以登记账簿的一种会计凭证。作为记账凭证，应具备的内容包括：①记账凭证的名称；②填制单位的名称；③填制凭证的日期和凭证的编号；④经济业务的内容摘要；⑤应借应贷的账户名称（包括总分类账户和明细分类账户）和金额；⑥所附原始凭证张数；⑦填制、审核、记账、会计主管等有关人员的签名或盖章。收款和付款凭证还应有出纳人员的签名或盖章。

2. 登记账簿

会计账簿，是由许多具有专门格式而又相互联结在一起的账页所组成，是以会计凭证为依据，全面、系统、连续、分类地记录全部经济业务的会计簿籍。

在会计核算中，通过会计凭证的填制和审核，核算和监督各项经济业务的发生和完成情况。但由于会计凭证种类多、数量大，对经济业务的反映是零散、片面的，因此，企业需要通过设置和登记账簿，将会计凭证所提供的大量分散的核算资料进行归类汇总，全面、系统、连续、综合地记载经济活动中的财务状况、经营成果和现金流量等信息，以满足信息使用者的相关需求。

根据《会计法》第十五条规定，应按账簿的用途将会计账簿分为总账、明细账、日记账和其他辅助性账簿。

总账和明细账反映经济内容的详细程度不同，统称分类账，是对各项经济业务按照账户进行分类核算和监督的账簿。分类账所提供的各项资产、负债、所有者权益、收入、费用和利润的总括和明细核算资料，是编制会计报表的主要依据。

日记账，又称序时账，是按经济业务发生和完成时间的先后顺序，逐日连续进行登记的账簿。在会计核算中，日记账是根据会计部门收到会计凭证的先后顺序，即记账凭证编号的先后顺序，逐日逐笔进行登记，每日结出余额。日记账可以用来及时、详细地反映经济业务的发生和完成情况，提供会计资料，而且也可以用来和分类账的有关账户进行相互核对。

辅助性账簿，即辅助账，又称备查登记簿，是对某些在总账、明细账、日记账中未能记录、反映或记录、反映不全的经济业务，为便于备查而进行补充登记的账簿。主要是为某些经济业务提供必要的内部参考资料。例如，代销商品登记簿、租入固定资产登记簿等。辅助账没有固定的格式，可根据各个单位的实际需要灵活设置。辅助账与其他账簿之间不存在严密的依存、勾稽关系，是对账簿记录的补充；辅助账的记录与编制财务会计报告也无直接关系，是一种表外账簿。

各种明细账的登记方法，应根据各个单位业务量的大小、经营管理上的需要，以及所记录的经济业务内容加以确定。明细账登记的依据主要为原始凭证或记账凭证。既可逐笔登记经济业务，也可定期汇总登记。

总账和明细账所记录的经济业务内容相同，登记的原始依据相同，所不同的是提供资料的详细程度不同，发挥的作用不同。为了便于进行账户记录的核对，保证核算资料的完整性和正确性，总账与其所属的明细账应采取平行登记的方法记账。

平行登记就是对发生的每一项涉及明细核算的经济业务，都要以会计凭证为依据，在总账和所属明细账中独立地、互不依赖地进行登记，一方面要在有关的总账中进行登记，另一方面要在其所属的明细账中进行登记。如果同时涉及几个明细账，则应在相关的几个明细账中进行登记。

3. 对账

通过对账，可及时发现记账过程的错误，保证账簿记录的真实、完整和正确，为编制会计报表提供可靠的核算资料。对账工作每年至少进行一次。对账包括：①账证核对，将总账、明细账以及现金和银行存款日记账的记录与记账凭证及所附的原始凭证进行核对，看其时间、凭证字号、业务内容、金额是否一致，记账方向是否相符。②账账核对，核对不同会计账簿记录有关数字是否相符。③账实核对，各种财产物资的账面余额与实物及款项的实存数额的核对，是在账账核对基础上结合财产清查进行的。

4. 编制财务报表

根据审核无误的账簿记录信息编制财务报表。

（1）资产负债表各项目需填列“上年年末余额”和“期末余额”两栏。其中：“上年年末余额”栏内各项数字，应根据上年末资产负债表的“期末余额”栏内所列数字填列；资产负债表“期末余额”栏内各项数字，根据会计报表编报的时间不同，可以是月末、季末、半年末或年末的数字。具体数字可以根据总账科目余额直接填列、总账科目余额计算填列、总账所属有关明细科目余额计算填列、总账科目和明细科目两者的期末余额分析计算填列、有关资产科目期末余额减去其备抵科目期末余额后的净额填列、表中项目计算填列。

（2）利润表各项目需填列“本期金额”和“上期金额”两栏。其中：“上期金额”栏内各项数字，应根据上年该期利润表的“本期金额”栏内所列数字填列；“本期金额”栏内各期数字，除“基本每股收益”和“稀释每股收益”项目外，应当按照相关账户的发生额分析填列。

（3）现金流量表各项目需填列“本期金额”和“上期金额”两栏。其中：“上期金额”栏内各项数字，应根据上年该期现金流量表的“本期金额”栏内所列数字填列；“本期金额”栏内各项数字，应当按照本期各报表项目发生的现金流量金额填列。企业在编制现金流量表前，应先将权责发生制下的盈利信息调整为收付实现制下的现金流量信息，并按现金流量表列示的报表项目进行分类计算。

（4）所有者权益变动表各项目需填列“本年金额”和“上年金额”两栏。

其中:“上年金额”栏内各项数字，应根据上年度所有者权益变动表的“本年金额”栏内所列数字填列;“本年金额”栏内各项数字，应当按照相关账户的发生额分析填列。

三、会计信息化与智能化

(一) 会计信息化

1. 会计信息化的内容

会计信息化，是指将会计信息作为管理信息资源，全面运用计算机、网络通信为主的信息技术对其进行获取、加工、传输、应用等处理，为企业经营管理、控制决策和经济运行提供充足、实时、全方位的信息。会计信息化是信息社会的产物，是未来会计的发展方向。

会计信息化，有利于促进会计工作的规范化，提高会计工作质量;有利于减轻会计人员的劳动强度，提高会计工作的效率，更好地发挥会计的职能作用，为实现会计工作现代化奠定良好的基础。会计信息化与传统手工处理方式相比有以下特点:

(1) 数据处理一体化。在手工方式下，从编制原始凭证、记账凭证到记账、结账、编制会计报表，要经过很多人的手工才能完成，增加了数据处理差错的可能性。计算机处理则不同，数据一旦进入系统，记账、对账、汇总编制会计报表等，都是在一个一体化处理过程中。从输入会计凭证到输出会计报表一气呵成，一切中间环节都在机内自动处理，而需要的任何中间资料都可以通过系统提供的查询功能得到，真正实现了数出一门（都从凭证上来）、数据共享（同时产生所需账表）。整个账务处理流程具有高度的连续性、严密性，呈现出一体化趋势，极大地提高了财务会计报告的时效性。

(2) 账务处理虚拟化。在信息化系统中，整个账务处理流程分为输入、处理、输出三个环节。首先将分散于手工会计各个核算岗位的会计数据统一收集后集中输入计算机，此后的各种数据处理工作如记账、对账、结账及编制财务报表都由计算机按照会计软件的要求自动完成，不受人工干预。账簿组织和记账过程均呈现虚拟化特点。

(3) 信息存放磁盘化。在手工方式下，一切信息都记录在会计凭证、账簿、报表等纸质媒介上。在计算机方式下，除一部分原始凭证，其他所有信息都能存放在计算机的磁性介质（硬盘）中，同时，随时可以根据需要将信息打印到纸质介质上。硬盘上的数据可以进行拷贝，使会计数据的保存更加安全。

（4）查询高速自动化。在手工方式下，要查询一个数据，特别是收集某一汇总或加总数据时速度很慢，而用计算机查询，可以通过设定查询条件，很快地查到所需要的数据。另外，在查阅时，还可以归类、汇总、统计，打印查询结果。

2. 会计信息化的发展

“十三五”时期，会计信息化建设深入推进。[①] 部分单位已经在开展会计核算工作的集中和共享处理，推动会计工作从传统核算型向现代管理型转变，为会计工作全面转型打下了坚实基础。单位内部控制嵌入信息系统的程度不断提升，为实施精准有效的内部会计监督奠定了基础。会计信息系统为单位会计核算工作提供了有力保障。企业资源计划（ERP）的逐步普及为会计信息系统与业务信息系统的融合奠定基础。现代信息技术应用深度和广度的不断延展，优化了会计机构组织形式，拓展了会计人员工作职能，提升了会计数据的获取和处理能力。修订《会计档案管理办法》，明确电子会计凭证报销入账归档相关规定，消除了会计资料无纸化的政策障碍，电子会计资料普遍推广，初步降低了会计信息的生产、传输和存储成本，促进了会计信息的深度应用。

“十四五”时期，会计数字化转型将会加速。[②]以信息化支撑会计职能拓展为主线，以标准化为基础，以数字化为突破口，引导和规范会计信息化关键技术、数据标准、管理制度、信息系统、人才建设等健康发展。

（1）建立健全会计数据标准体系。结合国内外会计行业发展经验以及我国会计数字化转型需要，逐步建立健全会计信息系统输入、处理、输出等各环节的会计数据标准，形成较为完整的会计数据标准体系。

（2）持续完善会计信息化制度规范。配合《会计法》等国家相关法律法规的修订，顺应会计工作应用新技术的需要，完善会计信息化工作规范、软件功能规范等配套制度规范。

（3）加快推动会计数字化转型升级。加快推动单位会计工作、注册会计师审计工作和会计管理工作数字化转型。鼓励单位探索会计数字化转型的实现路径，运用社会力量和市场机制推动缩小乃至消除单位与单位、单位与监管部门间的会计数字鸿沟，实现全社会会计信息化应用整体水平的提升。

---

①② 参见《会计信息化发展规划（2021—2025年）》（财会〔2021〕36号）。

（4）初步实现会计监管信息互通共享。通过数据标准、信息共享机制和信息交换平台等方面的基础建设，打破监管部门间的数据壁垒，在安全可控的前提下，初步实现监管部门间会计监管数据的互通和共享，形成监管合力。

（二）会计智能化

会计智能化，是指将会计信息作为管理信息资源，全面运用计算机网络和通信为主的智能科学信息处理技术，对会计信息进行挖掘处理、计算应用，为企业的决策管理和社会经济的调控提供准确、快速、完善的信息。其本质是会计学与智能科学技术相融合的不断发展过程，是会计信息化发展到一定程度的必然产物。

会计智能化系统是对会计信息进行人工智能分析，从而得到经营决策所需数据，最终作出决策的一种综合系统，是由人、计算机网络系统、数据程序等有机结合的应用系统。会计信息智能化是一个集会计核算、财务管理和财务决策为一体的智能化管理系统。该系统把会计管理的专业能力和当前的大数据互联网技术结合起来，形成一个智能化管理系统，为信息使用者提供最优决策平台，同时引进数据保密技术、鉴别技术等系统安全技术，以保证系统数据安全。

会计信息化必然走向智能化，这种智能化在部分发达国家已进行了积极实践。实现智能化并不是一件困难的事，而是一件经过实践证明可以达成的事。

在国内，目前有的企业已经采用了流程自动化、智能协同、光学字符识别（OCR）、移动应用、规则引擎、数据建模、数据处理与数据预测等多种数字化技术，在各个会计循环中实现了很多财务智能化应用场景，极大地提高了业务效率和便利性。例如，在智能报表应用场景中，能够基于统一信息化平台的数据共享，运用规则引擎、数据建模和数据分析实现用户实时查询及管理分析。也有企业采用人工智能技术构建，实现数据智能交互、智能理解、智能可视化、智能推荐的数据应用模式，完成了销售与财务模块的融合。

会计智能化未来将会向大数据、人工智能、移动互联网、云计算、物联网、区块链等新技术应用的高级阶段迈进，尤其是对人工智能技术中的认知智能的运用（即模拟人类大脑的概念理解和逻辑推理，进一步形成概念、意识和观念），实现企业业务活动、财务会计、管理会计、审计工作的全面共享，从而极大程度地提高财务共享服务的效率。[①]

第四节　财务会计要素确认与计量

一、资产的确认与计量

（一）资产的确认

资产的确认，是指将符合资产定义及其确认条件的项目纳入资产负债表的过程。将一项资源确认为资产，需要符合资产的定义，同时还应满足以下两个条件。

1. 与该资源有关的经济利益很可能流入企业

从资产的定义可看出，能为企业带来经济利益是资产的一个本质特征。但在现实生活中，由于经济环境瞬息万变，与资源有关的经济利益能否流入企业或者能够流入多少实际上带有不确定性。因此，资产的确认还应与经济利益流入的确定性程度的判断结合起来。

2. 该资源的成本或者价值能够可靠地计量

只有当有关资源的成本或者价值能够可靠地计量时，资产才能予以确认。在实务中，企业取得的许多资产都需要付出成本。例如，企业购买或者生产的商品，企业购置的厂房或者设备等，对于这些资产，只有实际发生的成本或者生产成本能够可靠计量，才符合资产确认的可计量性条件。

符合资产定义和资产确认条件的项目，应当列入资产负债表。

（二）资产的计量

资产计量是为了将符合确认条件的资产项目登记入账并列报于财务报表而确定其金额的过程。资产可采用历史成本、重置成本、可变现净值、现值和公允价值等计量属性进行计量，确定其金额。

1. 历史成本

在历史成本计量下，资产按照购置时支付的现金或者现金等价物的金额，

---

① 参见《上海国家会计学院第四届智能财务高峰论坛成功举办》，上海国家会计学院微信公众号，2021 年 12 月 13 日。

或者按照购置资产时所付出的对价的公允价值计量。例如，固定资产、无形资产初始计量时应当按照历史成本计量。

【例3-19】 甲公司为增值税一般纳税人，购入一项非专利技术，取得的增值税专用发票上注明的价款为900000元，税率为6%，增值税税额为54000元，以银行存款支付。甲公司确认和计量该无形资产，应编制的会计分录为：

借：无形资产——非专利技术　　900000

　　应交税费——应交增值税（进项税额）　　54000

　　贷：银行存款　　954000

2. 重置成本

在重置成本计量下，资产按照现在购买相同或者相似资产所需支付的现金或者现金等价物的金额计量。例如，盘盈的固定资产可以按重置成本计量。

3. 可变现净值

在可变现净值计量下，资产按照其正常对外销售所能收到现金或者现金等价物的金额扣减该资产至完工时估计将要发生的成本、估计的销售费用以及相关税费后的金额计量。

【例3-20】 2020年12月31日，甲公司A商品的账面余额（成本）为100000元，由于市场价格下跌，预计可变现净值为80000元。A商品以前未计提存货跌价准备。甲公司对A商品期末按照成本与可变现净值孰低计量，应编制会计分录为：

借：资产减值损失　　20000

　　贷：存货跌价准备　　20000

4. 现值

在现值计量下，资产按照预计从其持续使用和最终处置中所产生的未来净现金流入量的折现金额计量。例如，购买固定资产的价款超过正常信用条件延期支付，实质上具有融资性质的，固定资产的成本以购买价款的现值为基础确定。

5. 公允价值

在公允价值计量下，资产按照市场参与者在计量日发生的有序交易中，出售资产所能收到的价格计量。例如，企业初始确认交易性金融资产应当按照公允价值计量。

二、负债的确认与计量

（一）负债的确认

负债的确认，是指将符合负债定义及其确认条件的项目纳入资产负债表的过程。将一项现时义务确认为负债，需要符合负债的定义，还应同时满足以下两个条件：

（1）与该义务有关的经济利益很可能流出企业。从负债的定义可看出，预期会导致经济利益流出企业是负债的一个本质特征。在实务中，企业履行现时义务所需流出的经济利益带有不确定性，尤其是与推定义务相关的经济利益通常需要依赖于大量的估计。因此，负债的确认应当与经济利益流出的确定性程度的判断结合起来。

（2）未来流出的经济利益的金额能够可靠地计量。负债的确认在考虑经济利益流出的同时，对于未来流出的经济利益的金额应当能够可靠计量。

符合负债定义和负债确认条件的项目，应当列入资产负债表。

（二）负债的计量

负债计量是为了将符合确认条件的负债项目登记入账并列报于财务报表而确定其金额的过程。负债可采用历史成本、重置成本、现值和公允价值等计量属性进行计量，确定其金额。

1. 历史成本

在历史成本计量下，负债按照因承担现时义务而实际收到的款项或者资产的金额，或者承担现时义务的合同金额，或者按照日常活动中为偿还负债预期需要支付的现金或者现金等价物的金额计量。

【例3－21】甲企业2021年6月应付职工工资总额为693000元，“工资费用分配汇总表”中列示的产品生产人员工资为480000元，车间管理人员工资为105000元，企业行政管理人员工资为90600元，专设销售机构人员工资为17400元。甲企业确认和计量应付职工薪酬，应编制的会计分录为：

借：生产成本	480000	
制造费用	105000	
管理费用	90600	
销售费用	17400	
贷：应付职工薪酬		693000

2. 重置成本

在重置成本计量下，负债按照现在偿付该项债务所需支付的现金或者现金等价物的金额计量。

3. 现值

在现值计量下，负债按照预计期限内需要偿还的未来净现金流出量的折现金额计量。

4. 公允价值

在公允价值计量下，负债按照市场参与者在计量日发生的有序交易中，转移负债所需支付的价格计量。

三、所有者权益的确认与计量

所有者权益体现的是所有者在企业中的剩余权益，即是资产与负债的差额。因此，所有者权益的确认和计量主要依赖于资产和负债的确认和计量。例如，企业接受投资者投入的资产，在该资产符合企业资产确认条件时，就相应地符合了所有者权益的确认条件；当该资产的价值能够可靠计量时，所有者权益的金额也就可以计量。

所有者权益项目应当列入资产负债表。

四、收入的确认与计量

收入的确认，是指将符合收入定义及其确认条件的项目纳入利润表的过程。

收入确认和计量大致分为五步（常称为五步法）：第一步，识别与客户订立的合同；第二步，识别合同中的单项履约义务；第三步，确定交易价格；第四步，将交易价格分摊至各单项履约义务；第五步，履行各单项履约义务时确认收入。其中，第一步、第二步和第五步主要与收入的确认有关，第三步和第四步主要与收入的计量有关。

（一）收入的确认

1. 识别与客户订立的合同

企业应当在履行了合同中的履约义务，即在客户取得相关商品控制权时确认收入。

合同，是指双方或多方之间订立有法律约束力的权利义务的协议。合同有书面形式、口头形式以及其他形式（如隐含于商业惯例或企业以往的习惯做法中等）。

取得相关商品控制权，是指能够主导该商品的使用并从中获得几乎全部的经济利益。

当企业与客户之间的合同同时满足下列条件时，企业应当在客户取得相关商品控制权时确认收入：

（1）合同各方已批准该合同并承诺将履行各自义务；

（2）合同明确了合同各方与所转让商品或提供劳务（以下简称转让商品）相关的权利和义务；

（3）合同有明确的与所转让商品相关的支付条款；

（4）合同具有商业实质，即履行该合同将改变企业未来现金流量的风险、时间分布或金额；

（5）企业因向客户转让商品而有权取得的对价很可能收回。

合同的存在是企业确认客户合同收入的前提，企业与客户之间的合同一经签订，企业即享有从客户取得与转移商品和服务对价的权利，同时负有向客户转移商品和服务的履约义务。

2. 识别合同中的单项履约义务

合同开始日，企业应当对合同进行评估，识别该合同所包含的各单项履约义务。

履约义务，是指合同中企业向客户转让可明确区分商品或服务的承诺。

企业应当将向客户转让可明确区分商品（或者商品的组合）的承诺以及向客户转让一系列实质相同且转让模式相同、可明确区分商品的承诺作为单项履约义务。

例如，企业与客户签订合同，向其销售商品并提供安装服务。若该安装服务简单，除该企业外其他供应商也可以提供此类安装服务，该合同中销售商品和提供安装服务为两项单项履约义务；若该安装服务复杂且商品需要按客户定制要求修改，则合同中销售商品和提供安装服务合并为一项单项履约义务。

3. 履行各单项履约义务时确认收入

当企业将商品转移给客户，客户取得了相关商品的控制权，意味着企业履行了合同履约义务，此时，企业应确认收入。企业将商品的控制权转移给客户，该转移可能在某一时段内（即履行履约义务的过程中）发生，也可能在某一时点（即履约义务完成时）发生。

企业应当根据实际情况，首先判断履约义务是否满足在某一时段内履行的条件，如不满足，则该履约义务属于在某一时点履行的履约义务。

满足下列条件之一的，属于在某一时段内履行履约义务，相关收入应当在该履约义务履行的期间内确认：

（1）客户在企业履约的同时即取得并消耗企业履约所带来的经济利益。例如，保洁服务等服务类的合同，企业在提供保洁服务的同时，客户即享受了清洁的环境，也就是取得并消耗了企业履约所带来的经济利益，该履约义务属于在某一时段内履行的履约义务，企业应当在履行履约义务的期间确认收入。

（2）客户能够控制企业履约过程中在建的商品。例如，企业在客户的土地上建造房屋，客户在房屋的建造过程中就能够控制在建的房屋，该履约义务属于在某一时段内履行的履约义务，企业应当在提供该服务的期间内确认收入。

（3）企业履约过程中所产出的商品具有不可替代用途，且该企业在整个合同期间内有权就累计至今已完成的履约部分收取款项。

【例 3－22】 甲公司是一家造船企业，与乙公司签订了一份船舶建造合同，按照乙公司的具体要求设计和建造船舶。甲公司在自己的厂区内完成该船舶的建造，乙公司是无法控制在建工程中的船舶的。甲公司如果想把该船舶出售给其他客户，需要发生重大的改造成本。双方约定，乙公司如果单方面违约的话，乙公司需要向甲公司支付相当于合同 30% 的违约金，且建造中的船舶归甲公司所有，那么假定该合同仅仅包含一项履约义务，即：设计和建造该船舶。在本例中，船舶是按照乙公司的要求进行设计和建造的，甲公司需要发生重大的改造成本，将该船舶改造之后才能出售给其他客户，因此该船舶具有不可替代用途，并且如果乙公司单方面解约，那么仅需要向甲公司支付相当于合同总价 30% 的违约金，表明甲公司无法在整个合同期间内的任一时点都有权就累计至今已完成的履约部分收取能够补偿其已发生成本和合理利润的款项，因此甲公司为乙公司设计和建造船舶不属于在一段时期内履行的履约义务。

对于在某一时段内履行的履约义务，企业应当在该段时间内按照履约进度确认收入，但是，履约进度不能合理确定的除外。

对于在某一时点履行的履约义务，企业应当在客户取得相关商品控制权时点确认收入。

符合收入定义和收入确认条件的项目，应当列入利润表。

（二）收入的计量

企业应当按照分摊至各单项履约义务的交易价格计量收入。在统一的收入确认和计量的五步法模型中，收入的计量一般包括两步：确定交易价格；将交易价格分摊至各单项履约义务。

1. 确定交易价格

交易价格，是指企业因向客户转让商品而预期有权收取的对价金额。企业代第三方收取的款项以及企业预期将退还给客户的款项，应当作为负债进行会计处理，不计入交易价格。

企业应当根据合同条款，并结合其以往的习惯做法确定交易价格。在确定交易价格时，企业应当考虑可变对价、合同中存在的重大融资成分、非现金对价、应付客户对价等因素的影响。

（1）合同中存在可变对价的，企业应当按照期望值或最可能发生金额确定可变对价的最佳估计数。但包含可变对价的交易价格，应当不超过在相关不确定性消除时累计已确认收入极可能不会发生重大转回的金额。

【例3-23】 甲公司与客户签订合同为其建造一栋厂房，约定的价款为100万元，10个月完工，交易价格就是固定金额100万元。假定合同约定，该项工程完工之后将参与省级优质工程奖的评选，如果能够获奖，客户将额外奖励甲公司10万元。甲公司估计该合同能够获省级优质工程奖的概率为95%，则甲公司预计有权收取的对价为110万元，因此交易价格包括固定金额100万元和可变金额10万元，总计为110万元。

（2）合同中存在重大融资成分的，企业应当按照假定客户在取得商品控制权时即以现金支付的应付金额确定交易价格。

（3）客户支付非现金对价的，企业应当按照非现金对价的公允价值确定交易价格。

（4）企业应付客户对价的，应当将该应付对价冲减交易价格。

2. 将交易价格分摊至各单项履约义务

当合同中包含两项或多项履约义务时，需要将交易价格分摊至各单项履约义务。分摊的方法是在合同开始日，按照各单项履约义务所承诺商品的单独售价（企业向客户单独销售商品的价格）的相对比例，将交易价格分摊至各单项履约义务。通过分摊交易价格，使企业分摊至各单项履约义务的交易价格能够反映其因向客户转让已承诺的相关商品而有权收取的对价金额。

【例3-24】 甲企业与客户签订合同，向其销售A、B、C三件产品，不含增值税的合同总价款为10000元。A、B、C产品的不含增值税单独售价分别为5000元、3500元和7500元，合计16000元。按照交易价格分摊原则，交易价格分摊如下：

A产品应当分摊的交易价格 = 5000 ÷ 16000 × 10000 = 3125（元）

B产品应当分摊的交易价格 = 3500 ÷ 16000 × 10000 = 2187.5（元）

C产品应当分摊的交易价格 = 7500 ÷ 1600 × 10000 = 4687.5（元）

企业对收入进行账务处理时，应根据其主营业务范围，选用“主营业务收入”科目或“其他业务收入”科目，同时结转相应的费用。期末，应将“主营业务收入”“其他业务收入”科目的余额转入“本年利润”科目，结转后“主营业务收入”“其他业务收入”科目无余额。

【例3-25】 甲公司2021年5月20日销售A商品一批，增值税专用发票上注明金额为350000元，增值税税额为45500元，该批商品成本为182000元。A商品于5月20日发出，客户于5月22日收到商品并付款。显然，该项业务属于在某一时点履行的履约义务。甲公司2021年5月22日确认收入、结转费用（商品成本）时，应编制的会计分录为：

借：银行存款	395500	
贷：主营业务收入		350000
应交税费——应交增值税（销项税额）		45500
借：主营业务成本	182000	
贷：库存商品		182000

五、费用的确认与计量

费用的确认和计量是指将符合费用定义及其确认条件的项目纳入利润表的过程。

费用只有在经济利益很可能流出，从而导致企业资产减少或者负债增加且经济利益的流出额能够可靠计量时才能予以确认和计量。

费用主要包括企业为取得营业收入进行商品销售等营业活动所发生的营业成本、税金及附加和期间费用。

企业为生产产品、提供劳务等发生的归属于产品成本、劳务成本等的成本，应当在确认产品销售收入、劳务收入等时，将已销售产品、已提供劳务等的成本确认为费用。

企业发生的支出不产生经济利益的，或者即使能够产生经济利益但不符合或者不再符合资产确认条件的，应当在发生时确认为费用。企业发生的交易或者事项导致其承担了一项负债而又不确认为一项资产的，应当在发生时确认为费用。

符合费用定义和费用确认条件的项目，应当列入利润表。

1. 营业成本

营业成本，是指企业在确认销售收入、劳务收入等时，将已销售商品、已提供劳务的成本确认为费用的部分。

与“主营业务收入”和“其他业务收入”相对应，营业成本分为“主营业务成本”和“其他业务成本”。

期末，应将“主营业务成本”“其他业务成本”科目的余额转入“本年利润”科目，结转后“主营业务成本”“其他业务成本”科目无余额。

【例 3-26】 2021 年 5 月 10 日，甲公司销售一批原材料，开具的增值税专用发票上注明的金额为 10000 元，增值税税额为 1300 元，款项已由银行收妥。该批原材料的实际成本为 7000 元。该项销售业务属于某一时点履行的履约义务，且不属于主营业务范围。甲公司在确认销售实现时，应编制如下会计分录：

借：银行存款	11300	
贷：其他业务收入		10000
应交税费——应交增值税（销项税额）		1300
借：其他业务成本	7000	
贷：原材料		7000

2. 税金及附加

税金及附加，是指企业经营活动应负担的相关税费，包括消费税、城市维护建设税、教育费附加、资源税、土地增值税、房产税、城镇土地使用税、车船税、印花税等。

【例 3-27】 2021 年 8 月 1 日，甲公司取得应纳消费税的销售商品收入 3000000 元，该商品适用的消费税税率为 25%。甲公司计算确认的应交消费税税额为750000元（3000000×25%），应编制如下会计分录：

借：税金及附加　　750000

　贷：应交税费——应交消费税　　750000

3. 期间费用

期间费用，是指企业本期发生的、不能直接或间接归入某种产品成本的、直接计入损益的各项费用，包括管理费用、销售费用和财务费用。

管理费用，是指企业为组织和管理企业生产经营所发生的费用，包括企业在筹建期间内发生的开办费、董事会和行政管理部门在企业的经营管理中发生的或者应由企业统一负担的公司经费（包括行政管理部门职工工资及福利费、物料消耗、低值易耗品摊销、办公费和差旅费等）、工会经费、董事会费（包括董事会成员津贴、会议费和差旅费等）、聘请中介机构费、咨询费（含顾问费）、诉讼费、业务招待费、技术转让费、研究费用、排污费以及生产车间和行政管理部门等发生的固定资产日常修理费用等。

销售费用，是指企业在销售商品和材料、提供劳务的过程中发生的各种费用，包括企业在销售商品过程中发生的保险费、包装费、展览费和广告费、商品维修费、运输费、装卸费等，以及为销售本企业商品而专设的销售机构（含销售网点、售后服务网点等）的职工薪酬、业务费、折旧费、固定资产修理费用等经营费用。

财务费用，是指企业为筹集生产经营所需资金等而发生的筹资费用，包括利息支出（减利息收入）、汇兑损益以及相关的手续费、企业发生的现金折扣或收到的现金折扣等。

企业发生的管理费用、销售费用、财务费用，分别在“管理费用”“销售费用”“财务费用”科目核算。期末，“管理费用”“销售费用”“财务费用”科目的余额应转入“本年利润”科目，结转后无余额。

4. 所得税费用

所得税费用是企业因需要缴纳企业所得税而确认的费用。所得税费用与各项期间费用不同：一是期间费用是在计算利润总额之前减除，所得税费用是在计算利润总额之后减除；二是企业各年确认的所得税费用并不是企业当年实际缴纳的企业所得税（执行《小企业会计准则》的企业除外），而是根据《企业会计准则第18号——所得税》的规定，采用资产负债表债务法进行确认计算。

由于会计确认、计量和报告遵循《企业会计准则》的规定，而计算企业所得税应纳税额应按照《企业所得税法》的规定，会计准则与税法的目标不同，遵循的原则不同，所以必然会产生会计与税法的差异。例如，会计上确认的公允价值变动收益，在税法中不确认为应税收入；会计核算的罚款支出，按照税法规定不能税前扣除等。会计与税法产生的差异中，有些差异在本期发生后将在以后期间出现反向转回的情况，即从一个期间的计算结果进行分析，存在税法与会计差异问题，但是从多个期间综合情况分析，这种差异并不存在。例如，企业购买的机器设备入账价值为800万元，采用年限平均法计提折旧，预计净残值为零。会计按照8年计提折旧，税法要求按10年计提折旧。前8年每年会计计提折旧额为100万元，税法计提折旧额为80万元，每年会计折旧额大于税法折旧额20万元；第9年和第10年，会计已提足折旧不再计提，按税法规定每年应继续提取折旧80万元，每年税法折旧额大于会计折旧额80万元。但是10年期间会计与税法累计计提的折旧额均为800万元，会计与税法没有差异。

会计与税法的差异产生之后，可能会导致产生未来的纳税义务，也可能会享有抵减未来应纳税额的权利。为了让会计信息使用者随时了解这些差异情况，《企业会计准则第18号——所得税》规定，企业应以资产负债表为基础，比较资产负债表中资产、负债的账面价值与按照税法规定确定的计税基础之间的差异，对这些差异进行分类，分别确认应纳税暂时性差异与可抵扣暂时性差异，再按照适用的税率，计算确认递延所得税负债与递延所得税资产。根据期末递延所得税资产和递延所得税负债的增减变动情况，计算每一个会计期间的所得税费用。

（1）资产的计税基础和负债的计税基础。

资产的计税基础，是指企业收回资产账面价值过程中，按照税收法律法规的规定计算应纳税所得额时可以自应税经济利益中抵扣的金额，即某项资产在未来期间计税时按照税收法律法规规定可以税前扣除的金额。

负债的计税基础，是指负债的账面价值减去未来期间计算应纳税所得额时按照税收法律法规规定可予抵扣的金额。

（2）递延所得税资产和递延所得税负债。

当资产的账面价值小于其计税基础，或者负债的账面价值大于其计税基础时，这个差异称之为可抵扣暂时性差异。可抵扣暂时性差异金额乘以预期税率，计算结果为递延所得税资产，表示资产负债表日存在的未来可以抵减应纳税额的权利。

当资产的账面价值大于其计税基础，或者负债的账面价值小于其计税基础时，这个差异称之为应纳税暂时性差异。应纳税暂时性差异金额乘以预期税率，计算结果为递延所得税负债，表示资产负债表日存在的未来的应纳税义务。

（3）所得税费用的计算。

企业当期确认的所得税费用包括两部分内容：一是当期应交所得税，二是当期计算的递延所得税，用公式表示为：

所得税费用 = 当期应交所得税 + 递延所得税

其中：

当期应交所得税 = 应纳税所得额 × 企业所得税税率 − 减免税额 − 抵免税额
= （会计利润 ± 纳税调整额）× 企业所得税税率 − 减免税额 − 抵免税额

递延所得税 = （期末递延所得税负债 − 期初递延所得税负债）−（期末递延所得税资产 − 期初递延所得税资产）

六、利润的确认与计量

利润反映的是收入减去费用、利得减去损失后的净额，因此，利润的确认和计量主要依赖于收入和费用以及利得和损失的确认和计量。

“利润”要素在利润表中列报，通常分步计算企业一定期间的利润。

（一）营业利润

营业利润 = 营业收入 − 营业成本 − 税金及附加 − 销售费用 − 管理费用 − 研发费用 − 财务费用 + 其他收益 ± 投资收益 ± 公允价值变动收益 − 资产减值损失 − 信用减值损失 ± 资产处置收益

其中：

营业收入，是指企业经营业务所实现的收入总额，包括主营业务收入和其他业务收入。

营业成本，是指企业经营业务所发生的实际成本总额，包括主营业务成本和其他业务成本。

税金及附加，是指企业经营活动应负担的相关税费。

研发费用，是指企业进行研究与开发过程中发生的费用化支出，以及计入管理费用的自行开发无形资产的摊销。

其他收益，是指计入其他收益的政府补助，以及其他与日常活动相关且计入其他收益的项目。如企业作为个人所得税的扣缴义务人，根据《中华人民共和国个人所得税法》收到的扣缴税款手续费等。

投资收益（或损失），是指企业以各种方式对外投资所取得的收益（或发生的损失）。

公允价值变动收益（或损失），是指企业以公允价值计量且其变动计入当期损益的金融资产等公允价值变动形成的应计入当期损益的利得（或损失）。

资产减值损失，是指企业计提各项资产减值准备所形成的损失。

信用减值损失，是指计提的各项金融工具信用减值准备所确认的信用损失。

资产处置收益（或损失），是指企业出售划分为持有待售的非流动资产（金融工具、长期股权投资和投资性房地产除外）或处置组（子公司和业务除外）时确认的处置利得（或损失），以及处置未划分为持有待售的固定资产、在建工程、生产性生物资产及无形资产而产生的处置利得（或损失）。也包括债务重组中因处置非流动资产（金融工具、长期股权投资和投资性房地产除外）产生的利得（或损失）和非货币性资产交换中换出非流动资产（金融工具、长期股权投资和投资性房地产除外）产生的利得（或损失）。

（二）利润总额

利润总额 = 营业利润 + 营业外收入 − 营业外支出

其中：

营业外收入，是指企业发生的与其日常活动无直接关系的各项利得。

营业外支出，是指企业发生的与其日常活动无直接关系的各项损失。

（三）净利润

净利润 = 利润总额 − 所得税费用

其中，所得税费用是指企业确认的应从当期利润总额中扣除的所得税费用，与企业按税法规定计算的当期应交所得税额不完全等同。

净利润是企业最终实现的经营成果。

企业应设置“本年利润”科目，核算企业本年度实现的净利润（或发生的净亏损）。年度终了，企业还应将“本年利润”科目的本年累计余额转入“利润分配——未分配利润”科目。结转后，“本年利润”科目无余额。

【**例3－28**】甲公司2021年末结转前损益类各科目的本期发生额如下：

科目名称	结转前本期发生额
主营业务收入	260000元（贷）
其他业务收入	150000元（贷）
投资收益	50000元（贷）
营业外收入	20000元（贷）
主营业务成本	200000元（借）
其他业务成本	40000元（借）
税金及附加	20000元（借）
管理费用	3800元（借）
销售费用	10000元（借）
财务费用	2000元（借）
资产减值损失	50000元（借）
营业外支出	8000元（借）

根据上述资料，企业年末应作如下会计处理：

（1）结转损益类（收益）科目：

借：主营业务收入	260000	
其他业务收入	150000	
投资收益	50000	
营业外收入	20000	
贷：本年利润		480000

（2）结转损益类（损失）科目：

借：本年利润	333800	
贷：主营业务成本		200000
其他业务成本		40000
税金及附加		20000
销售费用		10000
管理费用		3800
财务费用		2000
资产减值损失		50000
营业外支出		8000

经过以上结转，甲公司2021年“本年利润”科目贷方余额为146200元（480000－333800），即该企业2021年实现的利润总额为146200元。

【例3－29】 甲公司2021年度的利润总额为146200元，假定无纳税调整项目，企业所得税税率为25%，则企业应确认的所得税费用为36550元（146200×25%）。

（1）确认所得税费用时：

借：所得税费用　　36550

　　贷：应交税费——应交所得税　　36550

（2）结转所得税费用时：

借：本年利润　　36550

　　贷：所得税费用　　36550

通过上述结转，可计算得出甲公司2021年度的净利润为109650元（146200－36550）。

（3）年终，结转“本年利润”的最终全部余额：

借：本年利润　　109650

　　贷：利润分配——未分配利润　　109650

结转后，“本年利润”科目的余额为0。

第五节　财务会计报表

一、资产负债表

资产负债表，是指反映企业在某一特定日期财务状况的报表。它是根据“资产＝负债＋所有者权益（股东权益）”这一会计基本等式，按照一定的分类标准和顺序，把企业一定日期的资产、负债和所有者权益三大要素的各项目予以适当排列编制而成。它反映企业在某一特定日期所拥有或控制的经济资源、所承担的现时义务和所有者对净资产的要求权。

通过对该表的分析，可以使报表使用者了解企业的财务状况，尤其是企业偿债能力的情况。若把前后期的资产负债表加以对比分析，还可以获取企业资金结构的变化情况及财务状况的变动趋势等方面的信息。

（一）资产负债表的结构

资产负债表采用账户式结构。报表分为左右两方，左方列示资产各项目，反映全部资产的分布及存在形态，一般按资产流动性大小排列；右方列示负债和所有者权益（股东权益）各项目，反映全部负债和所有者权益的内容及构成情况，负债各项目按清偿时间先后顺序排列。资产负债表左右两方平衡，资产总计等于负债和所有者权益总计。

此外，为了让报表使用者通过比较不同时点资产负债表的数据，掌握企业财务状况的变动情况及发展趋势，企业需要提供比较资产负债表，即资产负债表的各项目还设有“期末余额”和“上年年末余额”两栏。“上年年末余额”即为本年的年初余额。

一般企业资产负债表的格式和内容如表3－2所示。

表3－2 **资产负债表**

编制单位： ____年____月____日 单位：元

资产	期末余额	上年年末余额	负债和所有者权益（或股东权益）	期末余额	上年年末余额
流动资产：			流动负债：		
货币资金			短期借款		
交易性金融资产			交易性金融负债		
衍生金融资产			衍生金融负债		
应收票据			应付票据		
应收账款			应付账款		
应收款项融资			预收款项		
预付款项			合同负债		
其他应收款			应付职工薪酬		
存货			应交税费		
合同资产			其他应付款		
持有待售资产			持有待售负债		
一年内到期的非流动资产			一年内到期的非流动负债		
其他流动资产			其他流动负债		
流动资产合计			流动负债合计		
非流动资产：			非流动负债：		
债权投资			长期借款		
其他债权投资			应付债券		

续表

资产	期末余额	上年年末余额	负债和所有者权益（或股东权益）	期末余额	上年年末余额
长期应收款			其中：优先股		
长期股权投资			永续债		
其他权益工具投资			租赁负债		
其他非流动金融资产			长期应付款		
投资性房地产			预计负债		
固定资产			递延收益		
在建工程			递延所得税负债		
生产性生物资产			其他非流动负债		
油气资产			非流动负债合计		
使用权资产			负债合计		
无形资产			所有者权益（或股东权益）：		
开发支出			实收资本（或股本）		
商誉			其他权益工具		
长期待摊费用			其中：优先股		
递延所得税资产			永续债		
其他非流动资产			资本公积		
非流动资产合计			减：库存股		
			其他综合收益		
			专项储备		
			盈余公积		
			未分配利润		
			所有者权益（或股东权益）合计		
资产总计			负债和所有者权益（或股东权益）总计		

（二）资产负债表的编制方法

资产负债表各项目均需填列“期末余额”和“上年年末余额”两栏。

1. 资产负债表的“上年年末余额”栏的填列方法

资产负债表的“上年年末余额”栏内各项数字，应根据上年年末资产负债表的“期末余额”栏内所列数字填列。如果上年度资产负债表规定的各个项目的名称和内容与本年度不一致，应按照本年度的规定对上年年末资产负债表各项目的名称和数字进行调整，填入本表“上年年末余额”栏内。

2. 资产负债表的“期末余额”栏的填列方法

资产负债表的“期末余额”栏一般应根据资产、负债和所有者权益类各科目的期末余额填列。可分为以下五种情况：

（1）根据总账科目余额填列。有些项目根据有关总账科目的余额直接填列，如“短期借款”“应付票据”“实收资本（股本）”“资本公积”“其他综合收益”“盈余公积”等项目。有些项目则需要根据几个总账科目的期末余额计算填列，例如：“货币资金”项目，需要根据“库存现金”“银行存款”“其他货币资金”三个总账科目的期末余额的合计数填列；“其他应付款”项目，应当根据“应付利息”“应付股利”和“其他应付款”三个总账科目的期末余额合计数填列。

（2）根据明细账科目余额计算填列。如“应付账款”项目，需要根据“应付账款”和“预付账款”两个科目所属的相关明细科目的期末贷方余额计算填列；“预付款项”项目，需要根据“应付账款”科目和“预付账款”科目所属的相关明细科目的期末借方余额减去与“预付账款”有关的坏账准备贷方余额计算填列；“预收款项”项目，需要根据“应收账款”科目和“预收账款”科目所属相关明细科目的期末贷方金额合计填列；“应交税费”“应付职工薪酬”项目，需要根据相应明细科目期末余额分析填列等。

（3）根据总账科目和明细账科目余额分析计算填列。如“长期借款”项目，需要根据“长期借款”总账科目余额扣除“长期借款”科目所属的明细科目中将在资产负债表日起1年内到期且企业不能自主地将清偿义务展期的部分后的金额计算填列。

（4）根据有关科目余额减去其备抵科目余额后的净额填列。如“长期股权投资”项目，应当根据“长期股权投资”科目的期末余额减去“长期股权投资减值准备”备抵科目余额后的净额填列；“固定资产”项目，应根据“固定资产”和“固定资产清理”科目的期末余额，减去“累计折旧”和“固定资产减值准备”科目的期末余额后的金额填列；“无形资产”项目，应当根据“无形资产”科目的期末余额，减去“累计摊销”“无形资产减值准备”等备抵科目余额后的净额填列。

（5）综合运用上述填列方法分析填列。如“其他应收款”项目，应根据“应收利息”“应收股利”和“其他应收款”科目的期末余额合计数，减去“坏账准备”科目中相关坏账准备期末余额后的金额填列；“存货”项目，应根据“原材料”“库存商品”“委托加工物资”“周转材料”“材料采购”“在途物资”“发出商品”“材料成本差异”“生产成本”等总账科目的期末余额的合计数，减去“存货跌价准备”等科目期末余额后的金额填列。

二、利润表

利润表，是指反映企业在一定会计期间的经营成果的报表。通过利润表，可以反映企业在一定会计期间收入、费用和利润（或亏损）的金额和构成情况，为财务报表使用者全面了解企业的经营成果、分析企业的获利能力及盈利增长趋势、作出经济决策提供依据。

（一）利润表的结构

利润表的结构有单步式和多步式两种。单步式利润表是将当期所有的收入列在一起，所有的费用列在一起，然后将两者相减得出当期净损益。我国企业的利润表采用多步式格式，即通过对当期的收入、费用、支出项目按性质加以归类，按利润形成的主要环节列示一些中间性利润指标，分步计算当期净损益。

为了使报表使用者通过比较不同期间利润的实现情况，判断企业经营成果的未来发展趋势，企业需要提供比较利润表，即利润表的各项目还设有“本期金额”和“上期金额”两栏。

一般企业利润表的格式和内容如表3－3所示。

表3－3　　**利润表**

编制单位：　　____年____月　　单位：元

项目	本期金额	上期金额
一、营业收入		
减：营业成本		
税金及附加		
销售费用		
管理费用		
研发费用		
财务费用		
其中：利息费用		
利息收入		

续表

项目	本期金额	上期金额
加：其他收益		
投资收益（损失以“－”号填列）		
其中：对联营企业和合营企业的投资收益		
以摊余成本计量的金融资产终止确认收益（损失以“－”号填列）		
净敞口套期收益（损失以“－”号填列）		
公允价值变动收益（损失以“－”号填列）		
信用减值损失（损失以“－”号填列）		
资产减值损失（损失以“－”号填列）		
资产处置收益（损失以“－”号填列）		
二、营业利润（亏损以“－”号填列）		
加：营业外收入		
减：营业外支出		
三、利润总额（亏损总额以“－”号填列）		
减：所得税费用		
四、净利润（净亏损以“－”号填列）		
（一）持续经营净利润（净亏损以“－”号填列）		
（二）终止经营净利润（净亏损以“－”号填列）		
五、其他综合收益的税后净额		
（一）不能重分类进损益的其他综合收益		
1. 重新计量设定受益计划变动额		
2. 权益法下不能转损益的其他综合收益		
3. 其他权益工具投资公允价值变动		
4. 企业自身信用风险公允价值变动		
……		
（二）将重分类进损益的其他综合收益		
1. 权益法下可转损益的其他综合收益		
2. 其他债权投资公允价值变动		
3. 金融资产重分类计入其他综合收益的金额		
4. 其他债权投资信用减值准备		
5. 现金流量套期储备		
6. 外币财务报表折算差额		
……		
六、综合收益总额		
七、每股收益：		
（一）基本每股收益		
（二）稀释每股收益		

利润表主要反映以下七方面的内容：

（1）营业收入：由主营业务收入和其他业务收入组成。

（2）营业利润：营业收入减去营业成本（主营业务成本、其他业务成本）、税金及附加、销售费用、管理费用、研发费用、财务费用、加上其他收益、投资收益、净敞口套期收益、公允价值变动收益、信用减值损失、资产减值损失，资产处置收益。

（3）利润总额：营业利润加上营业外收入减去营业外支出。

（4）净利润：利润总额减去所得税费用。包括持续经营净利润和终止经营净利润。

（5）其他综合收益的税后净额：反映根据企业会计准则规定未在当期损益中确认的有关利得和损失扣除所得税影响后的净额。

（6）综合收益总额：反映企业净利润与其他综合收益扣除所得税影响后的净额的合计金额。

（7）每股收益：普通股或潜在普通股已公开交易的企业，以及正处于公开发行普通股或潜在普通股过程中的企业，还应当在利润表中列示每股收益信息，包括基本每股收益和稀释每股收益两项指标。

（二）利润表的编制方法

1. 利润表“上期金额”栏的填列方法

利润表的“上期金额”栏应根据上年同期利润表“本期金额”栏内所列数字填列。如果上年同期利润表规定的项目名称和内容与本期不一致，应对上年同期利润表各项目的名称和金额按照本期的规定进行调整，填入“上期金额”栏。

2. 利润表“本期金额”栏的填列方法

利润表的“本期金额”栏一般应根据损益类各科目和所有者权益类有关科目的发生额填列。

（1）“营业收入”“营业成本”“税金及附加”“销售费用”“管理费用”“财务费用”“其他收益”“投资收益”“净敞口套期收益”“公允价值变动收益”“信用减值损失”“资产减值损失”“资产处置收益”“营业外收入”“营业外支出”“所得税费用”等项目，应根据有关损益类科目的发生额分析填列。

（2）“研发费用”项目，应根据“管理费用”科目下的“研发费用”明细科目的发生额，以及“管理费用”科目下的“无形资产摊销”明细科目的发生额分析填列。

（3）“其中：利息费用”和“利息收入”项目，应根据“财务费用”科目所属的相关明细科目的发生额分析填列，且这两个项目作为“财务费用”项目的其中项以正数填列。

（4）“其中：对联营企业和合营企业的投资收益”和“以摊余成本计量的金融资产终止确认收益”项目，应根据“投资收益”科目所属的相关明细科目的发生额分析填列。

（5）“其他综合收益的税后净额”项目及其各组成部分，应根据“其他综合收益”科目及其所属明细科目的本期发生额分析填列。

（6）“营业利润”“利润总额”“净利润”“综合收益总额”项目，应根据利润表中相关项目计算填列。

（7）“（一）持续经营净利润”和“（二）终止经营净利润”项目，应根据《企业会计准则第42号——持有待售的非流动资产、处置组和终止经营》的相关规定分别填列。

三、现金流量表

现金流量表，是指反映企业在一定会计期间现金和现金等价物流入和流出的报表。

编制现金流量表，主要是为企业会计报表使用者提供企业一定会计期间内现金和现金等价物流入和流出的信息，以便于报表使用者了解和评价企业获取现金和现金等价物的能力，并据以预测企业未来现金流量。

通过现金流量表，报表使用者能够了解现金流量的影响因素，评价企业的支付能力、偿债能力和周转能力，预测企业未来现金流量，为其决策提供有力依据。

现金流量表后一般包含一个补充资料表，用以反映企业的财务变动。

（一）现金流量表的编制基础和编制原则

1. 编制基础

现金流量表以现金及现金等价物为基础编制。现金，是指企业库存现金以及可以随时用于支付的存款。现金等价物，是指企业持有的期限短、流动性强、易于转换为已知金额现金、价值变动风险很小的投资。

2. 编制原则

现金流量表按照收付实现制原则编制，将权责发生制下的盈利信息调整为收付实现制下的现金流量信息。

（二）现金流量的分类

现金流量，是指企业现金和现金等价物的流入和流出。在现金流量表中，现金及现金等价物被视为一个整体，企业现金形式的转换不会产生现金的流入和流出。例如，企业从银行提取现金，是企业现金存放形式的转换，并未流出企业，不构成现金流量。同样，现金与现金等价物之间的转换也不属于现金流量。例如，企业用现金购买3个月到期的国库券。

根据企业业务活动的性质和现金流量的来源，企业一定期间产生的现金流量分为三类：经营活动产生的现金流量、投资活动产生的现金流量和筹资活动产生的现金流量。

1. 经营活动产生的现金流量

经营活动，是指企业投资活动和筹资活动以外的所有交易和事项。各类企业由于行业特点不同，对经营活动的认定存在一定差异。对于工商企业而言，经营活动主要包括销售商品、提供劳务、购买商品、接受劳务、支付税费等。对于商业银行而言，经营活动主要包括吸收存款、发放贷款、同业存放、同业拆借等。

2. 投资活动产生的现金流量

投资活动，是指企业长期资产的购建和不包括在现金等价物范围内的投资及其处置活动。长期资产，是指固定资产、无形资产、在建工程、其他资产等持有期限在一年或一个营业周期以上的资产。不同企业由于行业特点不同，对投资活动的认定也存在差异。例如，以公允价值计量且其变动计入当期损益的金融资产所产生的现金流量，对于工商业企业而言属于投资活动现金流量，而对于证券公司而言属于经营活动现金流量。

3. 筹资活动产生的现金流量

筹资活动，是指导致企业资本及债务规模和构成发生变化的活动。这里所说的资本，既包括实收资本（股本），也包括资本溢价（股本溢价）；这里所说的债务，指对外举债，包括向银行借款、发行债券以及偿还债务等。通常情况下，应付账款、应付票据等商业应付款等属于经营活动，不属于筹资活动。

对于企业日常活动之外特殊的、不经常发生的特殊项目，如自然灾害损失、保险赔款、捐赠等，应当归并到相关类别中，并单独反映。例如，对于自然灾害损失和保险赔款，如果能够确定属于流动资产损失，应当列入经营活动产生的现金流量；属于固定资产损失，应当列入投资活动产生的现金流量。如果不能确定，则可以全部列入经营活动产生的现金流量。捐赠收入和支出，可以列入经营活动。

此外，企业还需要提供比较现金流量表和补充资料表，即现金流量表和补充资料表的各项目还设有“本期金额”和“上期金额”两栏。

一般企业现金流量表的基本格式和内容如表 3 – 4 所示。现金流量表的补充资料表的格式和内容如表 3 – 5 所示。

表 3 – 4　　现金流量表

编制单位：　　____年____月　　单位：元

项目	本期金额	上期金额
一、经营活动产生的现金流量：		
销售商品、提供劳务收到的现金		
收到的税费返还		
收到其他与经营活动有关的现金		
经营活动现金流入小计		
购买商品、接受劳务支付的现金		
支付给职工以及为职工支付的现金		
支付的各项税费		
支付其他与经营活动有关的现金		
经营活动现金流出小计		
经营活动产生的现金流量净额		
二、投资活动产生的现金流量：		
收回投资收到的现金		
取得投资收益收到的现金		
处置固定资产、无形资产和其他长期资产收回的现金净额		
处置子公司及其他营业单位收到的现金净额		
收到其他与投资活动有关的现金		
投资活动现金流入小计		
购建固定资产、无形资产和其他长期资产支付的现金		
投资支付的现金		
取得子公司及其他营业单位支付的现金净额		

续表

项目	本期金额	上期金额
支付其他与投资活动有关的现金		
投资活动现金流出小计		
投资活动产生的现金流量净额		
三、筹资活动产生的现金流量：		
吸收投资收到的现金		
取得借款收到的现金		
收到其他与筹资活动有关的现金		
筹资活动现金流入小计		
偿还债务支付的现金		
分配股利、利润或偿付利息支付的现金		
支付其他与筹资活动有关的现金		
筹资活动现金流出小计		
筹资活动产生的现金流量净额		
四、汇率变动对现金及现金等价物的影响		
五、现金及现金等价物净增加额		
加：期初现金及现金等价物余额		
六、期末现金及现金等价物余额		

表3－5　　　　现金流量表补充资料

____年____月　　　　单位：元

补充资料	本期金额	上期金额
1. 将净利润调节为经营活动现金流量：		
净利润		
加：资产减值准备		
信用损失准备		
固定资产折旧、油气资产折耗、生产性生物资产折旧		
无形资产摊销		
长期待摊费用摊销		
处置固定资产、无形资产和其他长期资产的损失（收益以“－”号填列）		
固定资产报废损失（收益以“－”号填列）		
净敞口套期损失		
公允价值变动损失（收益以“－”号填列）		
财务费用（收益以“－”号填列）		
投资损失（收益以“－”号填列）		

续表

补充资料	本期金额	上期金额
递延所得税资产减少（增加以“－”号填列）		
递延所得税负债增加（减少以“－”号填列）		
存货的减少（增加以“－”号填列）		
经营性应收项目的减少（增加以“－”号填列）		
经营性应付项目的增加（减少以“－”号填列）		
其他		
经营活动产生的现金流量净额		
2. 不涉及现金收支的重大投资和筹资活动：		
债务转为资本		
一年内到期的可转换公司债券		
融资租入固定资产		
3. 现金及现金等价物净变动情况：		
现金的期末余额		
减：现金的期初余额		
加：现金等价物的期末余额		
减：现金等价物的期初余额		
现金及现金等价物净增加额		

（三）现金流量表的编制方法

编制现金流量表时，列报经营活动现金流量的方法有两种：一是直接法，二是间接法。

直接法，是指按现金收入和现金支出的主要类别直接反映企业经营活动产生的现金流量。例如，销售商品、提供劳务收到的现金，购买商品、接受劳务支付的现金等，就是按现金收入和支出的类别直接反映的。在直接法下，一般是以利润表中的营业收入为起算点，调节与经营活动有关的项目的增减变动，然后计算出经营活动产生的现金流量。

间接法，是指以净利润为起算点，调整不涉及现金的收入、费用、营业外收支等有关项目，剔除投资活动、筹资活动对现金流量的影响，据此计算出经营活动产生的现金流量。由于净利润是按照权责发生制原则确定的，且包括了与投资活动和筹资活动相关的收益和费用，将净利润调节为经营活动现金流量，实际上就是将按权责发生制原则确定的净利润调整为现金净流入，并剔除投资活动和筹资活动对现金流量的影响。

采用直接法编报的现金流量表，便于分析企业经营活动产生的现金流量的来源和用途，预测企业现金流量的未来前景；采用间接法编报的现金流量表，便于将净利润与经营活动产生的现金流量净额进行比较，了解净利润与经营活动产生的现金流量差异的原因，从现金流量的角度分析净利润的质量。所以，我国企业会计准则规定企业应当采用直接法编报现金流量表，同时要求在附注（即补充资料表）中提供以净利润为基础调节到经营活动现金流量的信息。

四、所有者权益变动表

所有者权益变动表，是指反映构成所有者权益各组成部分当期增减变动情况的报表。所有者权益变动表应当全面反映一定时期所有者权益变动的情况，不仅包括所有者权益总量的增减变动，还包括所有者权益增减变动的重要结构性信息，让报表使用者准确理解所有者权益增减变动的根源。

（一）所有者权益变动表的格式和内容

为了清楚地表明构成所有者权益的各组成部分当期的增减变动情况，所有者权益变动表应当以矩阵的形式列示：一方面，列示导致所有者权益变动的交易或事项，从所有者权益变动的来源，对一定时期所有者权益变动情况进行全面反映；另一方面，按照所有者权益各组成部分（包括实收资本、其他权益工具、资本公积、其他综合收益、盈余公积、未分配利润和库存股等）及其总额列示交易或事项对所有者权益的影响。

此外，企业还需要提供比较所有者权益变动表，即所有者权益变动表的各项目还设有“本年金额”和“上年金额”两栏。

一般企业所有者权益变动表的格式和内容如表 3 - 6 所示。

（二）所有者权益变动表的编制方法

1. “上年金额”栏的填列方法

所有者权益变动表“上年金额”栏内各项数字，应根据上年度所有者权益变动表“本年金额”栏内所列数字填列。如果上年度所有者权益变动表规定的各个项目的名称和内容同本年度不一致，应对上年度所有者权益变动表各项目的名称和数字按本年度的规定进行调整，填入所有者权益变动表“上年金额”栏内。

2. “本年金额”栏的填列方法

所有者权益变动表“本年金额”栏内各项数字一般应根据“实收资本（或股本）”“资本公积”“盈余公积”“利润分配”“库存股”“以前年度损益调整”等科目及其明细科目的发生额分析填列。

表 3－6 **所有者权益变动表**

编制单位： ____年度 单位：元

项目	本年金额												上年金额											
	实收资本（或股本）	其他权益工具			资本公积	减：库存股	其他综合收益	专项储备	盈余公积	未分配利润	所有者权益合计	实收资本（或股本）	其他权益工具			资本公积	减：库存股	其他综合收益	专项储备	盈余公积	未分配利润	所有者权益合计
		优先股	永续债	其他									优先股	永续债	其他							
一、上年年末余额																								
加：会计政策变更																								
前期差错更正																								
其他																								
二、本年年初余额																								
三、本年增减变动金额（减少以"－"号填列）																								
（一）综合收益总额																								
（二）所有者投入和减少资本																								
1. 所有者投入的普通股																								
2. 其他权益工具持有者投入资本																								
3. 股份支付计入所有者权益的金额																								
4. 其他																								
（三）利润分配																								
1. 提取盈余公积																								
2. 对所有者（或股东）的分配																								
3. 其他																								
（四）所有者权益内部结转																								
1. 资本公积转增资本（或股本）																								
2. 盈余公积转增资本（或股本）																								
3. 盈余公积弥补亏损																								
4. 设定受益计划变动额结转留存收益																								
5. 其他综合收益结转留存收益																								
6. 其他																								
四、本年年末余额																								

第四章 财务分析思维

第一节 财务分析基础

一、财务分析与税务执法的关系

财务分析，是指利用财务报表的数据，并结合其他会计核算数据和其他有关的补充信息，对企业的财务状况、经营成果和现金流量进行综合比较与评价的活动。

不同的报表使用者进行的财务分析，各有不同的分析重点，但也有共同的基本内容，主要包括以下四个方面：

（1）分析企业的偿债能力。分析企业资产的结构，估量所有者权益对债务资金的利用程度，制定企业筹资策略。

（2）评价企业资产的营运能力。分析企业资产的分布情况和周转使用情况，测算企业未来的资金需用量。

（3）评价企业的盈利能力。分析企业利润目标的完成情况和不同年度盈利水平的变动情况，预测企业盈利前景。

（4）评价企业的资金实力。分析企业在一个会计期间内经营活动、投资活动、筹资活动的现金流入和流出情况，判断企业获取现金的能力和现金使用效益，预测企业未来现金流量。

以上四项分析内容互相联系、互相补充，可综合描述企业的财务状况、经营成果和现金流量，以满足不同报表使用者对财务信息的需要。

企业的纳税义务伴随着企业各项经济业务活动的发生而产生，企业的财务状况、经营成果和现金流量同样反映了企业的纳税状况、纳税义务大小和纳税能力。因此，税务部门根据税务执法的需要，除了要利用纳税人的会计数据进行纳税指标分析外，还要利用财务分析指标进行涉税分析，从而判断纳税人是否存在涉税风险。特别是在建立纳税评估制度和引入风险管理模式后，税务部门更加注重会计数据的全面指标分析，尤其是充分利用财务分析指标进行纳税状况分析，以提高税务风险识别和应对的准确性。

新时代以税收大数据为驱动力的智慧税务，全面、充分利用会计数据、智能化指标，分析识别税务风险将会更加精准。这就要求税务人员同样要学习掌握各种财务分析方法，养成良好的、与智慧税务相适配的财务分析思维，才能做到精细服务、精准监管，从而贯彻落实好中办、国办印发的《关于进一步深化税收征管改革的意见》。

二、财务分析的基本方法

（一）比较分析法

比较分析法是按照特定的指标将客观事物加以比较，从而认识事物的本质和规律并作出正确的评价。财务报表的比较分析法，是指对两个或两个以上的可比数据进行对比，找出企业财务状况、经营成果及现金流量中的差异与问题。

根据比较对象的不同，比较分析法分为趋势分析法、横向比较法和预算差异分析法。趋势分析法的比较对象是本企业的历史数据；横向比较法的比较对象是行业同类企业的数据，如行业平均数据或竞争对手数据；预算差异分析法的比较对象是预算数据。在财务分析中，最常用的比较分析法是趋势分析法。趋势分析法是通过对比本企业两期或连续数期会计报表中的相同指标，确定其增减变动的方向、数额和幅度，来说明企业财务状况、经营成果及现金流量变动趋势的一种方法。采用这种方法，可以分析引起变化的主要原因、变动的性质，并预测企业未来的发展趋势。

比较分析法的具体运用主要有重要财务指标的比较、会计报表的比较和会计报表项目构成的比较三种方式。

采用比较分析法时，通常还要关注并处理好以下三点：①用于对比的各个时期的指标，其计算口径必须保持一致；②应剔除偶发性项目的影响，使分析所利用的数据能反映正常的生产经营状况；③应运用例外原则对某项有显著变动的指标作重点分析，分析其产生的原因，以便采取对策，趋利避害。

（二）比率分析法

比率分析法是通过计算各种比率指标来确定财务活动变动程度的方法。比率指标的类型主要有构成比率、效率比率和相关比率三类。构成比率又称结构比率，是某项财务指标的各组成部分数值占总体数值的百分比，反映部分与总体的关系。效率比率是某项财务活动中所费与所得的比率，反映投入与产出的关系。利用效率比率指标，可以进行得失比较，考察经营成果，评价经济效益。相关比率是以某个项目和与其有关但又不同的项目加以对比所得的比率，反映有关经济活动的相互关系。利用相关比率指标，可以考察企业相互关联的业务安排是否合理，以保障经营活动顺畅进行。

采用比率分析法时，应当注意以下三点：①对比项目的相关性，②对比口径的一致性，③衡量标准的科学性。

（三）因素分析法

因素分析法是依据分析指标与其影响因素的关系，从数量上确定各因素对分析指标影响方向和影响程度的一种方法。

因素分析法有连环替代法和差额分析法两种具体方法。

1. 连环替代法

连环替代法是将分析指标分解为各个可以计量的因素，并根据各个因素之间的依存关系，顺次用各因素的比较值（通常为实际值）替代基准值（通常为标准值或计划值），据以测定各因素对分析指标的影响。

【例4－1】甲公司2021年10月某种原材料费用的实际数为4620元，而其计划数为4000元，实际比计划增加620元。由于原材料费用是由产品产量、单位产品材料消耗量和材料单价三个因素的乘积组成，因此，可以把材料费用这一总指标分解为三个因素，然后逐项分析它们对材料费用总额的影响程度。现假设这三个因素的数值如表4－1所示。

表4－1　　影响材料费用三个因素的数值

项　目	单位	计划数	实际数
产品产量	件	100	110
单位产品材料消耗量	千克	8	7
材料单价	元	5	6
材料费用总额	元	4000	4620

根据表4－1的资料，材料费用总额实际数较计划数增加620元。运用连环替代法，可以计算各因素变动对材料费用总额的影响。

计划指标：100 × 8 × 5 = 4000（元） ①

第一次替代：110 × 8 × 5 = 4400（元） ②

第二次替代：110 × 7 × 5 = 3850（元） ③

第三次替代：110 × 7 × 6 = 4620（元） ④

实际指标：

产量增加的影响：② - ① = 4400 - 4000 = 400（元）

材料节约的影响：③ - ② = 3850 - 4400 = -550（元）

价格上涨的影响：④ - ③ = 4620 - 3850 = 770（元）

全部因素的影响：400 - 550 + 770 = 620（元）

由此可知，材料价格的上涨是材料费用总额增加的主要因素。

2. 差额分析法

差额分析法是连环替代法的一种简化形式，它是利用各个因素的比较值与基准值之间的差额，计算各因素对分析指标的影响程度。

【例4-2】沿用表4-1中的资料。可采用差额分析法计算确定各因素变动对材料费用的影响程度。

（1）由于产量增加对材料费用的影响为：

对材料费用的影响 =（110 - 100）× 8 × 5 = 400（元）

（2）由于材料消耗节约对材料费用的影响为：

对材料费用的影响 =（7 - 8）× 110 × 5 = -550（元）

（3）由于价格上涨对材料费用的影响为：

对材料费用的影响 =（6 - 5）× 110 × 7 = 770（元）

采用因素分析法时，必须注意以下四点：①因素分解的关联性。构成经济指标的因素，必须客观上存在因果关系，并能够反映形成该项指标差异的内在构成原因，否则就失去了应用价值。②因素替代的顺序性。确定替代因素时，必须根据各因素的依存关系，遵循一定的顺序并依次替代，不可随意加以颠倒，否则就会得出不同的计算结果。③顺序替代的连环性。因素分析法在计算每一因素变动的影响时，都是在前一次计算的基础上进行，并采用连环比较的方法确定因素变化的影响结果。④计算结果的假定性。由于因素分析法计算的各因素变动的影响数，会因替代顺序不同而有差别，因而计算结果不免带有假定性，即它不可能使每个因素计算的结果都达到绝对的准确。为此，分析时应力求使假定合乎逻辑，才具有实际经济意义，不至于妨碍分析的有效性。

上述三种财务分析方法属于传统财务分析方法，在使用过程中逐渐显现出以下两个明显弊端：

第一，方法固有缺陷。不同的分析方法往往存在各自固有的不足，例如：比率分析法只关注企业财务比率的高低，而忽视其近年来的变动程度；因素分析法只能探寻影响财务状况变化的主要因素，而对于指标本身的高低判断无能为力。因此，如果只单一地采用一种方法进行财务报表分析，企业财务状况必然无法得到全面的反映。

第二，缺乏前瞻性预测。传统财务报表分析着眼于对过去一段时间内经营情况和财务数据的分析，但过去的数据具有一定的滞后性，未能把企业未来的预测融入其中，而仅仅是静态角度的分析。这样的分析结果为企业未来发展所能提供的借鉴意义必然是有限的。

（四）杜邦分析法

杜邦分析法是财务分析方法中应用较为广泛的综合性分析方法之一，源自美国杜邦公司的一名销售人员。杜邦分析法是利用多个财务比率指标之间的内在联系，对企业财务状况进行综合分析。杜邦分析体系的核心指标为净资产收益率，通过层层分解，将净资产收益率分解为多项财务比率的乘积，各层级公式如同网络般紧密交织，各项财务比率的层层结合使之成为一个完整的体系。杜邦分析法倾向于通过盈利水平的测量来评价股东对公司投入资本的回报水平，它将企业的盈利状况、经营效率和承受风险的能力有机结合，条理清晰、层次分明，因此在各种财务分析方法中，杜邦分析法以逻辑性和体系化为优势获得广泛青睐。

利用杜邦分析法，可将各种财务指标间的关系，绘制成杜邦分析图。杜邦分析图中指标之间的关系为：

净资产收益率 = 总资产报酬率 × 权益乘数

总资产报酬率 = 销售（营业）净利润率 × 总资产周转率

权益乘数 = 1 ÷（1 − 资产负债率）

某公司的杜邦分析图如图 4 - 1 所示。

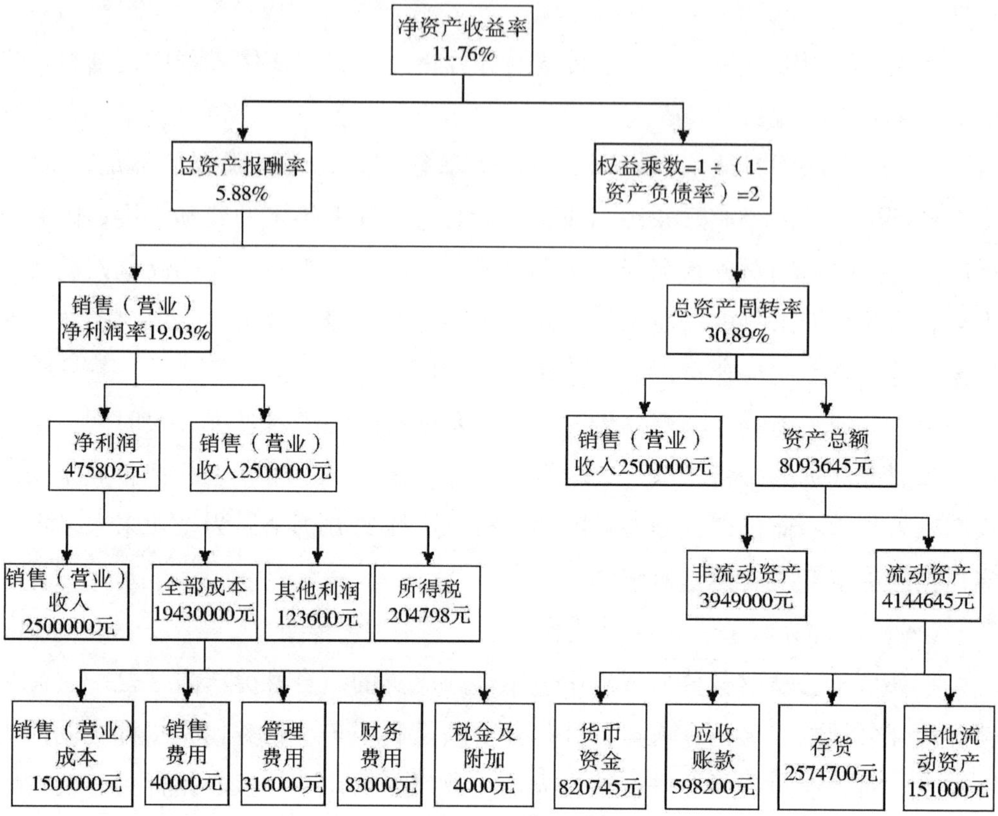

图 4-1 某公司杜邦分析图

杜邦分析图可以提供下列 5 个主要的财务指标关系：

（1）净资产收益率是综合性最强的财务比率，也是杜邦财务分析系统的核心指标。净资产收益率反映所有者权益的获利能力，反映企业筹资、投资、资产运营等活动的效率，提高净资产收益率是所有者利润最大化的基本保证。从上述公式来看，净资产收益率的高低，取决于总资产报酬率和权益乘数。

（2）总资产报酬率是销售（营业）净利润率和总资产周转率的乘积，因此，需要进一步从销售成果和资产运营两方面进行分析。

（3）销售净利润率反映了企业净利润与销售收入的关系，提高销售净利润率是提高企业盈利能力的关键所在。影响销售净利润率的主要因素：一是销售收入，二是成本费用。分析时，要从这两个方面入手进行详尽分析。

（4）总资产周转率是反映资产管理效率的财务指标。对总资产周转率的分析要从影响总资产周转的各因素进行分析。除了对资产的各构成部分从占用量上是否合理进行分析外，还应对流动资产周转率、存货周转率、应收账款周转率等各有关资产组成部分的使用效率作深入分析，以找出影响总资产周转的问题所在。

（5）权益乘数反映所有者权益同企业总资产的关系，它主要受资产负债率的影响。资产负债率越大，权益乘数越高，说明企业有较高的负债程度，既可能给企业带来较多的杠杆利益，也可能带来较大的财务风险，要联系企业的资本结构进行深入分析。

从杜邦分析图中可以看出，净资产收益率与企业的销售规模、成本水平、资产运营、资本结构有着密切的关系，这些因素构成一个相互依存的系统。只有把这个系统内的各个因素协调好，才能保证净资产收益率最大，进而实现企业的理财目标。

【例4－3】 某企业有关财务数据及分析如表4－2、表4－3所示。

表4－2　基本财务数据　　单位：万元

年度	净利润	销售收入	平均资产总额	平均负债总额	全部成本	制造成本	销售费用	管理费用	财务费用
2020	10284.04	411224.01	306222.94	205677.07	403967.43	373534.53	10203.05	18667.77	1562.08
2021	12653.92	757613.81	330580.21	215659.54	736747.24	684261.91	21740.96	25718.20	5026.17

表4－3　财务比率

比率	2020年	2021年
净资产收益率（%）	10.22	11.00
权益乘数	3.05	2.88
资产负债率（%）	67.17	65.24
总资产报酬率（%）	3.35	3.82
销售净利润率（%）	2.50	1.67
总资产周转率（次）	1.34	2.29

（1）对净资产收益率的分析。

该企业的净资产收益率在2021年出现了一定程度的好转，从2020年的10.22%增加至2021年的11.00%。企业的投资者在很大程度上依据这个指标来判断是否投资或是否转让股份，考察经营者业绩和决定股利分配政策。这个指标对企业的管理者也至关重要。

净资产收益率＝总资产报酬率×权益乘数

2020年：净资产收益率=3.35%×3.05=10.22%

2021年：净资产收益率=3.82%×2.88=11.00%

通过分解可以明显地看出，该企业净资产收益率的变动是资本结构（权益乘数）变动和资产利用效果（总资产报酬率）变动两方面共同作用的结果，而该企业的总资产报酬率太低，显示资产利用效果欠佳。

（2）对总资产报酬率的分析。

总资产报酬率=销售净利润率×总资产周转率

2020年：总资产报酬率=2.5%×1.34=3.35%

2021年：总资产报酬率=1.67%×2.29=3.82%

通过分解可以看出2021年该企业的总资产周转率有所提高，说明资产的利用得到了比较好的控制，显示出比前一年较好的效果，表明该企业利用其总资产产生销售收入的效率在增加。总资产周转率提高的同时销售净利润率降低，阻碍了总资产报酬率的增长。

（3）对销售净利润率的分析。

销售净利润率=净利润÷销售收入

2020年：销售净利润率=10284.04÷411224.01×100%=2.50%

2021年：销售净利润率=12653.92÷757613.81×100%=1.67%

该企业2021年大幅提高了销售收入，但是净利润的提高幅度却很小，导致销售净利润率不升反降。

（4）对全部成本的分析。

全部成本=制造成本+销售费用+管理费用+财务费用

2020年：全部成本=373534.53+10203.05+18667.77+1562.08=403967.43（万元）

2021年：全部成本=684261.91+21740.96+25718.20+5026.17=736747.24（万元）

全部成本从2020年的403967.43万元增加到2021年的736747.24万元，增长幅度为82.38%［（736747.24−403967.43）÷403967.43×100%］，与销售收入的增长幅度84.23%［（757613.81−411224.01）÷411224.01×100%］大致相当。

虽然企业的销售收入大幅增加，但因为全部成本的大幅提高，导致了净利润的提高幅度不大，从而引起了销售净利润率下降，显示出该企业销售盈利能力的降低。总资产报酬率的提高归功于总资产周转率的提高。

（5）对权益乘数的分析。

权益乘数 =1 ÷（1 - 资产负债率）= 平均资产总额 ÷（平均资产总额 - 平均负债总额）

2020 年：权益乘数 =306222.94 ÷（306222.94 - 205677.07）=3.05

2021 年：权益乘数 =330580.21 ÷（330580.21 - 215659.54）=2.88

该企业权益乘数的下降，说明企业的资本结构在2021 年发生了变动。权益乘数越小，企业负债程度越低，偿还债务能力越强，财务风险有所降低。这个指标同时也反映了财务杠杆对利润水平的影响。该企业的权益乘数处于 2 ~ 5 之间，也即负债率在50% ~80%之间，属于激进战略型企业。管理者应该准确把握企业所处的环境，准确预测利润，合理控制负债带来的风险。

（6）结论。

该企业最为重要的是要努力降低各项成本，在控制成本上下功夫，同时要保持较高的总资产周转率。这样，可以使销售净利润率得到提高，相应地使总资产报酬率有大的提高，从而使净资产收益率得到提高。

（五）沃尔评分法

沃尔评分法是一种以数据为基础、以综合性理论评分制为实质的财务分析方法。该方法的主要优势在于它更全面，对企业信用数据的理论性评价相对来说较为准确。

沃尔评分法起源于亚历山大 · 沃尔在1928 年提出的信用能力指数概念，是财务分析理论中用于评价企业信用状况的主要方法。

沃尔评分法先选取与盈利能力、发展能力和偿债能力相关的七大财务指标进行计算，然后赋予其不同权重，并将实际值与行业标准值相比较，最后评出各项指标的评分。该方法的最大特点是将财务比率与线性规划两者结合，直接以评分的方式对企业财务状况进行展示，因而在形式上非常直观。

（六）哈佛分析框架

哈佛分析框架是由美国哈佛大学的三位教授共同提出的，该框架包含了四大具体模块，即战略分析、会计分析、财务分析和前景分析，如图 4 - 2 所示，四大模块彼此联系，构成了一个完整的分析体系。

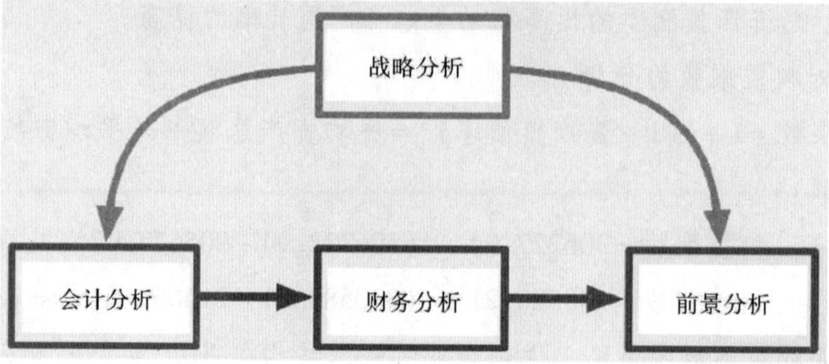

图 4-2 哈佛分析框架图

战略分析是哈佛分析的起点，也是哈佛分析独具的特色。哈佛分析将其作为传统财务信息所缺失的部分予以弥补，通过战略层面分析可以展示出公司目前所处的竞争环境、基本战略选择以及对未来的规划。进行宏观环境分析时，PEST 分析法①一般更为常用，而从微观层面分析企业环境时，SWOT 分析法②更为常见，两种方法结合使用，才能完全地展示公司内外部环境，反映战略选择的原因。

会计分析主要针对企业披露的会计信息进行分析。由于很多会计政策和会计估计是由公司管理层自主选定的，那么就存在管理层为粉饰报表而故意选择不合理或不恰当的会计政策的可能性。所以，会计分析的意义就在于通过对重点会计科目的会计政策和会计估计适用性的知晓，评价所披露的会计信息的质量。会计分析可以帮助判断企业披露的会计信息对于企业真实情况的反映程度、反映报表使用者是否可以对企业发布的财务信息予以信任，因此也有助于下一步的财务分析。

财务分析是整个哈佛分析框架中四大分析模块的核心之处。传统的财务分析往往只是对单一数据或指标进行分析，而哈佛分析通过系统的、全面的指标分析，克服了传统财务分析的局限之处。哈佛分析包括五大类，分别是营运能力分析、发展能力分析、现金流量分析、偿债能力分析、盈利能力分析。同时，每种分析还能结合比率分析、趋势分析、结构分析、横向纵向对比分析等

① PEST 分析法，是指对宏观环境的分析，P 是政治（politics）、E 是经济（economy）、S 是社会（society）、T 是技术（technology）。通常是通过这四个因素来分析企业集团所面临的宏观环境状况。

② SWOT 分析法，称为态势分析法，亦可称为优劣势分析法。S 是优势（strengths）、W 是劣势（weaknesses）、O 是机会（opportunities）、T 是威胁（threats）。

方法，使得报表使用者能够最为全面地了解企业各方面财务状况，进而为决策提供借鉴。

前景分析在哈佛分析框架中往往占据最后一环，这是因为任何的财务分析其最终目的都是为企业未来决策提供服务。通过了解企业所处环境和基本战略、确定会计政策适用性和各项财务指标完成情况，下一步就是要对企业未来发展前景进行预测和评价。这种前瞻性的预测也是哈佛分析区别于传统分析方法的一个方面，它基于企业过去的经营情况，着眼于未来的发展方向，识别企业未来可能面对的机遇和挑战，能够为企业决策提供支持。

上述四大分析模块并非相互孤立，而是紧密联系、层层递进。从战略层面纵览全局，从会计层面关注具体科目，从财务层面分析企业各项能力，在这三项基础之上为未来作出前景预测，从而形成一个完整的逻辑体系。

各种财务分析方法各有优劣，无绝对的好坏之分。但对于企业来说，财务分析方法的选择需要结合企业自身的实际情况，能够将财务分析方法的优势与企业实际结合的最为有效的方法即为最适合的方法。

三、资金时间价值与基本算法

（一）资金时间价值的含义

1. 资金时间价值的概念

资金时间价值，是指一定量资金在不同时点上价值量的差额，也称为货币时间价值。资金在周转过程中会随着时间的推移而发生增值，使资金在投入、收回的不同时点上价值不同，形成价值差额。

日常生活中，经常会遇到这样一种现象，一定量的资金在不同时点上具有不同价值，现在的 1 元钱比将来的 1 元钱更值钱。例如，现在有 1000 元，存入银行，银行的年利率为 5%，1 年后可得到 1050 元，于是现在 1000 元等值于 1 年后的 1050 元。因为这 1000 元经过 1 年的时间增值了 50 元，这增值的 50 元就是资金经过 1 年的时间价值。同样，企业的资金投到生产经营中，经过生产过程的不断运行、资金的不断运动，随着时间的推移会创造新的价值，使资金得以增值。因此，一定量的资金投入生产经营或存入银行，会取得一定利润和利息，从而产生资金的时间价值。

2. 资金时间价值产生的条件

资金时间价值产生的前提条件，是由于商品经济的高度发展和借贷关系的普遍存在，出现了资金使用权与所有权的分离。资金的所有者把资金使用权转让给使用者，使用者必须把资金增值的一部分支付给资金的所有者作为报酬，资金占用的金额越大，使用的时间越长，所有者所要求的报酬就越高。资金在周转过程中的价值增值是资金时间价值产生的根本源泉。

3. 资金时间价值的表示

资金时间价值可用绝对数（利息）和相对数（利息率）两种形式表示，通常用相对数表示。资金时间价值的实际内容是在没有风险和没有通货膨胀条件下的社会平均资金利润率，是企业资金利润率的最低限度，也是使用资金的最低成本率。

由于资金在不同时点上具有不同的价值，不同时点上的资金就不能直接比较，必须换算到相同的时点上，才能比较。因此，掌握资金时间价值的计算就很重要。资金时间价值的计算包括一次性收付款项和非一次性收付款项（年金）的终值、现值。

（二）一次性收付款项的终值和现值

一次性收付款项，是指在某一特定时点上一次性支出或收入，经过一段时间后再一次性收回或支出的款项。例如，现在将一笔10000元的现金存入银行，5年后一次性取出本利和。

资金时间价值的计算，涉及两个重要的概念：现值和终值。现值又称本金，是指未来某一时点上的一定量现金折算到现在的价值。终值又称将来值或本利和，是指现在一定量的现金在将来某一时点上的价值。由于终值与现值的计算与利息的计算方法有关，而利息的计算有复利和单利两种，因此终值与现值的计算也有单利和复利之分。

1. 单利的终值和现值

单利，是指只对本金计算利息，利息部分不再计息，通常用 P 表示现值，F 表示终值，i 表示利率（贴现率、折现率），n 表示计算利息的期数，I 表示利息。

（1）单利的利息。

$I = P \times i \times n$

（2）单利的终值。

$F = P \times (1 + i \times n)$

（3）单利的现值。

$P = F \div (1 + i \times n)$

【例4－4】 某人将一笔5000元的现金存入银行，银行一年期定期利率为5%。

请计算：第1年和第2年的利息、终值。

解：$I_1 = P \times i \times n = 5000 \times 5\% \times 1 = 250$（元）

$I_2 = P \times i \times n = 5000 \times 5\% \times 2 = 500$（元）

$F_1 = P \times (1 + i \times n) = 5000 \times (1 + 5\% \times 1) = 5250$（元）

$F_2 = P \times (1 + i \times n) = 5000 \times (1 + 5\% \times 2) = 5500$（元）

从上面计算中，显而易见第1年的利息在第2年不再计息，只有本金在第2年计息。

【例4－5】 某人希望5年后获得10000元本利和，银行利率为5%（无特殊说明，本章例题中的利率均为年利率）。

请计算：该人现在须存入银行多少资金？

解：$P = F \div (1 + i \times n)$

$= 10000 \div (1 + 5\% \times 5) = 8000$（元）

上面求现值的计算，也可称为贴现值的计算，贴现使用的利率称贴现率。

2. 复利的终值和现值

复利，是指不仅对本金要计息，而且对本金所生的利息也要计息，即“利滚利”。

（1）复利的终值。

复利的终值，是指一定量的本金按复利计算的若干年后的本利和。

复利终值的计算公式为：

$F = P \times (1 + i)^n$

上式中 $(1 + i)^n$ 称为“复利终值系数”或“1元复利终值系数”，用符号 $(F/P, i, n)$ 表示，其数值可查阅1元复利终值表。

【例4－6】 某人现在将5000元存入银行，银行利率为5%。

请计算：第1年和第2年的本利和。

解：第1年的 $F = P \times (1 + i)^1$

$= 5000 \times (F/P, 5\%, 1)$

$= 5000 \times 1.05 = 5250$（元）

第2年的 $F = P \times (1 + i)^2$

$= 5000 \times (F/P, 5\%, 2)$

$=5000\times1.1025=5512.5$（元）

上式中的（F/P，5%，2）表示利率为5%，期限为2年的复利终值系数，在复利终值表上，可查到（F/P，5%，2）$=1.1025$。该系数表明，在年利率为5%的条件下，现在的1元与2年后的1.1025元等值。

将单利终值与复利终值比较，发现在第1年单利终值和复利终值是相等的，在第2年单利终值和复利终值不相等，两者相差12.5元（5512.5－5500），这是因为第1年本金所生的利息在第2年也要计算利息，即 $250\times5\%=12.5$（元）。因此，从第2年开始，单利终值和复利终值是不相等的。

（2）复利的现值。

复利现值，是指在将来某一特定时间取得或支出一定数额的资金，按复利折算到现在的价值。

复利现值的计算公式为：

$$P=F\div(1+i)^n=F\times(1+i)^{-n}$$

式中的 $(1+i)^{-n}$ 称为"复利现值系数"或"1元复利现值系数"，用符号（P/F，i，n）表示，其数值可查阅1元复利现值表。

【例4－7】某人希望5年后获得10000元本利，银行利率为5%。

请计算：该人现在应存入银行多少资金?

解：$P=F\times(1+i)^{-n}=F\times(P/F,5\%,5)$

$=10000\times0.7835=7835$（元）

（P/F，5%，5）表示利率为5%，期限为5年的复利现值系数。在复利现值表上，可查到（P/F，5%，5）$=0.7835$。该系数表明，在年利率为5%的条件下，5年后的1元与现在的0.7835元等值。

（三）年金的终值和现值

年金，是指一定时期内，每隔相同的时间收入或支出相同金额的系列款项。例如租金、等额分期付款、养老金、保险费、零存整取等都属于年金问题。年金具有连续性和等额性特点。连续性要求在一定时间内，间隔相等时间就要发生一次收支业务，中间不得中断，必须形成系列。等额性要求每期收、付款项的金额必须相等。

年金根据每次收付发生的时点不同，可分为普通年金、预付年金、递延年金和永续年金四种。

1. 普通年金

普通年金，是指在每期的期末，间隔相等时间，收入或支出相等金额的系列款项。每一间隔期，有期初和期末两个时点，由于普通年金是在期末这个时点上发生收、付，故又称后付年金。

（1）普通年金的终值。

普通年金的终值，是指每期期末收入或支出的相等款项，按复利计算，在最后一期所得的本利和。每期期末收入或支出的款项用 A 表示，利率用 i 表示，期数用 n 表示，那么每期期末收入或支出的款项，折算到第 n 年的终值如图4－3 所示。

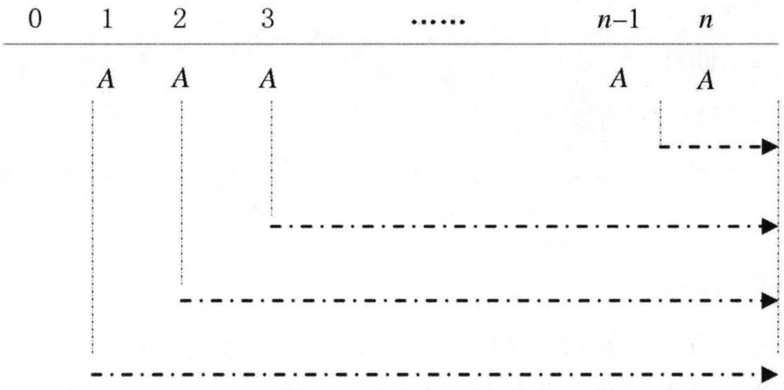

图 4－3 普通年金终值折算

第 n 年支付或收入的款项 A 折算到最后一期（第 n 年），其终值为 $A \times (1+i)^0$

第 $n-1$ 年支付或收入的款项 A 折算到最后一期（第 n 年），其终值为 $A \times (1+i)^1$

……

第 3 年支付或收入的款项 A 折算到最后一期（第 n 年），其终值为 $A \times (1+i)^{n-3}$

第 2 年支付或收入的款项 A 折算到最后一期（第 n 年），其终值为 $A \times (1+i)^{n-2}$

第 1 年支付或收入的款项 A 折算到最后一期（第 n 年），其终值为 $A \times (1+i)^{n-1}$

因此 n 年的年金终值为：

$F_A = A \times (1+i)^0 + A \times (1+i)^1 + \cdots + A \times (1+i)^{n-3} + A \times (1+i)^{n-2} + A \times (1+i)^{n-1}$

经整理：$F_A = A \times \frac{(1+i)^n - 1}{i}$

$\frac{(1+i)^n - 1}{i}$称为“年金终值系数”或“1元年金终值系数”，记为（F/A，i，n），表示年金为1元、利率为i、经过n期的年金终值数，可直接查1元年金终值表。

【例4-8】某人连续5年每年年末存入银行10000元，年利率为5%。

请计算：第5年年末的本利和。

解：$F_A = A \times (F/A, 5\%, 5)$

$= 10000 \times 5.5256$

$= 55256$（元）

上面计算表明，每年年末存10000元，连续存5年，到第5年年末可得55256元。

（2）年偿债基金。

计算年金终值，一般是已知年金，然后求终值。有时会碰到已知年金终值，反过来求每年支付的年金数额，这是年金终值的逆运算，称作年偿债基金的计算，计算公式如下：

$A = F_A \times \frac{i}{(1+i)^n - 1}$

$\frac{i}{(1+i)^n - 1}$称作“偿债基金系数”，记为（A/F，i，n），可查偿债基金系数表，也可根据年金终值系数的倒数来得到。即：（A/F，i，n）$= 1 \div$（F/A，i，n）。利用偿债基金系数可把年金终值折算为每年需要支付的年金数额。

【例4-9】某人在5年后要偿还一笔50000元的债务，银行利率为5%。

请计算：为归还这笔债务，每年年末应存入银行多少元？

解：$A = F_A \times (A/F, i, n)$

$= 50000 \times (A/F, 5\%, 5)$

$= 50000 \times [1 \div (F/A, 5\%, 5)]$

$= 50000 \times 1 \div 5.5256$

$= 9048.79$（元）

在银行年利率为5%时，每年年末应存入银行9048.79元，5年后才能还清债务50000元。

（3）普通年金的现值。

普通年金的现值，是指一定时期内每期期末等额收支款项的复利现值之和。实际上就是指为了在每期期末取得或支出相等金额的款项，现在需要一次投入或借入多少金额，年金现值用 P_A 表示，其计算如图4－4所示。

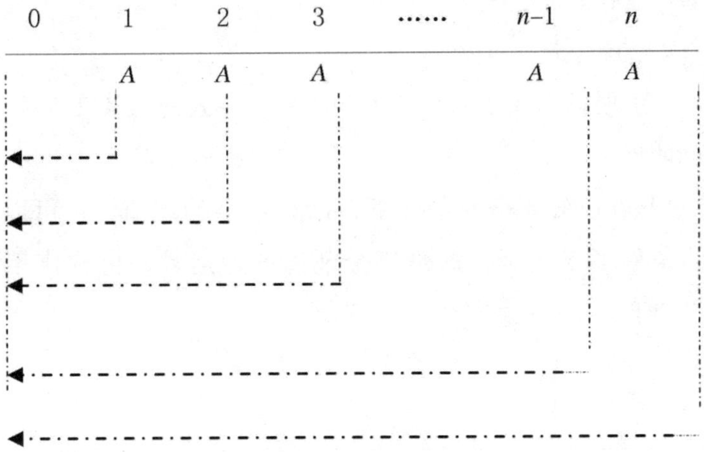

图4－4　普通年金现值折算

要将每期期末的收支款项全部折算到时点0，则：

第1年年末的年金 A 折算到时点0的现值为 $A\times(1+i)^{-1}$

第2年年末的年金 A 折算到时点0的现值为 $A\times(1+i)^{-2}$

第3年年末的年金 A 折算到时点0的现值为 $A\times(1+i)^{-3}$

……

第（$n-1$）年年末的年金 A 折算到时点0的现值为 $A\times(1+i)^{-(n-1)}$

第 n 年年末的年金 A 折算到时点0的现值为 $A\times(1+i)^{-n}$

因此，n 年的年金现值为：

$$P_A=A\times(1+i)^{-1}+A\times(1+i)^{-2}+A\times(1+i)^{-3}+\cdots+A\times(1+i)^{-(n-1)}+A\times(1+i)^{-n}$$

$$P_A=A\times\left[\frac{1-(1+i)^{-n}}{i}\right]$$

$\frac{1-(1+i)^{-n}}{i}$ 称为“年金现值系数”或“1元年金现值系数”，记作（P/A，i，n），表示年金1元，利率为 i，经过 n 期的年金现值数，可查1元年金现值表。

【例4－10】 某人希望每年年末取得10000元，连续取5年，银行利率为5%。

请计算：第1年年初应一次存入多少元？

解：$P_A = A \times (P/A, i, n)$

$= 10000 \times (P/A, 5\%, 5)$

$= 10000 \times 4.3295$

$= 43295$（元）

为了每年年末取得10000元，第1年年初应一次存入43295元。

（4）年回收额。

上述（3）是在已知年金的条件下，计算年金的现值，也可以反过来在已知年金现值的条件下求年金，这是年金现值的逆运算，可称作年回收额的计算，计算公式如下：

$$A = P_A \times \frac{i}{1-(1+i)^{-n}}$$

$\frac{i}{1-(1+i)^{-n}}$称作“回收系数”，记作$(A/P, i, n)$，是年金现值系数的倒数，可查表获得，也可利用年金现值系数的倒数来求得。

【例4－11】 某人购入一套商品房，须向银行按揭贷款100万元，准备20年内于每年年末等额偿还，银行贷款利率为5%。

请计算：每年应归还多少元？

解：$A = P_A \times (A/P, i, n)$

$= 100 \times (A/P, 5\%, 20)$

$= 100 \times [1 \div (P/A, 5\%, 20)]$

$= 100 \times 1 \div 12.4622$

$= 8.0243$（万元）

2. 预付年金

预付年金，是指每期收入或支出相等金额的款项是发生在每期的期初，而不是期末，也称先付年金或即付年金。

预付年金与普通年金的区别在于收付款的时点不同。普通年金在每期的期末收付款项，预付年金在每期的期初收付款项，收付时间如图4－5、图4－6所示。

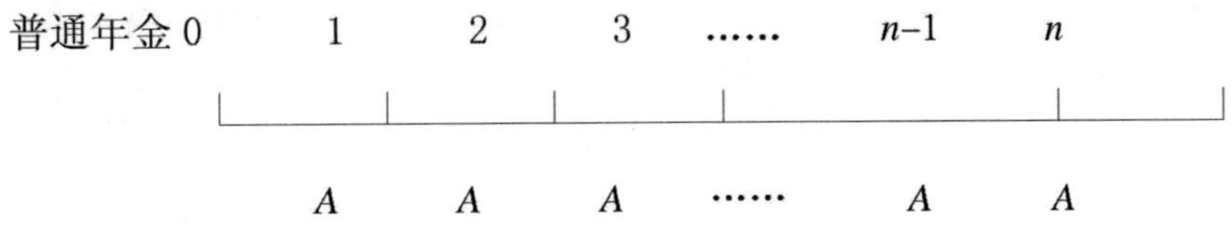

图 4－5　普通年金收付时间

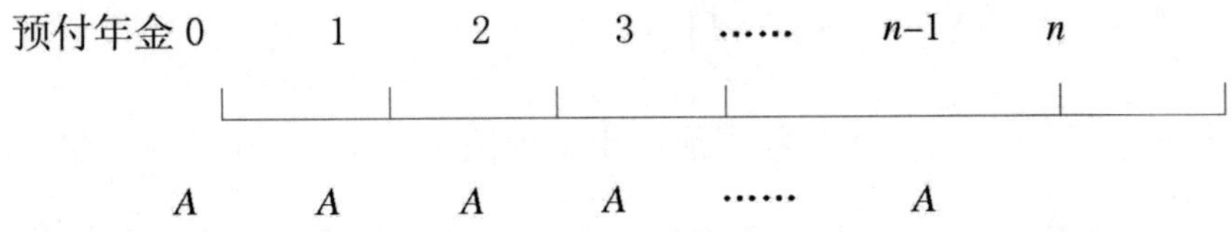

图 4－6　预付年金收付时间

从图 4－5 和图 4－6 可见，n 期的预付年金与 n 期的普通年金，其收付款次数是一样的，只是收付款时点不一样。如果计算年金终值，预付年金要比普通年金多计一年的利息；如果计算年金现值，则预付年金要比普通年金少折现一年。因此，在普通年金的现值、终值的基础上，乘上（$1+i$）便可计算出预付年金的现值与终值。

（1）预付年金的终值。

$$F_A = A \times \frac{(1+i)^n - 1}{i} \times (1+i)$$

$$= A \times \left[\frac{(1+i)^{n+1} - 1}{i} - 1 \right]$$

$\left[\frac{(1+i)^{n+1} - 1}{i} - 1 \right]$称为“预付年金系数”，记作［（$F/A$，$i$，$n+1$）－1］，可利用普通年金终值表查得（$n+1$）期的终值，然后减去 1，就可得到 1 元预付年金终值。

【例 4－12】 将【例 4－9】中收付款的时间改为每年年初，其余条件不变。请计算：第 5 年年末的本利和。

解：$F_A = A \times [(F/A, i, n+1) - 1]$

$= 10000 \times [(F/A, 5\%, 5+1) - 1]$

$= 10000 \times (6.8019 - 1)$

$= 58019$（元）

与【例4-8】的普通年金终值相比，相差2763元（58019-55256），该差额实际上就是预付年金比普通年金多计一年利息造成的，即55256×5%=2762.80（元）。

（2）预付年金的现值。

$$P_A=A\times\left[\frac{1-(1+i)^{-n}}{i}\right]\times(1+i)$$

$$=A\times\left[\frac{1-(1+i)^{-(n-1)}}{i}+1\right]$$

$\left[\frac{1-(1+i)^{-(n-1)}}{i}+1\right]$称为“预付年金现值系数”，记作[（P/A，i，n-1）+1]，可利用普通年金现值表查得（n-1）期的现值，然后加上1，就可得到1元预付年金现值。

【例4-13】 将【例4-10】中收付款的时间改在每年年初，其余条件不变。

请计算：第1年年初应一次存入多少钱?

解：$P_A=A\times[(P/A,\ i,\ n-1)+1]$

$=10000\times[(P/A,\ 5\%,\ 5-1)+1]$

$=10000\times(3.5460+1)$

$=45460$（元）

与【例4-10】普通年金现值相比，相差2165元（45460-43295），该差额实际上是由于预付年金现值比普通年金现值少折现一期造成的，即43295×5%=2164.75（元）。

3. 递延年金

前两种年金的第一次收付时间都发生在整个收付期的第一期，要么在第一期期末，要么在第一期期初。但有时会遇到第一次收付不发生在第一期，而是隔了几期后才在以后的每期期末或期初发生一系列的收支款项，这种年金形式就是递延年金，它是前两种年金的特殊形式。因此，凡是不在第一期开始收付的年金，称为递延年金。递延年金和普通年金的收付特点如图4-7、图4-8所示。

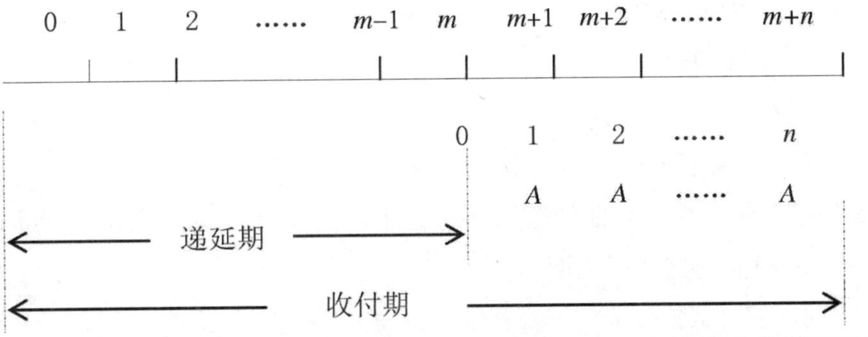

图4-7 递延年金收付特点

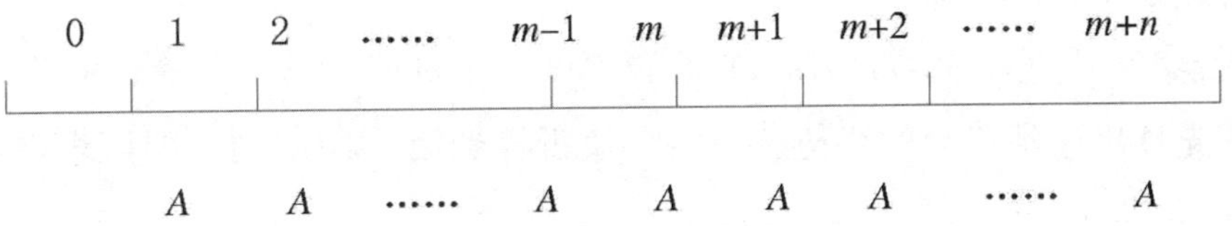

图4-8 普通年金收付特点

从图4-7可知，递延年金的第一次年金收付没有发生在第一期，而是隔了 m 期（这 m 期就是递延期），在第 $m+1$ 期才发生第一次收付，并且在以后的 n 期内，每期均发生等额的现金收支。与前两种年金相比，尽管期限一样，都是（$m+n$）期，但前两种年金在（$m+n$）期内，每期都要发生收支，而递延年金在（$m+n$）期内，只在后 n 期发生收支，前 m 期无收支发生。

下面介绍收付发生在期末的递延年金的终值和现值的计算。

（1）递延年金的终值。

在图4-7中，先不看递延期，年金一共支付了 n 期。只要将这 n 期年金折算到期末，即可得到递延年金终值。所以，递延年金终值的大小，与递延期无关，只与年金共支付了多少期有关，它的计算方法与普通年金相同。

$F_A = A \times (F/A, i, n)$

【例4-14】某企业于年初投资一个项目，估计从第5年开始至第10年，每年年末可获得收益10万元，假定年利率为5%。

请计算：投资项目年收益的终值。

解：$F_A = A \times (F/A, i, n)$

$= 10 \times (F/A, 5\%, 6)$

$=10\times 6.8019$

$=68.019$（万元）

（2）递延年金的现值。

递延年金的现值可用三种方法来计算：

①把递延年金视为 n 期的普通年金，求出年金在递延期期末 m 点的现值，再将 m 点的现值调整到第一期期初。

$P_A=A\times(P/A, i, n)\times(P/F, i, m)$

②先假设递延期也发生收支，则变成一个（$m+n$）期的普通年金，算出（$m+n$）期的年金现值，再扣除未发生年金收支的 m 期递延期的年金现值，即可求得递延年金的现值。

$P_A=A\times[(P/A, i, m+n)-(P/A, i, m)]$

③先算出递延年金的终值，再将终值折算到第一期期初，即可求得递延年金的现值。

$P_A=A\times(F/A, i, n)\times(P/F, i, m+n)$

【例 4-15】 某企业年初投资一个项目，希望从第 5 年开始每年年末获得 10 万元收益，投资期限为 10 年，假定年利率为 5%。

请计算：该企业年初最多投资多少元才合算。

解（1）：$P_A=A\times(P/A, i, n)\times(P/F, i, m)$

$=10\times(P/A, 5\%, 6)\times(P/F, 5\%, 4)$

$=10\times 5.0757\times 0.8227$

$=41.76$（万元）

解（2）：$P_A=A\times[(P/A, i, m+n)-(P/A, i, m)]$

$=10\times[(P/A, 5\%, 10)-(P/A, 5\%, 4)]$

$=10\times(7.7217-3.5460)$

$=41.76$（万元）

解（3）：$P_A=A\times(F/A, i, n)\times(P/F, i, m+n)$

$=10\times(F/A, 5\%, 6)\times(P/F, 5\%, 10)$

$=10\times 6.8019\times 0.6139$

$=41.76$（万元）

从计算中可知，该企业年初的投资额不超过 41.76 万元才合算。

4. 永续年金

永续年金，是指无限期的收入或支出相等金额的年金，也称永久年金，它也是普通年金的一种特殊形式。由于永续年金的期限趋于无限，没有终止时间，因而也没有终值，只有现值。永续年金的现值计算公式如下：

$$P_A = A \times \frac{1 - (1+i)^{-n}}{i}$$

当 $n \to +\infty$，$(1+i)^{-n} \to 0$，$PA = A \div i$

【例 4-16】 某企业要建立一项永久性帮困基金，计划每年拿出 5 万元帮助失学儿童，年利率为 5%。

请计算：现应筹集多少资金？

解：$P_A = A \div i$

$= 5 \div 5\%$

$= 100$（万元）

现应筹集 100 万元资金，才可每年拿出 5 万元帮助失学儿童。

第二节　财务报表分析

财务报表分析是通过收集、整理企业财务会计报告中的有关数据，并结合其他有关补充信息，对企业的财务状况、经营成果和现金流量情况进行综合分析和评价，为报表使用者提供管理决策和控制依据的一项工作。企业的财务报告是税务机关在税收征管中获得的第一手会计资料，税务人员可以通过财务比率分析、趋势分析以及综合分析，找出企业可能存在的涉税风险，提高税务监管的精准性。

一、财务报表比率分析

财务报表比率分析，亦即财务指标分析，它是根据同一时期财务报表中两个或多个项目之间的关系，计算其比率，以评价企业的财务状况和经营成果。比率分析可以消除规模的影响，用来比较不同企业的收益与风险。通过企业财务报表比率分析，一方面可以了解企业的偿债能力、营运能力和盈利能力，另一方面可以结合国家税务总局《纳税评估管理办法（试行）》（国税发〔2005〕

43号印发）中的纳税评估指标，分析企业可能存在的涉税风险。

为了便于说明，本节财务报表比率的计算以甲股份有限公司为例，该公司2020年的资产负债表、利润表、现金流量表，如表4－4、表4－5、表4－6所示。为简化计算，列举的数据也以万元为单位作了简化。

表4－4　　资产负债表

编制单位：甲股份有限公司　　2020年12月31日　　单位：万元

资产	期末余额	上年年末余额	负债和所有者权益（或股东权益）	期末余额	上年年末余额
流动资产：			流动负债：		
货币资金	880	500	短期借款	1, 200	900
交易性金融资产	0	0	交易性金融负债	0	0
衍生金融资产	0	0	衍生金融负债	0	0
应收票据	400	460	应付票据	660	280
应收账款	7, 960	3, 980	应付账款	2, 000	2, 180
应收款项融资	0	0	预收款项	200	80
预付款项	440	80	合同负债	0	0
其他应收款	240	440	应付职工薪酬	40	20
存货	2, 380	6, 520	应交税费	100	80
合同资产	0	0	其他应付款	740	760
持有待售资产	0	0	持有待售负债	0	0
一年内到期的非流动资产	1, 540	220	一年内到期的非流动负债	0	0
其他流动资产	160	0	其他流动负债	1, 060	100
流动资产合计	14, 000	12, 200	流动负债合计	6, 000	4, 400
非流动资产：			非流动负债：		
债权投资	0	0	长期借款	9, 000	4, 900
其他债权投资	0	0	应付债券	4, 800	5, 200
长期应收款	0	0	其中：优先股	0	0
长期股权投资	600	0	永续债	0	0
其他权益工具投资	0	0	租赁负债	0	0
其他非流动金融资产	0	0	长期应付款	1, 000	1, 200
投资性房地产	0	0	预计负债	0	0
固定资产	24, 760	20, 240	递延收益	0	0
在建工程	360	700	递延所得税负债	0	0
生产性生物资产	0	0	其他非流动负债	0	300
油气资产	0	0	非流动负债合计	14, 800	11, 600

续表

资产	期末余额	上年年末余额	负债和所有者权益（或股东权益）	期末余额	上年年末余额
使用权资产	0	0	负债合计	20,800	16,000
无形资产	120	160	所有者权益（或股东权益）：		
开发支出	0	0	实收资本（或股本）	2,000	2,000
商誉	0	0	其他权益工具	0	0
长期待摊费用	100	300	其中：优先股	0	0
递延所得税资产	0	0	永续债	0	0
其他非流动资产	60	0	资本公积	200	200
非流动资产合计	26,000	21,400	减：库存股	0	0
			其他综合收益	0	0
			专项储备	0	0
			盈余公积	1,200	800
			未分配利润	15,800	14,600
			所有者权益（或股东权益）合计	19,200	17,600
资产总计	40,000	33,600	负债和所有者权益（或股东权益）总计	40,000	33,600

表 4－5　　**利润表**

编制单位：甲股份有限公司　　2020 年 12 月　　单位：万元

项目	本期金额	上期金额
一、营业收入	60,000	57,000
减：营业成本	52,880	50,060
税金及附加	560	560
销售费用	440	400
管理费用	880	750
研发费用	40	50
财务费用	2,200	1,920
其中：利息费用	2,160	1,900
利息收入	50	40
加：其他收益	0	0
投资收益（损失以“－”号填列）	120	0
其中：对联营企业和合营企业的投资收益	0	0
以摊余成本计量的金融资产终止确认收益（损失以“－”号填列）	0	0
净敞口套期收益（损失以“－”号填列）	0	0
公允价值变动收益（损失以“－”号填列）	0	0

续表

项目	本期金额	上期金额
信用减值损失（损失以“－”号填列）	0	0
资产减值损失（损失以“－”号填列）	0	0
资产处置收益（损失以“－”号填列）	0	0
二、营业利润（亏损以“－”号填列）	3, 120	3, 260
加：营业外收入	1, 200	1, 640
减：营业外支出	20	200
三、利润总额（亏损总额以“－”号填列）	4, 300	4, 700
减：所得税费用	1, 160	1, 220
四、净利润（净亏损以“－”号填列）	3, 140	3, 480
（一）持续经营净利润（净亏损以“－”号填列）	3, 140	3, 480
（二）终止经营净利润（净亏损以“－”号填列）	0	0
五、其他综合收益的税后净额	0	0
（一）不能重分类进损益的其他综合收益	0	0
1. 重新计量设定受益计划变动额	0	0
2. 权益法下不能转损益的其他综合收益	0	0
3. 其他权益工具投资公允价值变动	0	0
4. 企业自身信用风险公允价值变动	0	0
……	0	0
（二）将重分类进损益的其他综合收益	0	0
1. 权益法下可转损益的其他综合收益	0	0
2. 其他债权投资公允价值变动	00	0
3. 金融资产重分类计入其他综合收益的金额	0	0
4. 其他债权投资信用减值准备	0	0
5. 现金流量套期储备	0	0
6. 外币财务报表折算差额	0	0
……		
六、综合收益总额	3, 140	3, 480
七、每股收益：		
（一）基本每股收益	略	略
（二）稀释每股收益	略	略

表4－6　　**现金流量表**

编制单位：甲股份有限公司　　2020年12月　　单位：万元

项目	本期金额	上期金额（略）
一、经营活动产生的现金流量：		
销售商品、提供劳务收到的现金	56,200	
收到的税费返还	0	
收到其他与经营活动有关的现金	200	
经营活动现金流入小计	56,400	
购买商品、接受劳务支付的现金	48,900	
支付给职工以及为职工支付的现金	480	
支付的各项税费	1,820	
支付其他与经营活动有关的现金	280	
经营活动现金流出小计	51,480	
经营活动产生的现金流量净额	4,920	
二、投资活动产生的现金流量：		
收回投资收到的现金	0	
取得投资收益收到的现金	120	
处置固定资产、无形资产和其他长期资产收回的现金净额	1,640	
处置子公司及其他营业单位收到的现金净额	0	
收到其他与投资活动有关的现金	0	
投资活动现金流入小计	1,760	
购建固定资产、无形资产和其他长期资产支付的现金	6,000	
投资支付的现金	600	
取得子公司及其他营业单位支付的现金净额	0	
支付其他与投资活动有关的现金	0	
投资活动现金流出小计	6,600	
投资活动产生的现金流量净额	－4,840	
三、筹资活动产生的现金流量：		
吸收投资收到的现金	0	
取得借款收到的现金	4,400	
收到其他与筹资活动有关的现金	0	
筹资活动现金流入小计	4,400	
偿还债务支付的现金	400	
分配股利、利润或偿付利息支付的现金	3,400	
支付其他与筹资活动有关的现金	300	
筹资活动现金流出小计	4,100	
筹资活动产生的现金流量净额	300	
四、汇率变动对现金及现金等价物的影响	0	
五、现金及现金等价物净增加额	380	
加：期初现金及现金等价物余额	500	
六、期末现金及现金等价物余额	880	

（一）反映偿债能力的比率分析

1. 反映短期偿债能力

短期偿债能力是针对流动负债的偿还，指标包括流动比率、速动比率、现金比率。

（1）流动比率。

流动比率 = 流动资产 ÷ 流动负债

根据甲股份有限公司财务报表数据：

2020 年末流动比率 = 14000 ÷ 6000 = 2.33

2020 年初流动比率 = 12200 ÷ 4400 = 2.77

流动比率反映每 1 元的流动负债，有多少的流动资产来保证。一般来说，流动比率越高，说明企业资产的流动性越强，短期偿债能力越强；流动比率越低，说明企业资产的流动性越差，短期偿债能力越弱。甲股份有限公司年内流动比率减少了 0.44，即每 1 元流动负债提供的流动资产保障减少了 0.44 元，甲股份有限公司的偿债能力有所下降。

西方会计界过去认为流动比率为“2”比较合理，但是在具体分析时要考虑行业特点。例如，房地产企业为了开发商品房而储备土地和正在建的开发项目会占用大量的资金，造成企业的存货比较多，流动资产比较大，流动比率高于“2”也是正常的；但如果开发产品还未达到预售状态，企业的偿债能力不一定有保证。很多传统的制造业流动比率是低于 1 的。例如一些能源电力行业，由于固定资产规模不断增加，流动资产不足，造成流动比率比较低。所以，在进行流动比率分析时，与行业平均水平比较是十分必要的。另外，企业的经营和财务管理方式也影响流动比率。例如，采用宽松信用政策，以赊销为主的企业，应收账款就会较多，因此流动比率高于现销方式为主的企业，企业的短期偿债能力可能会受到影响。但是，流动比率并不是越高越好，流动比率作为衡量短期偿债能力的指标还存在一些不足，过高的流动比率，也许是存货超储积压、存在大量应收账款的结果，因此，流动比率是对短期偿债能力的粗略估计。

（2）速动比率。

速动比率，是指速动资产对流动负债的比率。它是衡量企业流动资产中可以立即变现用于偿还流动负债的能力。构成流动资产的各项目，流动性差别很大。其中，货币资金、交易性金融资产和各种应收款项等，可以在短时间内变现，称为速动资产；存货、预付款项、一年内到期的非流动资产及其他非流动资产等，变现时间和金额有很大的不确定性，特别是存货很可能发生积压、滞销、残次、冷背等情况，其流动性较差。因此，流动比率较高的企业，并不一定表明其偿还短期债务的能力很强，而速动比率就避免了这种情况的发生。与流动比率相同，各企业的速动比率应根据行业特征和其他因素加以评价，例如以现销为主和预售方式为主的企业，可能会因为应收款项比较少，而速动比率比较低也是正常的。这是因为当企业应收账款较低时，表明货款回收及时，但取得货款后不一定就持有货币资金，通常企业会加强货币资金管理，充分利用收到的货款购买原材料或者加大对外投资，因而此时的速动比例可能会低。

速动比率＝速动资产÷流动负债

根据甲股份有限公司财务报表数据：

2020年末速动比率＝（880＋400＋7960＋240）÷6000＝1.58

2020年初速动比率＝（500＋460＋3980＋440）÷4400＝1.22

速动比率反映每1元的流动负债有多少速动资产作为偿债保障。甲股份有限公司的速动比率比上年提高了0.36，企业短期偿债能力有所提高。

（3）现金比率。

如果企业的存货严重积压、应收账款余额巨大且可能无法收回，流动比率和速动比率再高，也不能保证企业的短期偿债能力，税务人员想要了解企业的缴税能力，最有效的就是看企业的现金比率。与其他速动资产不同，现金本身可以直接用于偿债，而其他速动资产需要等待不确定的时间。但现金持有量过大会对企业资产利用效果产生负作用，这个指标仅在企业面临财务危机时使用，相对于流动比率和速动比率来说，其作用力度较小。

现金比率＝货币资金÷流动负债

根据甲股份有限公司财务报表数据：

2020年末现金比率＝880÷6000＝0.15

2020年初现金比率＝500÷4400＝0.11

现金比率反映每1元的流动负债有多少现金作为偿债保障。甲股份有限公司的现金比率提高0.04，说明企业为每1元流动负债提供的现金保障增加了0.04元。

（4）现金流量比率。

现金流量比率＝经营活动现金流量净额÷流动负债

根据甲股份有限公司财务报表数据：

2020 年现金流量比率 = 4920 ÷ 6000 = 0.82

经营活动现金流量净额代表企业创造现金的能力，且已经扣除了经营活动自身所需的现金流出，是可以用来偿债的现金流量。通常现金流量比率中的流动负债采用期末数而非平均数，因为实际需要偿还的是期末余额，而非平均余额。

2. 反映长期偿债能力

长期偿债能力是针对全部负债的偿还，最主要的财务指标有：资产负债率、利息保障倍数、现金流量负债比。

（1）资产负债率。

资产负债率 = 负债总额 ÷ 资产总额

根据甲股份有限公司财务报表数据：

2020 年末资产负债率 = 20800 ÷ 40000 × 100% = 52%

2020 年初资产负债率 = 16000 ÷ 33600 × 100% = 47.62%

资产负债率是衡量企业负债水平及风险程度的重要标志。资产负债率越低，说明以负债取得的资产越少，企业运用外部资金的能力较差；资产负债率越高，说明企业通过借债筹资取得的资产越多，风险越大。因此，资产负债率应保持在一定的水平上为佳，一般来说，适宜水平在 40% ~ 60%。但处于不同行业、地区的企业对债务水平的要求是有差别的。经营风险比较高的企业，为减少财务风险通常选择比较低的资产负债率，例如许多高科技企业的资产负债率都比较低；经营风险低的企业，为增加股东收益通常选择比较高的资产负债率，例如供水、供电企业的资产负债率都比较高。英国和美国公司的资产负债率很少超过 50%，而亚洲和欧盟国家公司的资产负债率要明显高于 50%，有的企业甚至达到 70%。甲股份有限公司年末和年初的资产负债率在 50% 左右，属于比较合理的资本结构。《纳税评估管理办法（试行）》指出，如果资产负债率与预警值相差较大，则企业偿债能力有问题，要考虑由此对税收收入产生的影响。同时对资产负债率过高的企业，税务人员除了关注企业的财务风险，还要注意企业是否存在与金融企业以外的融资方式。

（2）利息保障倍数。

利息保障倍数 = 息税前利润 ÷ 利息支出

= （净利润 + 利息费用 + 所得税费用） ÷ 利息支出

公式分子中的利息费用只包括财务费用中的利息支出，而分母中的利息支出包括财务费用中的利息支出和资本化利息支出。假定甲股份有限公司的利息支出本期全部费用化。

根据甲股份有限公司财务报表数据：

2020 年末利息保障倍数 =（3140 + 2160 + 1160）÷2160 = 2.99

2020 年初利息保障倍数 =（3480 + 1900 + 1220）÷1900 = 3.47

长期债务通常不需要每年还本，但往往每年需要计提或偿付利息。利息保障倍数表明每 1 元的利息支出有多少倍的息税前利润作为偿付保障，利息保障倍数越高，利息支付越有保障。从理论上讲，该指标至少要大于 1，企业才能偿付到期利息，才能借新债还旧债，才能继续持续经营。甲股份有限公司利息保障倍数本期与上期相比出现下降，但整体偿债能力较强。

（3）现金流量利息保障倍数。

现金流量利息保障倍数 = 经营活动现金流量净额 ÷ 利息支出

分母的“利息支出”，同利息保障倍数的分母。

根据甲股份有限公司财务报表数据：

2020 年现金流量利息保障倍数 = 4920 ÷ 2160 = 2.28

现金流量利息保障倍数表明每 1 元利息支出有多少倍的经营活动现金流量净额作为支付保障。因为实际用于支付利息的是现金，而不是利润，它比以利润为基础的利息保障倍数更为可靠。

反映企业偿债能力的比率通常还有现金流动负债比率、已获利息倍数、带息负债比率、产权比率等。它们的计算公式分别如下：

现金流动负债比率 = 年经营现金净流量 ÷ 年末流动负债 × 100%

$$已获利息倍数=\frac{息税前利润}{利息总额}=\frac{利润总额+利息费用}{利息费用+资本化利息}$$

带息负债比率 = 带息负债总额 ÷ 负债总额 × 100%

（带息负债总额 = 短期借款 + 一年内到期的长期负债 + 长期借款 + 应付债券 + 应付利息）

产权比率 = 负债总额 ÷ 所有者权益总额 × 100%

现金流动负债比率反映企业本期经营活动所产生的现金净流量足以抵付流动负债的倍数，直观表明企业本期偿还流动负债的实际能力。已获利息倍数反映企业用经营所得支付债务利息的能力。带息负债比率反映企业负债中带息负债的比重，在一定程度上体现企业未来的偿债压力，尤其是偿还利息的压力。

产权比率反映企业基本财务结构是否稳定，产权比率的高与低，说明企业偿还长期债务能力的弱与强。

（二）反映营运能力的比率分析

营运能力比率是衡量公司资产管理效率的财务比率。这方面常用的财务分析比率有应收账款周转率、存货周转率、固定资产周转率和总资产周转率等。

1. 应收账款周转率

应收账款周转率是营业收入与应收账款的比率。

（1）应收账款周转次数。

应收账款周转次数 = 营业收入净额 ÷ 应收账款平均余额

营业收入净额 = 营业收入 − 销售退回、折让、折扣

应收账款平均余额 = （期初应收账款 + 期末应收账款） ÷2

应收账款平均余额是指未扣除坏账准备的应收账款金额，是资产负债表中“期初应收账款余额”与“期末应收账款余额”分别加上期初、期末“坏账准备”科目中对应坏账准备余额后的平均数。如果企业计提的坏账准备不多，为简化处理，也可以用报表中的应收账款净额来代替。

（2）应收账款周转天数。

应收账款周转天数 = 360 ÷ 应收账款周转次数

根据甲股份有限公司的财务报表数据（不考虑坏账准备）：

2020 年应收账款周转次数 = 60000 ÷ ［（7960 + 3980） ÷2］ = 10.05（次）

2020 年应收账款周转天数 = 360 ÷ 10.05 = 35.82（天）

一般来说，应收账款周转天数越少，应收账款周转次数就越多，平均收账期越短，说明应收账款的收回越快、变现能力越强，企业应收账款的管理水平越高。否则，企业的营运资金会过多地呆滞在应收账款上，影响正常的资金周转。由于存在一些对该指标计算结果产生重大影响的因素，如季节性经营、大量使用分期付款结算方式、大量使用现金结算销售、年末大量销售或年末销售大幅度下降等，财务报表的外部使用人可以将计算出的指标与该企业前期指标、与行业平均水平或其他类似企业的指标相比较，以判断该指标的高低。

应收账款的周转期因销售方式不同而相差很大，现销方式为主的企业应收账款的收账期很短，例如：步步高股份有限公司（商业连锁企业）2020 年应收账款的周转期为 3.18 天；格力电器由于现销的比例比较大，2020 年应收账款的周转期为 18.46 天；中国建筑股份有限公司（建筑业）2020 年应收账款的周

转期为35天；湘电股份（电机制造业）由于价值比较大，赊销比较多，2020年应收账款的周转期为305.94天，收账期比较长。对应收账款周转期较长的企业或者周转期大幅上升的企业，一方面要注意坏账的风险，另一方面要注意企业是否有资金回流，是否存在虚开发票的风险。

2. 存货周转率

存货周转率是营业成本与存货的比率。

（1）存货周转次数。

存货周转次数 = 营业成本 ÷ 存货平均余额

存货平均余额 =（期初存货 + 期末存货）÷2

计算存货周转率时，是使用“营业收入”还是“营业成本”作为周转额，要看分析的目的。在短期偿债能力分析中，为了评估资产的变现能力需要计算存货转换为现金的金额和时间，应采用“营业收入”。在分解总资产周转率时，为系统分析各项资产的周转情况并识别主要的影响因素，应统一使用“营业收入”计算周转率。如果是为了评估存货管理的业绩，应当使用“营业成本”计算存货周转率，使其分子和分母保持口径一致。

（2）存货周转天数。

存货周转天数 = 360 ÷ 存货周转次数

根据甲股份有限公司财务报表数据：

2020年存货周转次数 = 52880 ÷ [（2380 + 6520）÷2] = 11.88（次）

2020年存货周转天数 = 360 ÷ 11.88 = 30.30（天）

一般来说，存货周转天数越少，存货周转次数越多，说明存货周转快，企业实现的利润会相应增加，企业的存货管理水平越高。反之，说明企业占用在存货上的资金越多，存货管理水平越低。在利用该指标进行分析时，需要考虑企业生产对存货的实际需要量，防止企业为了粉饰存货管理工作而故意减少存货。

《纳税评估管理办法（试行）》规定，如果存货周转率加快，而应纳税税额减少，可能存在隐瞒收入、虚增成本的问题。企业的存货周转天数是指企业从投产、到完工、到销售所用的时间，如果企业的存货周转期都不符合行业特点，那么存在问题的可能性就会非常大，必须进一步深入检查。比如，面包坊、蛋糕坊的存货周转期要30多天，要么是企业卖的是过期的食品，要么是企业的报表数据有问题。对于房地产企业或大型机械设备企业来讲，存货周转期超过一年也是正常的。

【例 4－17】 表 4－7 是 3 家企业年度资产负债表和年度利润表中的数据。

表 4－7　　3 家企业年度资产负债表和年度利润表数据　　单位：万元

企业名称	期初存货	期末存货	营业成本
甲蛋糕店	100	120	440
乙房地产企业	2, 400	2, 600	1, 400
丙综合超市	1, 000	1, 200	11, 000

【要求】计算各企业的存货周转次数和存货周转天数，并分析各企业存货周转是否正常。

各企业存货周转次数和存货周转天数计算如下：

甲蛋糕店存货周转次数 = 440 ÷ ［（100 + 120）÷2］ = 4（次）

甲蛋糕店存货周转天数 = 360 ÷ 4 = 90（天）

乙房地产企业存货周转次数 = 1400 ÷ ［（2400 + 2600）÷2］ = 0. 56（次）

乙房地产企业存货周转天数 = 360 ÷ 0. 56 = 642. 86（天）

丙综合超市存货周转次数 = 11000 ÷ ［（1000 + 1200）÷2］ = 10（次）

丙综合超市存货周转天数 = 360 ÷ 10 = 36（天）

分析：甲蛋糕店可能存在问题。因为蛋糕从投产、到完工、到销售应该时间很短，而且蛋糕有保质期，该企业存货周转次数和天数不符合行业特点。乙房地产企业的存货周转期正常。因为房地产企业从拿地开始建设到完工销售需要很长的时间，所以存货周转次数和天数超过一年也是正常的。丙综合超市正常。因为生鲜食品卖得快，但家电和服装会卖得比较慢，因此存货周转次数和天数属于正常范围。

3. 固定资产周转率

固定资产周转率，也称固定资产利用率，是企业销售收入与固定资产净值的比率。固定资产周转率表示在一个会计年度内，固定资产周转的次数，或表示每 1 元固定资产支持的销售收入。

固定资产周转率 = 营业收入 ÷ ［（期初固定资产 + 期末固定资产）÷2］

根据甲股份有限公司财务报表数据：

固定资产周转率 = 60000 ÷ [（24760 + 20240）÷2]

= 60000 ÷ 22500

= 2.67

固定资产周转率主要用于分析对厂房、设备等固定资产的利用效率，比率越高，说明利用率越高，管理水平越好。如果固定资产周转率与同行业平均水平相比偏低，则说明企业对固定资产的利用率较低，可能会影响企业的获利能力，它反映了企业资产的利用程度。除劳动密集型企业外，大部分企业的营业收入与固定资产密切相关，因此可以根据固定资产的周转率，推测企业的收入规模是否恰当，企业是否存在闲置未用的固定资产或者是否有隐瞒收入、虚开增值税发票、骗取出口退税等问题。

【例 4－18】 丙企业 2020 年度资产负债表上固定资产的期初余额为 1.52 亿元，期末余额为 1.64 亿元，利润表上的营业收入为 3.8 亿元。甲企业所处行业的固定资产平均周转率为 3.5 次，请分析该企业可能存在的涉税问题。

根据同行业的比率测算丙企业的年度营业收入可能金额：

营业收入 = 固定资产平均余额 × 固定资产周转率

= [（1.52 + 1.64）÷2] ×3.5 = 5.53（亿元）

根据测算该企业 2020 年的营业收入在 5.53 亿元左右，但是利润表上的营业收入只有 3.8 亿元，差额很大，企业可能存在隐瞒收入或者有闲置未用的固定资产、非生产用的固定资产。

【例 4－19】 丁企业 2020 年度资产负债表上固定资产的期初余额为 1.38 亿元，期末余额为 1.45 亿元，利润表上本期营业收入为 7.5 亿元，上期营业收入为 4.8 亿元。乙企业所处行业的固定资产平均周转率为 3.2 次，请分析该企业可能存在的涉税问题。

根据同行业的比率测算丙企业的年度营业收入可能金额：

营业收入 = 固定资产平均余额 × 固定资产周转率

= [（1.38 + 1.45）÷2] ×3.2 = 4.528（亿元）

根据测算该企业 2020 年的营业收入在 4.528 亿元左右，企业上期的营业收入为 4.8 亿元，本期固定资产规模变动不大，但企业利润表上的收入出现大幅上升，需要进一步核实企业是否存在对外虚开发票或者骗取出口退税的风险。

4. 总资产周转率

总资产周转率是企业一定时期的销售收入净额与平均资产总额之比，它是衡量资产投资规模与销售水平之间配比情况的指标。

总资产周转率 = 营业收入 ÷ [（期初总资产 + 期末总资产）÷2]

根据甲股份有限公司财务报表数据：

2020 年总资产周转率 = 60000 ÷ [（40000 + 33600）÷2] = 1.63

总资产周转率是考察企业资产运营效率的一项重要指标，体现了企业经营期间全部资产从投入到产出的流转速度，反映了企业全部资产的管理质量和利用效率。通过该指标的对比分析，可以反映企业本年度及以前年度总资产的运营效率和变化，发现企业与同类企业在资产利用上的差距，促进企业挖掘潜力、积极创收，提高产品市场占有率和资产利用效率。一般情况下，该数值越高，表明企业总资产周转速度越快、销售能力越强、资产利用效率越高。但是，如果企业拥有比较多的投资资产，由于投资资产与利润表上的投资收益相关，与营业收入关联不大，这个指标就会失去含义，因此在《纳税评估管理办法（试行）》中，总资产周转率的计算公式如下：

总资产周转率 = （利润总额 + 利息支出）÷ 平均总资产 × 100%

《纳税评估管理办法（试行）》规定，根据总资产周转情况可以推测企业的销售能力，如总资产周转率加快，而应纳税税额减少，可能存在隐瞒收入、虚增成本的问题。但对总资产周转率大幅下降，或者明显偏低的企业也要特别注意，要关注总资产周转率下降的原因是什么？如果企业的资产规模没什么变化，收入出现大幅下降，要关注企业是否存在隐瞒收入的问题，或者有闲置未用的固定资产。对隐瞒收入的问题需要进一步取证核实，对房屋建筑物以外的固定资产，要注意计提的折旧能否税前扣除。如果企业的收入没什么变化，而总资产规模大幅增加，要注意企业是否存在隐瞒产量、隐瞒收入或者增加非生产用固定资产的问题。

（三）反映盈利能力的财务比率

盈利能力，是指企业获取利润的能力。企业的盈利能力越强，则其给予股东的回报越高，企业价值越大。反映企业盈利能力的财务指标主要包括毛利率、销售净利润率、净资产收益率、总资产报酬率、利润现金保障倍数等。

1. 毛利率

毛利率 = （营业收入 - 营业成本）÷ 营业收入

根据甲股份有限公司财务报表数据：

2019 年毛利率 = （57000 - 50060）÷ 57000 = 12.18%

2020 年毛利率 = （60000 - 52880） ÷ 60000 = 11.87%

毛利率主要反映公司产品在市场上的竞争力，在税收风险分析和税务稽查选案时，如果一个企业的毛利率大幅下降或者与同行业比明显偏低，会被认为异常。甲股份有限公司 2020 年的毛利率与上年相比，略有下降，应进一步了解下降的原因，关注企业是否存在涉税问题。

2. 销售净利润率

销售净利润率 = 净利润 ÷ 营业收入

根据甲股份有限公司财务报表数据：

2019 年销售净利润率 = 3480 ÷ 57000 = 6.11%

2020 年销售净利润率 = 3140 ÷ 60000 = 5.23%

毛利率是第一步的盈利能力评估，而销售净利润率是第二步的盈利能力评估。销售净利润率的高低直接受毛利率高低的影响，同时又进一步受企业三项费用（销售费用、管理费用、财务费用）和其他损失与收益的影响。甲股份有限公司销售净利润率的下降幅度超过了毛利率的下降幅度，其主要原因是期间费用上升和营业外收入下降引起的，应关注其变动的原因是什么，企业是否存在少列收入、多列费用的问题。

3. 净资产收益率

净资产收益率 = 净利润 ÷ 平均净资产

根据甲股份有限公司财务报表数据：

2020 年净资产收益率 = 3140 ÷ ［（17600 + 19200） ÷ 2］ = 17.07%

净资产收益率反映股东权益的收益水平，用以衡量企业运用自有资本的效率，指标值越高，收益越高。该指标体现了自有资本获得净收益的能力，是衡量股东资金使用效率的重要财务指标。净资产收益率作为配股的必要条件之一，是企业调整利润的重要参考指标。

《纳税评估管理办法（试行）》规定，如该指标与预警值相差较大，可能存在隐瞒收入或闲置未用资产计提折旧问题。

4. 总资产报酬率

总资产报酬率 = 净利润 ÷ 平均总资产

根据甲股份有限公司财务报表数据：

2020 年总资产报酬率 = 3140 ÷ ［（40000 + 33600） ÷ 2］ = 8.53%

总资产报酬率的高低表明企业利用全部资产的盈利能力强弱，直接反映企业的竞争实力和发展能力，也是决定企业是否应举债经营的重要依据。总资产报酬率与净资产收益率一起分析，可以根据两者的差距来说明企业经营的风险程度。对于净资产所剩无几的企业来说，虽然指标数值相对较高，但仍不能说明企业的风险程度较低。

5. 利润现金保障倍数

利润现金保障倍数 = 经营现金净流量 ÷ 净利润

根据甲股份有限公司财务报表数据：

2020 年利润现金保障倍数 = 4920 ÷ 3140 = 1. 57

该指标反映了企业当期净利润中现金收益的保障程度，真实地反映了企业的盈余质量。甲股份有限公司的利润现金保障倍数大于 1，说明企业的盈余质量较高。

反映企业盈利能力的比率还有营业利润率、成本费用利润率、资本收益率等。计算公式分别如下：

营业利润率 = 利润总额 ÷ 营业收入净额 × 100%

成本费用利润率 = 利润总额 ÷ 成本费用总额 × 100%

资本收益率 = 净利润 ÷ 平均资本 × 100%

营业利润率越高，说明企业从营业收入中获取利润的能力越强；营业利润率越低，说明企业从营业收入中获取利润的能力越弱。影响营业利润率的因素较多，主要有产品质量、成本、价格、销售数量、期间费用及税金等，分析时应结合具体情况作出正确评价。成本费用利润率越高，利润就越大，反映企业的盈利能力越强。资本收益率越高，说明企业自有投资的盈利能力越强，投资者的风险越少，值得继续投资。对企业经营者来说，如果资本收益率高于债务资金成本率，则适度负债经营对投资者来说是有利的；反之，如果资本收益率低于债务资金成本率，则过高的负债经营将损害投资者的利益。

二、财务报表趋势分析

财务报表趋势分析是将一定时期内（两期或连续数期）的财务报表数据在同一报表上并列列示，直接观察比较各期有关项目增减变动的方向、数额和幅度，以判断企业的财务状况和经营成果变动情况及发展趋势的一种财务报表分析方法。

（一）趋势分析法的特征

1. 纵向分析

财务报表趋势分析是一种纵向的分析方法，它将企业的财务数据按时间序列进行比较，实际上是在企业财务报表过去资料的基础上分析现在并展望未来，把企业置于发展运动中加以考察。

2. 动态分析

财务报表趋势分析是一种动态的分析方法，它以企业财务报表的历史数据为主要分析依据，对企业整个经营过程或最近几年的财务状况和经营业绩进行全方位的考察。趋势分析法是从动态角度反映企业的财务状况和经营成果，揭示各项财务数据消长变化及其发展趋势，从而发现财务报表内含的深层次的财务关系，并有利于对未来作出合乎逻辑的预测。

（二）趋势分析法的分类

1. 按照比较的对象来分

（1）报表原数的比较。比较财务报表是比较企业连续几期财务报表的数据，分析其增减变化的幅度及其变化原因，来判断企业财务状况的发展趋势。这种方法选择的期数越多，分析结果的准确性越高。但是，在进行比较分析时，必须考虑到各期数据的可比性。因某些特殊原因，某一时期的某项财务数据可能变化较大，缺乏可比性，因此，在分析过程中应该排除非可比因素，使各期财务数据具有可比性。

（2）结构百分比的比较。比较百分比财务报表是在比较财务报表的基础上发展而来的。百分比财务报表是将财务报表中的数据用百分比来表示。比较财务报表是比较各期报表中的数据，而比较百分比财务报表则是比较各项目百分比的变化，以此来判断企业财务状况的发展趋势。

（3）比较财务比率。比较财务比率就是将企业连续几个会计期间的财务比率进行对比，从而分析企业财务状况的发展趋势。这种方法实际上是比率分析法与比较分析法的结合。与前面两种方法相比，这种方法更加直观地反映了企业各方面财务状况的变动趋势。

2. 按照比较的期间来分

趋势分析法按照分析比较的期间可以分为定基分析法和环比分析法，两种分析方法各有侧重。

定基分析法是固定某选定期间作为基期，然后其余各期间与基期比较，计算出趋势百分数。这样计算出的各会计期间的趋势百分比都是以基期为计算基准的，能够明确地反映有关项目和基期相比发生了多大变化。

环比分析法是将相邻两年的财务数据相比较，计算出趋势百分比。由于以前一期作为基数，因而更能明确地说明项目的发展变化速度。

（三）趋势分析法的步骤

（1）计算趋势比率或指数。趋势指数的计算通常有两种方法：定基指数和环比指数。

（2）根据指数计算结果，评价和判断企业该指标变动趋势的合理性，并分析引起趋势变化的原因和蕴藏的风险。

一般情况下，认为趋势是会延续的，没有外力介入，趋势不会突然改向。基于这一规律，可以根据历史数据对未来进行预测。例如：假定甲公司2018—2020年销售收入每年增长10%，如无特殊情况，可以预测2021年销售收入也将增长10%左右。如果甲公司2021年销售收入比2020年突然下降了20%，报表使用者一定会分析引起趋势变化的原因，到底是市场整体疲软所致，还是自身努力不够（如产品不够新颖、促销力度不够大）所致；税务人员还会考虑企业是否存在隐瞒收入的风险。如果甲公司2021年销售收入与2020年相比突然上升30%，报表使用者会考虑是市场需求旺盛引起，还是改变信用政策引起，还是企业存在粉饰报表的可能；税务人员还会考虑企业是否存在虚开发票的风险。

（3）预测未来的发展趋势。根据企业分析期各项目的变动情况，研究其变动趋势或总结其变动规律，从而可以预测出企业各项目的未来发展状况。

（四）趋势分析法运用举例

【例4－20】 X公司2018—2020年的主要财务数据和财务比率如表4－8所示。

表4－8　X公司2018—2020年的主要财务数据和财务比率

项目	2018年	2019年	2020年
销售额（万元）	4,000	4,300	3,800
期间费用（万元）	400	350	80
总资产（万元）	1,430	1,560	1,695
普通股（万元）	100	100	100
留存收益（万元）	500	550	550

续表

项目	2018 年	2019 年	2020 年
所有者权益合计（万元）	600	650	650
流动比率	1.19	1.25	1.20
平均收现期（天）	18	22	27
存货周转率	8.0	7.5	5.5
债务/所有者权益	1.38	1.40	1.61
长期债务/所有者权益	0.50	0.46	0.46
销售毛利率	20.00%	16.30%	13.20%
销售净利润率	7.50%	4.70%	2.60%
总资产周转率	2.80	2.76	2.24
总资产报酬率	21%	13%	6%

假设该公司没有营业外收支和投资收益；企业所得税税率不变。

【要求】运用趋势分析法，分析 X 公司财务状况和经营成果的变化及其原因，并提出改进措施。

企业的总资产在不断增加，但是企业的总资产周转率在下降。总资产周转率下降的原因是平均收现期的延长和存货周转率下降，说明企业总资产增加的原因主要是存货和应收账款占用增加。

企业资产的获利能力在不断下降，说明其运用资产获利的能力在降低，其原因是总资产周转率和销售净利润率都在下降。销售净利润率下降的原因是销售毛利率在下降，尽管在 2020 年大力压缩了期间费用，仍未能改变这种趋势。

负债是筹资的主要来源，其中主要是流动负债。所有者权益增加筹资很少，大部分盈余用于发放股利。

如果提高企业资产的获利能力，加速资金周转，需要从以下几方面改善：

（1）扩大销售，加速存货周转。

（2）加大应收款项的催收力度，降低应收账款金额。

（3）减少股利发放，增加留存收益。

（4）降低存货的生产成本，提高毛利率。

【例 4 -21】 Y 公司是一家房地产开发企业，其 2019—2020 年资产结构百分比变动趋势如表 4 -9 所示。

表 4-9　　Y 公司 2019—2020 年资产结构百分比变动趋势

项目	2019 年－金额/万元	2019 年－百分比/%	2020 年－金额/万元	2020 年－百分比/%	差异－金额/万元	差异－增减百分比/%
流动资产：						
货币资金	3, 414. 88	6. 24	11, 376. 28	9. 51	7, 961. 40	233. 14
交易性金融资产	0	0	0	0	0	
衍生金融资产	0	0	0	0	0	
应收票据	0	0	0	0	0	
应收账款	－12. 94	－0. 02	－83. 33	－0. 07	－70. 39	543. 97
应收账款融资	0	0	0	0	0	
预付款项	356. 16	0. 65	11, 449. 35	9. 57	11, 093. 19	3, 114. 66
其他应收款	258. 85	0. 47	8, 985. 81	7. 51	8, 726. 96	3, 371. 38
存货	50, 651. 54	92. 50	87, 698. 45	73. 32	37, 046. 91	73. 14
合同资产	0	0	0	0	0	
持有待售资产	0	0	0	0	0	
一年内到期的非流动资产	0	0	0	0	0	
其他流动资产	0	0	0	0	0	
流动资产合计	54, 668. 49	99. 84	119, 426. 57	99. 84	64, 758. 08	118. 46
非流动资产：	0	0	0	0	0	
债权投资	0	0	0	0	0	
其他债权投资	0	0	0	0	0	
长期应收款	0	0	0	0	0	
长期股权投资	0	0	50. 00	0. 04	50. 00	
其他权益工具投资	0	0	0	0	0	
其他非流动金融资产	0	0	0	0	0	
投资性房地产	0	0	0	0	0	
固定资产	85. 63	0. 16	115. 81	0. 10	30. 18	35. 25
在建工程	0	0	0	0	0	
生产性生物资产	0	0	0	0	0	
油气资产	0	0	0	0	0	
使用权资产	0	0	0	0	0	
无形资产	0	0	0	0	0	
开发支出	0	0	0	0	0	
商誉	0	0	0	0	0	
长期待摊费用	0	0	0	0	0	
递延所得税资产	2. 91	0	20. 83	0. 02	17. 92	615. 38
其他非流动资产	0	0	0	0	0	

续表

项目	2019 年 - 金额/万元	2019 年 - 百分比/%	2020 年 - 金额/万元	2020 年 - 百分比/%	差异 - 金额/万元	差异 - 增减百分比/%
非流动资产合计	88. 54	0. 16	186. 64	0. 16	98. 10	110. 80
资产总计	54, 757. 03	100. 00	119, 613. 21	100. 00	64, 856. 18	118. 44
流动负债:	0	0	0	0	0	
短期借款	0	0	0	0	0	
交易性金融负债	0	0	0	0	0	
衍生金融负债	0	0	0	0	0	
应付票据	0	0	0	0	0	
应付账款	0. 38	0	49. 82	0. 04	49. 45	13, 133. 33
预收款项	0	0	47, 999. 21	40. 13	47, 999. 21	
合同负债	0	0	0	0	0	
应付职工薪酬	1. 45	0	23. 10	0. 02	21. 65	1, 492. 47
应交税费	0. 68	0	-4, 579. 47	-3. 83	-4, 580. 15	-676, 235. 61
其他应付款	46, 780. 41	85. 43	63, 373. 01	52. 98	16, 592. 60	35. 47
持有待售负债	0	0	0	0	0	
一年内到期的非流动负债	0	0	0	0	0	
其他流动负债	0	0	0	0	0	
流动负债合计	46, 782. 92	85. 44	106, 865. 68	89. 34	60, 082. 76	128. 43
非流动负债:	0	0	0	0	0	
长期借款	0	0	0	0	0	
应付债券	0	0	0	0	0	
其中：优先股	0	0	0	0	0	
永续债	0	0	0	0	0	
租赁负债	0	0	0	0	0	
长期应付款	0	0	0	0	0	
预计负债	0	0	0	0	0	
递延收益	0	0	0	0	0	
递延所得税负债	0	0	0	0	0	
其他非流动负债	0	0	0	0	0	
非流动负债合计	0	0	0	0	0	
负债合计	46, 782. 92	85. 44	106, 865. 68	89. 34	60, 082. 76	128. 43
所有者权益（或股东权益）:	0	0	0	0	0	
实收资本（股本）	8, 400. 00	15. 34	10, 000. 00	8. 36	1, 600. 00	19. 05
其他权益工具	0	0	0	0	0	
其中：优先股	0	0	0	0	0	
永续债	0	0	0	0	0	

续表

项目	2019 年 - 金额/万元	2019 年 - 百分比/%	2020 年 - 金额/万元	2020 年 - 百分比/%	差异 - 金额/万元	差异 - 增减百分比/%
资本公积	0	0	0	0	0	
减：库存股	0	0	0	0	0	
其他综合收益	0	0	0	0	0	
专项储备	0	0	0	0	0	
盈余公积	0	0	274. 75	0. 23	274. 75	100. 00
未分配利润	-425. 89	-0. 78	2, 472. 78	2. 07	2, 898. 67	-680. 61
所有者权益（或股东权益）合计	7, 974. 11	14. 56	12, 747. 53	10. 66	4, 773. 42	59. 86
负债和所有者权益（或股东权益）总计	54, 757. 03	100. 00	119, 613. 21	100. 00	64, 856. 18	118. 44

【要求】适用趋势分析法，分析 Y 公司财务状况和经营成果。

(1) 2020 年企业的存货比重下降，企业的预付款项和其他应收款的比重大幅增加，要注意查企业的资金流，看企业预付款项是否合理，其他应收款余额比较大要注意企业是否存在关联方资金往来的问题。

(2) 2020 年企业的预收款项所占比重出现大幅上升，可能是由于企业随着开发产品完工程度的增加，取得了预售许可证，进而取得的预售收入。

(3) 企业的应交税费出现大额的负数是正常的，因为根据税法规定，企业收到预收购房款时就要预缴增值税、按土地增值税的预征率和预计毛利预征土地增值税和企业所得税。

(4) 其他应付款虽然比重有所下降，但是绝对数还在增加，而且占总资产的比重非常大，因此，要注意企业是否存在与金融企业以外的融资方式。如果企业存在向关联方借款的话，2020 年的其他应付款为 63373. 01 亿元，而所有者权益只有 12747. 53 万元，超过了债资比 2:1，要注意企业可能存在资本弱化的问题。

(5) 企业在 2020 年虽然实现了盈利，实收资本、盈余公积和未分配利润比 2019 年绝对数实现了增长，但是由于 2020 年预收账款和其他应付款增长额巨大，还是带来了所有者权益所占比重的下降。

【例 4-22】 某市税务局稽查局在对甲企业 2020 年度纳税情况进行税务稽查时，发现该企业资产负债表中存货期初余额为 1. 5 亿多，期末余额为 6000 多万，出现大幅下降，但是利润表中的营业收入上期金额为 3. 2 亿元，本期金额

3.1 亿元，还有所减少，因此怀疑企业可能存在隐瞒存货销售收入的问题，或者存货有销售以外的其他用途。后经仔细分析资产负债表，发现企业的应付账款期末余额与期初余额相比大幅减少 8000 多万，而现金流量表中“购买商品、接受劳务支付的现金”本期金额与上期金额相比变化不大，因此怀疑企业可能存在以存货抵债的业务，因此，进一步检查“应付账款”账户，发现企业确实有此项业务。会计处理是按照抵债资产的账面价值结转的，相关税款都没有缴纳，最后甲企业根据检查结果查补了企业的增值税、城市维护建设税、教育费附加、地方教育附加和企业所得税。

【例 4-23】 某市税务局稽查局在对该市乙企业税收检查时，发现该企业 2018—2020 年度利润表上的营业收入分别为 550 万元、1.2 亿元、4.1 亿元，2018—2020 年度资产负债表上的固定资产规模分别为 650 万元、680 万元、810 万元。乙企业是一家生产 LED 灯的出口企业，2019 年和 2020 年出口退税均为 1000 多万元。该企业收入大幅上升，但是固定资产规模变动不大，资产规模与收入规模不匹配，检查人员因此怀疑该企业可能存在虚假出口、骗取出口退税的问题，后续通过向银行、海关、货运公司取证，查明了该企业存在的问题。

三、财务报表综合分析

（一）财务分析

财务报表综合分析，是将各项财务分析的指标作为一个有机整体，系统、全面、综合地对企业的财务状况和经营成果进行剖析、解释和评价，说明企业整体的财务状况和经济效益的好坏。分析方法除杜邦分析法（参见本章第一节）外，还有综合绩效评价法。

1. 杜邦分析法

根据杜邦分析图：

净资产收益率 = 销售净利润率 × 总资产周转率 × 权益乘数

通过上述公式，可以查找净资产收益率变动的原因，发现企业管理中存在的问题，进一步找出提升净资产收益率的途径。

【例 4-24】 某公司的 2019—2020 年有关财务指标如表 4-10 所示。

表 4－10 某公司的 2019—2020 年有关财务指标

财务比率	2019 年	2020 年
销售净利润率	7.2%	9.0%
总资产周转率	1.11 次	1.07 次
权益乘数	2.02 次	1.82 次
净资产收益率	16.14%	17.53%

【要求】分析上述财务指标对净资产收益率的影响。

（1）销售净利润率对净资产收益率的影响：

$(9\% - 7.2\%) \times 1.11 \times 2.02 = 4.04\%$

（2）总资产周转率对净资产收益率的影响：

$9\% \times (1.07 - 1.11) \times 2.02 = -0.73\%$

（3）权益乘数对净资产收益率的影响：

$9\% \times 1.07 \times (1.82 - 2.02) = -1.93\%$

（4）综合影响：

$4.04\% + (-0.73\%) + (-1.93\%) = 1.38\%$

企业产品的获利能力是增强了，但由于资产的周转速度减慢了，加上资产负债率的下降，企业利用财务杠杆能力欠缺，因此使企业净资产收益率增加的幅度有限。

2. 综合绩效评价

综合绩效评价，是指运用数理统计和运筹学的方法，通过建立综合评价指标体系，对照相应的评价标准，定量分析与定性分析相结合，对企业一定经营期间的盈利能力、资产质量、债务风险以及经营增长等经营业绩和努力程度等进行的综合评判。综合绩效评价是综合分析的一种，一般是站在企业所有者（投资人）的角度进行的。

科学地评价企业绩效，可以为投资人行使经营者的选择权提供重要依据，可以有效地加强对企业经营者的监管和约束，可以为有效激励企业经营者提供可靠依据，还可以为政府有关部门、债权人、企业职工等利益相关方提供有效的信息支持。综合绩效评价指标及权重可以根据需要自行设定。例如，国务院国有资产监督管理委员会发布的《中央企业综合绩效评价实施细则》附件 2 中确定的企业综合绩效评价指标，主要内容如表 4－11 所示。

表 4－11　　**企业综合绩效评价指标**

评价内容	财务绩效（70%）		管理绩效（30%）
	基本指标	修正指标	评议指标
盈利能力状况	净资产收益率 总资产报酬率	销售（营业）利润率 利润现金保障倍数 成本费用利润率 资本收益率	战略管理 发展创新 经营决策 风险控制
资产质量状况	总资产周转率 应收账款周转率	不良资产比率 流动资产周转率 资产现金回收率	
债务风险状况	资产负债率 已获利息倍数	速动比率 现金流动负债比率 带息负债比率 或有负债比率	基础管理 人力资源 行业影响 社会贡献
经营增长状况	销售（营业）增长率 资本保值增值率	销售（营业）利润增长率 总资产增长率 技术投入比率	

【例 4－25】 丁公司成立于 2012 年 12 月 6 日，登记注册类型为股份有限公司。经营范围为生产、销售发电机、交直流电动机、特种电机、矿用电机车、电动轮自卸车、轻轨车、电气成套设备、变压器、互感器、风力和太阳能发电成套设备；开发、研制地铁车辆、混合动力汽车。丁公司为增值税一般纳税人，增值税税率为 13%，会计核算执行企业会计准则。该公司 2020 年度的资产负债表、利润表、现金流量表如表 4－12、表 4－13、表 4－14 所示。

表 4－12　　**资产负债表**

单位名称：丁公司　　2020 年 12 月 31 日　　单位：元

资产	期末余额	上年年末余额	负债和所有者权益（或股东权益）	期末余额	上年年末余额
流动资产：			流动负债：		
货币资金	493,089,021.54	1,253,639,350.96	短期借款	1,843,000,000.00	1,195,000,000.00
交易性金融资产	61,000,000.00	0	交易性金融负债		
衍生金融资产	0	0	衍生金融负债		
应收票据	527,466,859.19	303,872,132.46	应付票据	611,537,160.31	1,314,535,011.97
应收账款	1,926,992,367.42	1,184,667,320.93	应付账款	916,495,869.58	1,154,896,981.25
应收账款融资	0	0	预收款项	136,083,725.31	253,213,358.55
预付款项	52,750,585.63	44,325,648.92	合同负债		
其他应收款	57,200,138.08	48,143,043.53	应付职工薪酬	62,037,996.63	29,090,107.75

续表

资产	期末余额	上年年末余额	负债和所有者权益（或股东权益）	期末余额	上年年末余额
存货	2,668,991,883.46	3,072,634,412.28	应交税费	52,895,670.05	64,082,323.11
合同资产	0	0	其他应付款	78,241,192.22	74,984,395.34
持有待售资产	0	0	持有待售负债		
一年内到期的非流动资产	0	0	一年内到期的非流动负债	182,375,089.75	251,479,423.00
其他流动资产	0	0	其他流动负债		
流动资产合计	5,787,490,855.32	5,907,281,909.08	流动负债合计	3,882,666,703.85	4,337,281,600.97
非流动资产：			非流动负债：		
债权投资	0	0	长期借款	680,000,000.00	375,000,000.00
其他债权投资	0	0	应付债券	942,603,611.00	939,862,708.00
长期应收款	0	0	其中：优先股		
长期股权投资	1,464,221,086.00	1,417,112,778.93	永续债		
其他权益工具投资	0	0	租赁负债	0	0
其他非流动金融资产	0	0	长期应付款	132,225,140.93	206,612,263.38
投资性房地产	0	0	预计负债	19,991,968.30	7,183,978.59
固定资产	1,009,102,975.19	891,123,279.52	递延收益		
在建工程	9,582,923.27	97,228,104.74	递延所得税负债		
生产性生物资产	0	0	其他非流动负债	68,520,067.28	30,835,901.11
油气资产	0	0	非流动负债合计	1,843,340,787.51	1,559,494,851.08
使用权资产	0	0	负债合计	5,726,007,491.36	5,896,776,452.05
无形资产	72,483,948.54	4,150,824.43	所有者权益（或股东权益）：		
开发支出	0	0	实收资本（或股本）	608,484,542.00	608,484,542.00
商誉	0	0	其他权益工具	0	0
长期待摊费用	1,226,457.73	20,814,174.90	其中：优先股	0	0
递延所得税资产	0	0	永续债	0	0
其他非流动资产	0	0	资本公积	1,212,107,147.09	1,212,107,147.09
非流动资产合计	2,556,617,390.73	2,430,429,162.52	减：库存股	0	0
			其他综合收益	0	0
			专项储备	0	0
			盈余公积	151,469,210.40	134,752,596.89
			未分配利润	636,039,855.20	485,590,333.57
			所有者权益（或股东）合计	2,608,100,754.69	2,440,934,619.55
资产总计	8,334,108,246.05	8,337,711,071.60	负债和所有者权益（或股东权益）总计	8,334,108,246.05	8,337,711,071.60

表 4－13　　**利润表**

单位名称：丁公司　　2020 年 12 月　　单位：元

项目	本期金额	上期金额
一、营业收入	3, 484, 781, 115. 55	3, 945, 599, 819. 54
减：营业成本	2, 839, 099, 868. 59	3, 156, 045, 216. 96
税金及附加	13, 924, 221. 53	16, 136, 828. 55
销售费用	152, 279, 940. 38	168, 958, 761. 95
管理费用	140, 282, 857. 97	155, 340, 342. 66
研发费用	70, 141, 428. 99	51, 780, 114. 22
财务费用	220, 267, 593. 05	147, 454, 013. 62
其中：利息费用	202, 257, 564. 82	132, 589, 564. 24
利息收入	9, 584, 857. 54	8, 598, 234. 52
加：其他收益	680, 000. 00	13, 545, 287. 65
投资收益（损失以“－”号填列）	－9, 000, 000. 00	12, 500, 000. 00
其中：对联营企业和合营企业的投资收益	－8, 800, 000. 00	12, 500, 000. 00
以摊余成本计量的金融资产终止确认收益（损失以“－”号填列）	0	0
净敞口套期收益（损失以“－”号填列）	0	0
公允价值变动收益（损失以“－”号填列）	－12, 500, 000. 00	0
信用减值损失（损失以“－”号填列）	－5, 870, 000. 00	－6, 250, 000. 00
资产减值损失（损失以“－”号填列）	0	0
资产处置收益（损失以“－”号填列）	1, 394, 061. 47	6, 568, 768. 38
二、营业利润（亏损以“－”号填列）	223, 489, 266. 51	276, 248, 597. 61
加：营业外收入	7, 869, 872. 34	8, 582, 687. 48
减：营业外支出	5, 458, 956. 23	2, 158, 364. 52
三、利润总额（亏损以“－”号填列）	225, 900, 182. 62	282, 672, 920. 57
减：所得税费用	58, 734, 047. 48	74, 908, 323. 95
四、净利润（净亏损以“－”号填列）	167, 166, 135. 14	207, 764, 596. 62
（一）持续经营净利润（净亏损以“－”号填列）	167, 166, 135. 14	207, 764, 596. 62
（二）终止经营净利润（净亏损以“－”号填列）	0	0
五、其他综合收益的税后净额	0	0
（一）不能重分类进损益的其他综合收益	0	0
1. 重新计量设定受益计划变动额	0	0
2. 权益法下不能转损益的其他综合收益	0	0
3. 其他权益工具投资公允价值变动	0	0
4. 企业自身信用风险公允价值变动	0	0
……		

续表

项目	本期金额	上期金额
（二）将重分类进损益的其他综合收益	0	0
1. 权益法下可转损益的其他综合收益	0	0
2. 其他债权投资公允价值变动	0	0
3. 金融资产重分类计入其他综合收益的金额	0	0
4. 其他债权投资信用减值准备	0	0
5. 现金流量套期储备	0	0
6. 外币财务报表折算差额	0	0
……		
六、综合收益总额	167, 166, 135. 14	207, 764, 596. 62
七、每股收益：		
（一）基本每股收益	略	略
（二）稀释每股收益	略	略

表 4－14　　　　现金流量表

编制单位：丁公司　　　　2020 年 12 月　　　　单位：元

项目	本期金额	上期金额
一、经营活动产生的现金流量：		
销售商品、提供劳务收到的现金	2, 964, 108, 325. 28	3, 703, 125, 401. 00
收到的税费返还	957, 114. 40	
收到其他与经营活动有关的资金	101, 022, 454. 12	16, 454, 721. 00
经营活动现金流入小计	3, 066, 087, 893. 80	3, 719, 580, 122. 00
购买商品、接受劳务支付的现金	3, 197, 438, 365. 73	3, 682, 845, 394. 00
支付给职工以及为职工支付的现金	466, 237, 761. 88	478, 076, 414. 00
支付的各项税费	167, 527, 072. 16	174, 080, 565. 00
支付其他与经营活动有关的现金	350, 166, 667. 11	369, 268, 938. 00
经营活动现金流出小计	4, 181, 369, 866. 88	4, 704, 271, 311. 00
经营活动产生的现金流量净额	－1, 115, 281, 973. 08	－984, 691, 189. 00
二、投资活动产生的现金流量：		
收回投资收到的现金		
取得投资收益收到的现金		
处置固定资产、无形资产和其他长期资产收回的现金净额	16, 012, 400. 00	12, 178, 177. 00
处置子公司及其他营业单位收到的现金净额		
收到其他与投资活动有关的现金		7, 490, 249. 00
投资活动现金流入小计	16, 012, 400. 00	19, 668, 426. 00
购建固定资产、无形资产和其他长期资产支付的现金	43, 682, 316. 10	92, 223, 670. 00
投资支付的现金	80, 100, 000. 00	

续表

项目	本期金额	上期金额
取得子公司及其他营业单位支付的现金净额	36, 530, 000. 00	730, 929, 998. 00
支付其他与投资活动有关的现金		
投资活动现金流出小计	160, 312, 316. 10	823, 153, 668. 00
投资活动产生的现金流量净额	-144, 299, 916. 10	-803, 485, 242. 00
三、筹资活动产生的现金流量：		
吸收投资收到的现金		
取得借款收到的现金	2, 636, 600, 000. 00	2, 109, 564, 000. 00
收到其他与筹资活动有关的现金		1, 241, 000, 000. 00
筹资活动现金流入小计	2, 636, 600, 000. 00	3, 350, 564, 000. 00
偿还债务支付的现金	1, 726, 000, 000. 00	1, 201, 564, 000. 00
分配股利、利润或偿付利息支付的现金	286, 894, 338. 93	122, 376, 110. 00
支付其他与筹资活动有关的现金	111, 420, 451. 73	34, 651, 690. 00
筹资活动现金流出小计	2, 124, 314, 790. 66	1, 358, 591, 800. 00
筹资活动产生的现金流量净额	512, 285, 209. 34	1, 991, 972, 200. 00
四、汇率变动对现金及现金等价物的影响		
五、现金及现金等价物净增加额	-747, 296, 679. 84	203, 795, 769. 00
加：期初现金及现金等价物余额	1, 201, 139, 170. 00	997, 343, 401. 00
六、期末现金及现金等价物余额	453, 842, 490. 16	1, 201, 139, 170. 00

计算的主要财务指标值及变动值如表 4-15 所示。

表 4-15　丁公司主要财务指标变动表

评价内容	财务指标	2019 年	2020 年	变动额
盈利能力状况	毛利率	20. 01%	18. 53%	-1. 48%
	净资产收益率	8. 51%	6. 41%	-2. 1%
	总资产报酬率	2. 49%	2. 01%	-0. 48%
资产质量状况	存货周转率	1. 28	1. 31	0. 03
	应收账款周转率	2. 65	1. 42	-1. 23
	总资产周转率	0. 47	0. 42	0. 05
债务风险状况	资产负债率	70. 72%	68. 71%	-2. 01%
	已获利息倍数	3. 12	2. 17	-0. 96
经营增长状况	销售（营业）增长率	-11. 68%	10%	-21. 68%
	资本保值增值率	99. 96%	101. 2%	-1. 24%

注：计算相关财务指标时，为简化计算，资产负债表项目数据都用期末数，企业上年的营业收入增长率 10. 25%、资本保值增值率为 101. 2%。

【要求】根据上述资料对丁公司综合绩效进行评价。

（1）丁公司2020年与2019年相比盈利能力出现下降，主要是毛利率下降，财务费用上升，投资收益和其他收益大幅减少引起的。

（2）丁公司总资产周转率、存货周转率变动不大，但是应收账款周转率大幅下降，要注意企业坏账的风险。

（3）丁公司的资产负债率70%左右，债务负担比较重，要注意企业的财务风险。

（4）丁公司本期的收入出现下降，要了解其减少的原因。由于企业本期盈利能力下降，未实现资本保值增值，企业的成长能力较差。

（二）涉税分析

财务报表涉税分析就是通过对财务报表进行趋势变动分析、财务比率分析，以及重要报表项目分析，找出企业可能存在的涉税风险，为税务稽查、税收风险管理、大企业管理等提供方向性指导。（下面以丁公司报表项目变动为例进行涉税分析）

1. 趋势分析法在涉税分析中的运用

第一步：计算变动异常的报表项目（变动率超过30%，或者变动金额超过1亿元）的变动数值。如表4－16所示。

表4－16　　丁公司报表项目趋势变动表　　单位：元

项目	2020年	2019年	差异－金额	差异－增减百分比
货币资金	493, 089, 021. 54	1, 253, 639, 350. 96	－760, 550, 329. 42	－60. 67%
交易性金融资产	61, 000, 000. 00	0	61, 000, 000. 00	
应收票据	527, 466, 859. 19	303, 872, 132. 46	223, 594, 726. 73	73. 58%
应收账款	1, 926, 992, 367. 42	1, 184, 667, 320. 93	742, 325, 046. 49	62. 66%
存货	2, 668, 991, 883. 46	3, 072, 634, 412. 28	－403, 642, 528. 82	13. 14%
固定资产	1, 009, 102, 975. 19	891, 123, 279. 52	117, 979, 695. 67	13. 24%
在建工程	9, 582, 923. 27	97, 228, 104. 74	－87, 645, 181. 47	－90. 14%
无形资产	72, 483, 948. 54	4, 150, 824. 43	68, 333, 124. 11	1, 646. 25%
长期待摊费用	1, 226, 457. 73	20, 814, 174. 90	－19, 587, 717. 17	－94. 11%
短期借款	1, 843, 000, 000. 00	1, 195, 000, 000. 00	648, 000, 000. 00	54. 23%
应付票据	611, 537, 160. 31	1, 314, 535, 011. 97	－702, 997, 851. 66	－53. 48%
应付账款	916, 495, 869. 58	1, 154, 896, 981. 25	－238, 401, 111. 67	－20. 64%

续表

项目	2020 年	2019 年	差异－金额	差异－增减百分比
应付职工薪酬	62, 037, 996. 63	29, 090, 107. 75	32, 947, 888. 88	113. 26%
预收款项	136, 083, 725. 31	253, 213, 358. 55	－117, 129, 633. 24	－46. 26%
长期借款	680, 000, 000. 00	375, 000, 000. 00	305, 000, 000. 00	81. 33%
预计负债	19, 991, 968. 30	7, 183, 978. 59	12, 807, 989. 71	178. 29%
未分配利润	636, 039, 855. 20	485, 590, 333. 57	150, 449, 521. 63	30. 98%
营业收入	3, 484, 781, 115. 55	3, 945, 599, 819. 54	－460, 818, 703. 99	－11. 68%
营业成本	2, 839, 099, 868. 59	3, 156, 045, 216. 96	－316, 945, 348. 37	－10. 04%
研发费用	70, 141, 428. 99	51, 780, 114. 22	18, 361, 314. 77	35. 46%
利息费用	202, 257, 564. 82	132, 589, 564. 24	69, 668, 000. 58	52. 54%
其他收益	680, 000. 00	13, 545, 287. 65	－12, 865, 287. 65	－94. 98%
公允价值变动收益	－12, 500, 000. 00	0	－12, 500, 000. 00	
其中：对联营企业和合营企业的投资收益	－8, 800, 000. 00	12, 500, 000. 00	－2, 1300, 000. 00	－170. 4%
资产处置收益	1, 394, 061. 47	6, 568, 768. 38	－5, 174, 706. 91	－78. 78%
营业外支出	5, 458, 956. 23	2, 158, 364. 52	3, 300, 591. 71	152. 92%
销售商品、提供劳务收到的现金	2, 964, 108, 325. 28	3, 703, 125, 401. 00	－739, 017, 075. 72	－19. 96%
收到的税费返还	957, 114. 40		957, 114. 40	
收到其他与经营活动有关的资金	101, 022, 454. 12	16, 454, 721. 00	84, 567, 733. 12	513. 94%
购买商品、接受劳务支付的现金	3, 197, 438, 365. 73	3, 682, 845, 394. 00	－485, 407, 028. 27	13. 18%
购建固定资产、无形资产和其他长期资产支付的现金	43, 682, 316. 10	92, 223, 670. 00	－48, 541, 353. 9	－52. 63%
取得子公司及其他营业单位支付的现金净额	36, 530, 000. 00	730, 929, 998. 00	－694, 399, 998. 00	－95. 00%
取得借款收到的现金	2, 636, 600, 000. 00	2, 109, 564, 000. 00	527, 036, 000. 00	24. 98%
偿还债务支付的现金	1, 726, 000, 000. 00	1, 201, 564, 000. 00	524, 436, 000. 00	43. 65%
分配股利、利润或偿付利息支付的现金	286, 894, 338. 93	122, 376, 110. 00	164, 518, 228. 93	134. 44%

第二步：分析趋势变动的原因和可能存在的涉税风险。

（1）货币资金期末与期初相比大幅减少，销售商品、提供劳务收到的现金也减少 7 亿多元，应付账款、应付票据也大幅减少，要进一步了解货币资金的去向，同时注意企业是否存在现金收入未入账的情况。

（2）应收票据、应收账款增加 10 亿多元，但是企业利润表上的营业收入下降 4 亿多元，同时企业的货币资金也大幅减少，要关注应收票据、应收账款的对应账户，分析企业是否存在隐瞒收入的问题。

（3）本期新增交易性金融资产、利润表上也体现发生了公允价值变动损失，需要结合企业所得税年度申报《纳税调整项目明细表》，关注其初始投资成本和公允价值变动损益是否进行了纳税调整。

（4）存货减少一般是用于销售，利润表上的营业收入相应会有所增加，但是该企业利润表上的营业收入却下降了 4 亿多元，应进一步关注存货的去向，分析企业是否存在隐瞒收入的问题。

（5）固定资产、无形资产增加近 1.5 亿元，但现金流量表中“购建固定资产、无形资产和其他长期资产所支付的现金”只有 4300 多万元，要注意固定资产是否有别的来源渠道，因为不同的来源渠道会涉及不同的涉税问题。

（6）在建工程大幅减少 9000 万元左右，应了解其是否结转至固定资产，如果是生产线，要注意其试运行收入是否申报缴纳相关税费。

（7）长期待摊费用大幅减少 94.11%，要注意会计上的摊销期是否符合税法规定。

（8）应付账款、应付票据大幅减少，但是企业现金流量表中“本期购买商品、接受劳务支付的现金”与上期相比却出现了下降，应关注企业是否存在债务重组的问题。

（9）短期借款、长期借款本期与上期相比增加 9 亿多元，利润表上的利息费用也增加 7000 万元左右，应该是比较正常的。

（10）预计负债增加 1200 多万元，由于预计损失在企业所得税税前不能扣除，应注意其在企业所得税年度申报《纳税调整项目明细表》中是否进行了纳税调整。

（11）未分配利润增加 1.5 亿元左右，是由于企业当期未进行利润分配。企业按净利润的 10% 提取法定盈余公积，其余全部形成了未分配利润。

（12）营业收入下降 4 亿多元，要结合市场情况，分析其下降是否正常，同时营业成本的下降幅度小于营业收入的下降幅度，要注意企业是否存在多列成本的问题。

（13）研发费用增加 30% 以上，要注意其是否多列研发费用，研发费用是否符合加计扣除的条件。

（14）其他收益与上期相比大幅减少，而且现金流量表中收到税费返还 95 万余元，而利润表上的其他收益只有 68 万元，要注意企业是否存在有政府补助未入账的情况。

（15）资产处置收益本期与上期相比大幅下降，而现金流量表上的处置固定资产、无形资产和其他长期资产收回的现金净额有所增加，要注意企业资产处置损益计算是否正确。

（16）营业外支出大幅增加，要注意企业是否多列支出，是否符合企业所得税税前扣除条件。

（17）企业取得借款和偿还债务所支付的现金增加是由于企业经营规模增大以及到期债务增多。

（18）分配股利、利润或偿付利息支付的现金增加是由于本期付息支出增加引起的，但其付息支出大于利润表上的利息费用，要进一步了解原因。

2. 财务比率分析法在涉税分析中的运用

（1）毛利率下降，要注意企业是否存在少计收入、多计成本费用的问题。

（2）净资产收益率下降，要注意企业是否存在多列期间费用、营业外支出、资产损失和少计投资收益、其他收益的问题。

（3）应收账款周转率大幅下降，要注意企业是否存在少计收入的风险，或者是否存在无法收回的应收账款。

（4）资产负债率在70%左右，要关注企业支付税款的能力。

3. 重要报表项目的涉税分析

重要报表项目主要是占总资产、总收入比重比较大的，或者税收风险比较大的项目，例如，其他应收款、其他应付款、预收款项等，以及有税会差异的项目。

占总资产、总收入比重比较大的项目在趋势分析中已经涉及，本处就不再重述。其他应收款余额大，要注意关联方资金借款的问题；其他应付款余额大，要注意可能存在隐瞒收入或者民间融资的问题。丁公司其他应收款、其他应付款占总资产的比重在0.5%左右，符合行业特点，存在问题的可能性不大。

丁公司利润表中的信用减值损失不允许企业所得税税前扣除，公允价值变动不计入当期应纳税所得额，以及按照持股比例计算的联营合营的投资损失不允许企业所得税税前扣除，应进一步关注该企业在企业所得税申报表中是否进行了纳税调整。

第三节 智能财务背景下的财务分析

随着信息化时代的到来，企业需要处理越来越多的来自内、外部事务的繁琐数据，大大加重了企业财务人员的工作负担。如何对这些数据进行精准地分类及汇总，是企业财务分析面临的首要问题。这些实际业务中的问题与当下最热的大数据、云计算、区块链、“互联网+”、人工智能、商业智能等现代信息技术相结合，产生了智能财务这一概念。智能财务是覆盖财务流程的智能化，涵盖三个层面：一是基于业务与财务相融合的智能财务共享平台，这是智能财务的基础；二是基于商业智能的智能管理会计平台，这是智能财务的核心；三是基于人工智能的智能财务平台，这代表智能财务的发展方向。需要注意的是，智能财务并不等同于财务智能，财务智能属于商务智能的一种，主要指利用人工智能技术与大量企业电子化财务数据，为传统财务分析设立计算机分析模型，从而得出企业的经营分析诊断报告。从定义上分析，二者的关系是财务智能属于智能财务的一部分，即智能财务分析。随着智能财务的迅猛发展，企业的实际财务工作方式与方法都发生了翻天覆地的变化，越来越多的企业已成功实现了“财务机器人”在实际工作中的运用，代替过去需要人工进行的简单却高度重复的工作，如会计核算。在信息化时代，信息的更新十分迅速，只把财务工作做对远远不够，还需要迅速得出结果以满足企业快速发展对信息的要求。而“财务机器人”在保证核算工作正确率的前提下，还大大提高了核算速度。因此，企业越来越重视对相关数据的挖掘与分析，也就是对企业的日常经营活动产生的数据进行财务分析。与此同时，财务分析所需要的数据与其他业务一样更新迅速，只要市场一直运作，在企业持续经营的假设之下，来自企业内、外部的数据与信息都是瞬息万变的，传统财务分析工作已无法满足企业对信息更新的需求，智能财务分析应运而生。

一、智能财务分析的特征

智能财务是人工智能与商业智能结合而衍生的概念。随着时代的发展，自20世纪90年代引入会计电算化以来，我国企业的许多会计工作都实现了无纸化，但基础的业务工作数据录入和统计仍停留在纸上办公状态。智能财务中的业财融合，是指以业务部门为动力源，财务部门通过电子信息化方法与技术使企业日常经营活动的三大流程——业务流程、会计核算流程和管理流程实现有机融合，使财务数据与业务数据融为一体，并进行实时共享，以便信息使用者能实时获取最新信息，掌控企业的经营状况。与此同时，会计人员工作角色也从维持价值向创造价值转换。智能财务的核心是商业智能，数据和分析是财务分析的两大核心，财务分析始于数据，重在分析。商业智能是针对企业业财融合得到的大量数据，利用合适的筛选、查询、分析建模等功能进行数据的分析与处理。商业智能可以利用计算机快速运算的功能，尤其是大数据、云计算技术，及时、有效、准确、可靠地为企业管理者及其他信息使用者提供多样化、立体化的财务分析结果。同时，基于人工智能的深度发展，除已存在的“财务机器人”进行会计凭证处理等基础性、重复性工作外，人工智能作为智能财务的发展平台，基于人工智能的深度学习可以将各个企业财务分析模型及财务分析方法录入智能财务系统，实现智能财务分析。根据人工智能的计算能力、反应能力及逻辑性，智能财务分析可在口径一致的情况下进行横向、纵向对比，由果寻因，层层挖掘财务分析结果与正常值或正常区间范围相斥的原因，甚至可以在深度学习的基础上给出改变异常数据的建议。总的来说，智能财务分析具有流程化、分析结果可视化、精准化、动态实时化等特点。

（一）智能财务分析更具流程化

智能财务分析的数据来源于业财融合中企业的业务流程、会计核算流程和管理流程，财务人员根据预设程序进行数据的填列并上传至下一个环节，环环相扣，实现智能财务分析流程化作业。例如，会计的核算工作就是把会计分录预先设定好，智能财务系统根据填列的基础数据按设定规则进行会计账务处理，实现会计核算工作流程的智能化。以此类推，智能财务系统再将三大流程数据的初步采集及核算分类数据结果传递至下一个环节，即提前建立的财务分析模型，进行智能财务分析，最后得出分析结果，并自动传送至不同信息使用者。整个分析过程无须人工参与，体现了智能财务分析的流程化特点。

（二）智能财务分析更具可视化

传统的财务报表分析无论是过程还是结果，都是数字与公式的堆积，对于报表使用者来说，分析结果并不直观。而智能财务分析可以对财务分析结果进行绘图，通过图表将复杂的数据分析结果直观地呈现出来。例如，分析企业的资本结构时，可以利用饼状图将长期债务、普通股和优先股的比例展现出来，更为直观。

（三）智能财务分析更具精准化

1. 初步数据收集精准化

由于智能财务所采集的数据来源于业财融合的统计结果，对不同部门、不同工作流程的数据都按“分类—审核—汇总”的流程进行。如果企业的管理人员要抽查基层工作情况，可以直接从系统中调取相应部门的流程数据，实现数据收集的精准化。

2. 锁定使用对象精准化

企业的利益相关者都是财务分析结果的使用者，包括股东、管理人员，以及证券市场股票散户等。通过智能财务分析平台，可以利用系统用户加密等方式，使不同使用者有且仅有其对应财务分析结果模块查看的权限，实现分析结果的使用对象精准化。

（四）智能财务分析更具实时化

传统的财务报表分析只能基于过去的数据进行相关分析，分析结果具有一定延迟性。管理者分析企业现状时只能根据企业最近经营情况，结合最近财务报表分析结果进行估计。而应用智能财务分析后，在具备业财融合条件下，企业的信息都与日常经营状况密切联系，并在智能财务平台实时更新，使企业的发展动态实时可观测。企业管理者只需进入智能财务平台查看相关数据，即可了解企业近期的营运能力、偿债能力及盈利能力。例如，新冠肺炎疫情暴发后，很多企业无法复工复产，即便复工复产的企业，其日常开支和收入也因疫情而受到影响。利用智能财务平台，管理人员可以实时监测企业具体状况及因疫情产生的特殊收支，并采取措施加以应对。而传统财务分析要经过层层传递、加工才能将分析结果呈现给管理者，管理者再根据分析结果采取相应的应对措施，这对企业来说可能为时已晚。

（五）智能财务分析结果更具可比性

智能财务分析可以对分析结果进行对比性研究。企业可以将同行业相关公开数据导入智能财务系统进行同期的横向对比，同时也可以选择行业内的佼佼者或竞争者进行不同时期的纵向对比，另外也可以将本企业不同年度财务分析结果进行自我纵向对比。利用商业智能与人工智能的模型及深度学习经验，可以分析企业自身与其他企业相比存在的不足之处，提出改进建议，同时通过对自身不同时期的分析，总结企业发展过程中存在的问题及应对措施。

二、智能财务背景下财务分析现状

智能财务是在业财融合、商业智能与人工智能的基础上衍生而来的。商业智能的概念在1996年最早由加特纳集团（Gartner Group）提出，但受制于当时的计算机技术，发展较缓慢。近年来，随着计算机技术的不断发展与网络信息技术的不断进步，商业智能才进入高速发展期。但就目前而言，智能财务对于企业来说还是新生事物，机遇与风险并存，我国使用智能财务进行财务分析的企业为数不多，仅一些资金雄厚的大型企业有所应用，中小型企业中并未普及。在当下的信息大数据时代，智能财务分析的优点显而易见，加之在海尔、华为等大型企业倡导下的业财融合迅速受到企业管理者追捧，以及随着商业智能与人工智能的不断发展，智能财务分析在我国的应用前景十分乐观。与此同时，其存在的问题与面临的挑战也不容忽视。

（一）亟须财会人员转型及管理结构的变革

目前，企业的财务人员大多停留在传统财务工作层面，仅熟知相关会计处理等财务知识，对于智能财务所需的计算机知识、互联网知识和大数据、云计算知识等的储备远远达不到要求。由于智能财务系统仅数据录入环节需要人工操作，财务人员的某些工作难免流于形式。只有人机结合才是最佳“搭配”，因为非财务数据难以量化，仍要依靠财务人员进行专业判断。

在企业引入智能财务系统及进行业财融合的背景之下，财务工作与企业的所有经营活动都息息相关，财务人员需要深入企业的各业务部门，也意味着企业现有的结构需要进行变革。

（二）财务分析信息数据亟须系统整合

首先是信息数据的筛选。即便是一家小微企业，其日常经营活动也会产生很多信息数据，但并非所有信息数据都有价值。面对海量信息数据，需要去粗取精，筛选出对企业日常经营、前景发展有关键作用的信息数据，才能真正发挥财务分析的作用，否则利用不相关数据分析得出的结果对企业将无一用处。因此，如何选取有价值的信息数据是智能财务分析面临的问题之一。

其次是信息数据的处理。影响企业发展与运营的因素包含可量化与不可量化的信息数据两个方面，而对于不可量化的信息数据如何处理是智能财务分析面临的一大难题。

最后是信息数据口径的统一。信息数据录入过程中，业务部门的某些基础信息数据口径难以统一，因为统一之后可能影响财务分析结果。例如，一些触碰了法律底线的特殊业务，也许其涉及的非法交易金额很小，但一旦与基础信息数据的口径、单位保持一致，这一交易就可能被隐藏。

（三）智能财务分析技术研发亟待提高

虽然智能财务是当下热点，但在我国企业中并没有普及。由于智能财务系统研发费用高、逻辑性强，仅一些大型企业进行了应用，中小型企业不敢也没有雄厚的资金引入。所以，智能财务系统的许多方面都仍在探索之中。有的企业可能通过选择代理记账机构实现了智能财务分析，但由于是业务外包，涉及本公司的商业机密时无法完全做到业财融合，势必影响企业智能财务分析的结果及应用效果。企业采用外包的方式进行智能财务分析，就分析结果而言，如果两个不同行业的企业对于同一项内容存在同样的问题，那么分析结果对于特定行业的企业并不具有针对性。

（四）加强财务分析信息数据的保密性尤为重要

智能财务分析还面临信息数据的泄露及计算机病毒对智能财务系统安全性影响等问题。在使用智能财务系统时，企业几乎所有信息数据都储存在系统中，一旦泄露，将对企业造成难以弥补的危害。另外，智能财务系统并不封闭，向利益相关者输出结果时，可能使企业信息暴露在网络环境之中，处理不当会带来难以估量的损失。这就对智能财务系统的安全性提出了较高要求。

（五）对智能财务技术的依赖程度亟待完善、优化

随着人工智能技术的不断发展，在许多领域机器人取代人类似乎指日可待。虽然智能财务快速发展，但是财务工作的智能化在很大程度上还流于形式，缺乏深度探究与发现。各企业对于智能财务的推崇可能会对整个财务领域理论知识的探讨与研究产生负面影响。另外，财务人员过度依赖智能财务技术会导致自身丧失职业判断能力，而智能财务的判断能力是通过深度学习得来，财务人员职业能力的下降可能反向导致智能财务分析水平的下降，甚至会形成恶性循环，不利于财务专业技术的发展。

三、智能财务背景下财务分析前瞻

智能财务分析将给企业财务分析带来革命性变化，但同时也会带来很多问题，应发挥智能财务分析对于企业发展和运营的优势，并采取措施积极应对数据信息泄露等方面的劣势，使智能财务分析作为一种新的分析方式，更好地应

用于企业实践，为企业创造价值。

（一）构建智能财务分析体系

财务分析在企业管理中有着极为重要的作用，大数据时代财务转型背景下构建智能财务分析体系可以为企业可持续发展提供足够的动力。智能财务分析借助人工智能技术按照一定的业务逻辑实现对海量结构化和非结构化数据的采集、查询、计算与分析，并按设定的模板自动生成分析报告，如预算执行报告、部门运行报告等。

1. 以经营为导向

智能财务分析体系设计时要充分考虑企业自身经营特点，以经营为导向，理清业务的基本逻辑以及与财务的关系，可以使用不同的分析方法与手段，同时实现内部数据与外部市场、行业、政策等必要数据的对接。

2. 实施全过程分析

智能财务分析可以实现全过程分析。事前，智能分析系统按照固定的流程、标准及方法对数据进行处理，并模拟设置不同条件下的变量值，最终输出事前预测的目标值。事中，智能分析系统会随时关注指标执行情况，一旦有变化，及时发出预警，有效纠正偏差。事后，与事前预测进行对比差异分析，探讨原因，找出主要因素，并制定出有针对性的解决方案。财务分析利用大数据的先天优势，实现全过程分析，使得企业经营各个环节都得到有效管控，形成贯穿整个企业价值链的闭环式智能分析体系，这将极大地提升财务分析的价值。

3. 实行财务与非财务指标相结合

建立科学的财务分析体系，一是要继续完善财务指标，深入分析指标变化的原因及影响因素，以便更好地揭示企业经营规律。二是要充分开发非财务指标，例如技术人才储备、技术研发创新、新技术运用、消费者满意度等。三是财务与非财务指标结合使用，从而解决企业产品薄利却无法多销、产品政策没变而销量一直下滑等情况。只有结合非财务指标的分析，才会使财务分析更加完善与立体。

4. 体现交互与变化

企业经营是一个动态的过程，智能财务分析可以紧密结合企业经营活动，将财务分析结果及时运用到企业经营中去，又能从经营数据中及时感知经营的变化，并对变化有所体现，真正实现了人机交互。例如企业并购后，财务分析要及时调整，使数据在经营有变化时还具有可比性。

5. 创新财务分析方法

智能财务分析支持结构化与非结构化数据分析，实现了业财融合。传统的财务分析方法远远不能满足分析的需要，财务人员要敢于尝试新的方法运用于财务分析，例如标准成本法、质量管理、资源会计、环境会计等方法。

（二）建设融合数据平台

1. 业财数据集成与共享

数据是财务分析的基础与保证，实现智能财务分析的前提是借助大数据技术建立财务与业务数据融合共享的平台，打破目前数据框架，全面整合企业所需数据。业财数据实现融合共享才能使财务与业务的沟通与传递成为日常，也方便业务前端及时生成所需的业务分析。财务全面深入业务，确保各环节数据信息有效共享，才能实现跨部门的综合财务分析。

2. 业财数据同步

智能财务分析要建立适合自己企业特点的分析模型，在业财数据实现集成共享后，能实现业务数据与财务数据的双向传递与同步更新，而不像传统分析模式那样，数据只是单方向传递到财务部门。经营决策需要数据支撑，同时业务部门执行结果也表现为数据。只有业财数据做到同步无缝对接，智能财务分析才能真正为企业生产经营服务。

3. 加大业财指标关联度

业务是企业核心，财务分析是帮助业务提升的，所以财务必须深入理解业务，与业务部门深入沟通，基于业务流程与价值链环节，确保关键节点所设置的指标能体现与业务有较大关联度。如果业务发生调整要及时根据需要重新考虑设置新的关联指标。关联度高的指标才可以帮助业务管理找出薄弱环节，促进业务提升。

4. 合理考核业绩

企业管理的一项重要内容就是业绩考核，财务预算是标杆，财务分析可以帮助明确业绩考核的合理性及存在的不可控性。有时业绩不理想并不是员工不努力，也不是预算不合理，而是由于市场变化或其他原因造成的，财务要综合分析出原因，并给出一定的参考意见，这样才能为后续的价值创造贡献力量。

（三）强化大数据库建设与应用

智能财务分析有一套标准化、流程化的分析工具和模型，要想强化大数据分析应用，首先就是处理好数据与企业经营活动的关系，建立大数据库。

1. 非标准化数据

智能财务分析不但要更快更好地处理好财务数据和结构化数据，而且要利用新的财务分析工具和技术，对非财务数据加以反馈，以及对非结构化数据能从多维度加以体现，以解决标准化数据存在的局限性。

2. 内外部数据对接

智能化财务分析平台不仅能对接不同部门，实现数据共享与协同，而且可以与必要的外部数据做好对接，例如产业链上下游企业的相关数据、行业数据等。只有获取了决策所需的充分数据，财务分析才算准备到位。

3. 数据准确与精确

大数据库的数据准确性可以理解为两个方面：一方面，基础数据的来源要准确，这是确保财务分析质量的前提；另一方面，大数据下的智能化也意味着必然存在人为不可控的因素，也就是说会存在一定的不精确。智能财务分析在强调实时与效率的同时，不能保证绝对的精确。财务分析是面向未来的，所以在基础数据准确的前提下分析结果也可能不精确，财务人员需要加以仔细判断。

（四）实行精细化财务分析

精细化管理需要精细化财务分析做好决策支撑。

1. 流程化管理分析

精细化财务分析下的基础数据来源于不同的业务部门，业务数据应该渗透到业务流程的每个环节，这样方便财务分析时按流程环节查找问题，进行提升。

2. 全方位业务管理分析

精细化财务分析是为业务服务的，只有对业务管理进行全方位的分析才能把精细化管理的触角延伸到企业的供应商和客户。例如每一笔应收账款、每一批商品、每一笔付款等具体的数据都有责任人，并定时给出自己的分析，然后相关部门按业务性质统一汇总。

3. 岗位化成本管理分析

成本管理对于每个企业来说都是至关重要的。成本是由各个岗位产生的，精细化管理下有必要对成本进行岗位化的精细分析，每一岗位成本都要落实到相应岗位的具体人员。例如订货成本是否合理，要由具体的采购、生产和销售岗位共同负责。在智能财务分析体系中，对于成本的核算与分析也是非常及时的，每日都有反馈，细化成本单元，深入业务前端，动态掌握企业成本管理情况。

4. 项目化管理分析

大数据时代企业的管理更趋向于扁平化，决策管理人员直接面向的就是一线的大数据。那么财务人员以什么样的逻辑把分析结果呈现在管理人员面前?除了部门、产品，可能更多的是项目，这样的项目组是依据企业需要随时进行调整的，更加灵活。

（五）丰富财务分析形式

1. 多维度分析

智能财务分析不仅仅满足财务分析需要，还可以满足其他部门需要，从多个维度对企业进行分析。例如：业务部门对于客户、地区、产品等角度分析，或企业外部竞争对手分析；人事部门可以从入职员工基本信息进行分析等。

2. 实时分析

智能财务分析最大的优势就是体现在借助先进的信息化技术能够实施实时财务分析。只有做到实时分析才能体现智能化，信息才不是滞后的，这样才能帮助企业管理层及时应对内、外部复杂多变的经营环境。

3. 个性化分析

智能财务分析的分析模型应该是方便扩展的，管理人员可以根据决策的需要，灵活地定制一些具有个性化的财务分析模型，方便管理者主动地、多角度地思考与运用数据，这样才能满足不同数据使用者的需求。

以下案例是国内某集团公司智能财务分析系统（决策支持系统）简介，出于数据的安全、保密，目前无法获得其财务分析结果报告。

案例：

××集团公司智能财务决策支持系统简介

一、集团公司简介

××集团公司以现代农业为核心，以医药健康、城镇开发、金融投资为支撑，并构成产业体系。目前，集团注册资本43亿元，拥有直属企事业单位46

个，集团本部、二级、三级核算单位总共500多家。该集团财务信息化起步于2008年。2011—2014年开发应用资金管理系统；2012年开始进行YY财务系统建设，历经4年，基本实现业财一体化；2014年着手智能财务建设；2018年全面应用智能财务决策支持系统，目前应用情况总体良好。

二、集团公司智能财务决策支持系统简介

（一）智能财务决策支持系统的整体框架

从系统构成来看，智能财务决策支持系统主要是由多源异构数据层、集团经营决策数据共享平台、应用场景及建模工具平台、人机交互层等四个部分组成。

1. 多源异构数据层

主要通过数据仓库（DW）技术，将集团公司内部源财务数据、外部源财务数据和行业相关的其他财务数据，通过数据抽取、转换和加载（ETL）技术，对数据进行处理后，存储于数据仓库。

2. 集团经营决策数据共享平台

数据共享平台包括对数据访问、清洗、转换和装载，经过这四步数据处理，最终形成数据仓库，内部包含不同的数据集市。

3. 应用场景及建模工具平台

主要包括专家推理机以及大数据财务智能支持系统平台。智能决策建模平台，主要包括建模工具、建模主题两大部分，其中，建模工具主要包括报告引擎、报表引擎、指标引擎、仪表盘引擎、交互引擎等，建模主题主要涉及财务分析、供应链分析、成本分析、生产分析等。

4. 人机交互层

主要是基于数据层与数据处理层技术直接生成的财务与决策分析门户，通过分析展现模型，能综合、准确、快速了解企业生产经营情况。在此基础上，还增加数据指标逐层钻取、相互穿透，将集团经营数据形象化、直观化、具体化、可视化。全面实现管理过程的事前预测、事中控制、事后分析一体化企业绩效评价管控方案。

（二）智能财务决策支持系统功能简介

财务数据的多维度分析与展现主要是运用联机分析处理（OLAP）技术进行多维度数据分析，功能包括：①通过柱状图展现公司的核心指标，例如收入、利润、净资产收益率、归属母公司净利润、应收账款、存货等重点关注的关键业绩指标（KPI）以及指标同比情况。②通过仪表盘展现公司主要指标的预算完成情况。③通过下钻、穿透建立数据与数据之间的关联。柱状图和仪表盘都支持一键下钻功能，可以按公司层级层层下钻，也可以按板块、区域进行下钻，便于管理者实现对财务数据和数据背后异动原因的联动查询。

1. 财务分析报告智能化生成

财务分析报告智能化生成的主要特征包括：①问题导向的智能化模板，设置指标阈值，对指标异常变动进行数据分析和原因交互。②报告模板化、标准化。集团同板块、同类型企业采用标准化的分析报告。③“普通话＋方言”相结合的分析报告。“普通话”是指相同模块的设置、必须要分析的指标、专家模型结论，具有标准化的特点，而“方言”是指不同行业、不同规模的企业在分析模块、分析指标、指标阈值、原因分析等方面具有个性化的特点。④在线互动分析，引入智能交互功能，进行多岗位上下左右配合。⑤上级分析报告智能参照、引用下级分析。⑥智能检查漏报项目，对必须填而未填的项目提醒财务人员填写。⑦报告质量智能评价。内置评价指标，对财务分析师进行智能评价。⑧在各级集团合并报表生成后，智能生成财务分析报告，并做到及时发布、实时共享。

财务分析报告的内容包括主要财务指标变动分析、经营情况分析、预算完成及对标分析、存在问题及建议、需要说明的重要事项以及专家模型分析结论。有的子公司分析报告内容还包括运营特点、项目投资及完成情况等。

2. 集团智能财务对标应用功能

集团智能财务对标应用主要有三种应用场景，分别是预算对标、历史对标、行业对标。预算对标，是指与预算完成度相比，用于检查企业主要财务指标的预算完成情况，为企业下一年度制定预算提供依据。历史对标，是指将当期财务指标值与历史同期指标值相比，确定公司在同等发展情景下主要财务指标的变化情况，如差异较大，就会查找到底是经营的问题还是宏观和行业变化的原因造成的。关于行业对标，系统内置近十年的不同行业、不同规模的行业指标参数，并划分全行业、大型企业、中型企业、小型企业四个规模等级，内容涉及盈利能力状况指标、资产质量状况指标、债务风险状况指标、经营增长状况指标及补充指标等五大类近30个行业指标。

3. 集团智能财务风险预警应用功能

集团财务风险预警基于对标预警评价指标体系，根据内、外部资料信息收集（包括财务审计数据等内部风险源，外部政策，舆论新闻等外部风险源），利用数据挖掘与大数据爬虫技术，实时监测企业风险因子的变动过程；对各种风险状态通过设定预警线（包括根据国资委公布的综合绩效评价指标确定的对标预警标准和等级）来评价风险量级，智能生成风险预警报告，向管理者实时发出预警信息并给出应对相关风险预警的措施建议。集团公司各风险归口部门和所属单位跟踪关键风险指标，判断和预测各类风险指标的变化，分析风险发展的趋势。

总之，企业的经营管理离不开财务分析，大数据、人工智能时代财务转型已在进一步深化，对财务分析也提出了更高的要求。只有转变财务分析思维，利用信息化技术构建智能化财务分析体系，让大数据发挥应有的价值，做到财务分析与业务同步，做好经营业务分析，才能让企业在竞争中保持优势，推动企业可持续发展。

第五章　风险导向下的审计思维

第一节　会计领域的审计与审计规范体系

一、审计的定义与发展

（一）审计的概念及属性

随着我国经济的发展，尤其是资本市场的发展壮大，审计在社会经济监督中的作用日趋重要。审计是由专职机构或人员接受委托或授权，对被审计单位一定时期的财务报表和其他资料及其所反映经济活动按照法规和一定的标准进行审核检查，收集和整理证据，以判明有关资料的合法性、公允性、一贯性和经济活动的合规性、效益性，并出具审计报告的具有独立性的经济监督、评价、鉴证活动。其目的在于确定、解除被审计单位的受托经济责任和加强对被审计单位的管理、控制。[①]

1. 审计的主体

审计的主体，是指从事审计工作的专职机构或专职人员。其中，专职机构是指政府审计机关、内部审计机构和会计师事务所，专职人员是指专门从事政府审计、内部审计工作的人员和依法经批准执业的注册会计师。

2. 审计的对象

审计的对象，是指被审计单位的财政、财务收支及其有关的经济管理活动，以及作为提供这些经济活动信息载体的会计资料和其他有关资料。会计资料和其他有关资料是审计对象的形式，其所反映的被审计单位的财政、财务收支及其有关的经济管理活动是审计对象的本质。

3. 审计的核心工作

审计的核心工作是进行审核检查、收集和整理证据。审计的过程就是对审计证据的不断收集、整理、分析、判别的过程。这也是审计工作区别于其他经

---

① 耿建新，宋常．审计学［M］．北京：中国人民大学出版社，1999：1.

济监督、管理工作的重要特征，是实际进行审计业务工作的主要内容和基本工作方式。

4. 审计的依据

审计的依据是经济法规和一定的标准，是对被审计对象进行判断和评价的依据。要作出审计结论、提出审计意见就必须有明确的权威性地评判被审计事项的依据。审计依据因管辖范围和权威性大小不同分为国家法律，国务院颁布的行政法规，地方性法律、法规，主管部门制定的规章制度，被审计单位制定的规章制度等。

5. 审计的基本目标

审计工作的基本目标是判明有关资料的合法性、公允性和经济活动的真实性、合规性、效益性，并出具审计报告。审计人员要通过其自身的工作对被审计单位的相关资料及其反映的经济活动作出判断，并将该判断（形成的审计结论）以书面报告的形式转达给委托或授权单位。

6. 审计的职能

审计的职能是指审计本身所具有的内在功能，它由审计本身的特征和地位所决定，是审计本质的客观反映。审计具有经济监督、经济评价和经济鉴证三种基本职能。经济监督是审计最基本的职能。

（二）我国审计的发展历程①

审计是社会经济发展到一定阶段的产物。当生产资料的所有权与其经营权或管理权相互分离时，就会出现因授权或委托经营、管理而发生的经济责任关系。这种由经营者或管理者向所有者承担的经济责任，只有经过与责任履行者不存在经济利害关系的人员，由所有者授权或委托而独立地进行审查和评价，才能予以确立或者解除。因此，出于对确定经营者或管理者是否履行经济责任的需要，就产生了审计。

1. 古代审计的产生

审计监督制度由来已久，渊源久远。早在距今3000年前的西周时期，中国出现了带有审计职能的官职——宰夫，这是国家审计的萌芽；秦汉时期实行“上计”制度，对经济活动的监督有所加强；隋唐时期，在刑部之下设“比部”，建立了比较独立的审计机构；公元992年，宋代设立审计院，是我国审

① 耿建新，宋常．审计学［M］．北京：中国人民大学出版社，1999：13－15．

计机构定名之始，“审计”一词正式出现；元、明、清三代均未设立专门的审计机构，大部分审计职能并入御史监察机构。

2. 近代审计的形成

1911 年辛亥革命以后，北洋政府和南京国民政府也先后设立了审计院，颁布了《审计法》。1928 年，南京的国民政府设立审计院，后改为隶属于监察院的审计部。第二次国内革命战争时期，中国共产党领导下的革命根据地也实行了审计监督制度。1932 年，中央革命根据地成立了中华苏维埃中央审计委员会；1934 年，中华苏维埃共和国中央政府颁布了《审计条例》，明确规定了中华苏维埃共和国审计机关的职权、审计程序、审计规则等。这是中央苏区第一部完整的审计法律文献。

我国注册会计师制度出现于 20 世纪初，伴随着市场经济的萌芽与发展而产生。

3. 现代审计的发展

（1）新中国成立以后。

一是政府审计。1949 年 10 月至 1983 年 8 月的 34 年间，我国一直未设立独立的政府审计机关，对国家财政收支的监督工作主要由财政部门内部的监察机构完成。

二是注册会计师审计。新中国成立初期，随着对资本主义工商业社会主义改造的完成，建立起高度集中的计划经济体制，注册会计师行业发展一度中断。

（2）改革开放以来。

一是政府审计。1982 年 12 月颁布的《中华人民共和国宪法》（以下简称《宪法》，2018 年修正，下同）规定了我国实行独立的审计监督制度。1983 年 9 月，中华人民共和国审计署成立，是国务院的组成部门，县级以上地方各级人民政府也相继设立审计机关，审计工作在全国范围内逐步展开。1994 年 8 月 31 日，《中华人民共和国审计法》正式颁布，自 1995 年 1 月 1 日起施行。全国各级审计机关不断建立健全审计法规，拓展审计领域，规范审计行为，改进审计方法，审计工作逐步走上了法制化、制度化、规范化的轨道。1997 年 10 月 21 日，国务院发布了《中华人民共和国审计法实施条例》。2006 年 2 月 28 日，修订后的《中华人民共和国审计法》正式颁布，自 2006 年 6 月 1 日起施行。2010 年 2 月 2 日，修订后的《中华人民共和国审计法实施条例》正式颁布，自2010年5月1日起施行。2010年9月1日，审计署发布了《中华人民共和国国家审计准则》，自2011年1月1日起施行，并废止了之前发布的28项审计准则和规定。

二是注册会计师审计。1978年，我国实行“对外开放、对内搞活”的经济建设方针，外国投资者大量涌入，为保护投资者利益，迫切需要建立注册会计师制度。1980年12月，我国开始重建注册会计师制度，并取得了较快的发展。随着我国以建立社会主义市场经济体制为导向的改革的不断深入，注册会计师发挥的作用越来越大，服务领域遍布经济生活的各个方面，涉及公司设立、变更登记验资、国有企业改组上市和公司年度财务报表审计等诸多领域。注册会计师除提供审计服务外，还为企业提供管理咨询、会计服务、代理纳税等服务。1993年10月31日，《中华人民共和国注册会计师法》正式颁布，自1994年1月1日起施行。经过多年的努力，中国注册会计师协会逐步建立起了基本完备的包括执业准则、职业道德规范、实务指引等在内的准则体系。

三是内部审计。伴随政府审计的恢复和发展，我国的内部审计产生并不断向前发展。内部审计，是指对本单位及所属单位财政财务收支、经济活动、内部控制、风险管理实施独立、客观的监督、评价和建议，以促进单位完善治理、实现目标的活动。1985年12月5日，审计署发布《审计署关于内部审计工作的若干规定》，1989年12月2日，审计署重新发布《审计署关于内部审计工作的规定》。《审计法》施行后，1995年7月14日，审计署发布《审计署关于内部审计工作的规定》，取代1989年的规定；2003年3月4日，审计署发布《审计署关于内部审计工作的规定》，自2003年5月1日施行。2003年后，中国内部审计协会陆续发布了《内部审计基本准则》《内部审计人员职业道德规范》以及29项内部审计具体准则。为推动、加强企业内部审计工作，根据国家有关法律法规，2008年5月财政部会同证监会、审计署、银监会、保监会发布了《企业内部控制基本规范》，2010年4月印发了《企业内部控制配套指引》。《企业内部控制基本规范》被称为中国的《萨班斯法案》。

（3）党的十八大以来。

一是政府审计。党的十八大以来，政府审计在促进增收节支、挽回经济损失、推动健全完善制度等方面发挥了突出作用。2014年10月国务院印发《关于加强审计工作的意见》，2015年12月中办、国办印发《关于完善审计制度若干重大问题的框架意见》及《关于实行审计全覆盖的实施意见》等相关配套文件，进一步明确了国家审计的定位。2017 年，党的十九大作出改革审计管理体制的重大决策部署，党的十九届三中全会决定组建中央审计委员会，加强党对审计工作的领导，构建集中统一、全面覆盖、权威高效的审计监督体系，更好发挥审计监督作用。2021 年 10 月 23 日，十三届全国人大常委会第三十一次会议审议通过了关于修改《审计法》的决定，并于 2022 年 1 月 1 日实施。

二是注册会计师审计。党的十八大以来，为了进一步加强注册会计师审计工作，2014 年 8 月 31 日第十二届全国人民代表大会常务委员会第十次会议对《中华人民共和国注册会计师法》进行了修改。2021 年 10 月 15 日，财政部办公厅发布了关于《中华人民共和国注册会计师法修订草案（征求意见稿）》向社会公开征求意见的通知。为深入贯彻党中央、国务院关于严肃财经纪律的决策部署，切实加强会计师事务所监管，遏制财务造假，有效发挥注册会计师审计鉴证作用，2021 年 7 月 30 日国办印发了《国务院办公厅关于进一步规范财务审计秩序促进注册会计师行业健康发展的意见》。为了满足资本市场改革与发展对高质量会计信息的需求，保持我国审计准则与国际准则的持续全面趋同，规范和指导注册会计师应对审计环境变化、应对违反法律法规行为、开展财务报表披露审计等审计实务，中国注册会计师协会修订了《中国注册会计师审计准则第 1101 号——注册会计师的总体目标和审计工作的基本要求》（财会〔2019〕5 号）等 18 项审计准则，于 2019 年 7 月 1 日起施行。为了保持审计准则体系的内在一致性，中国注册会计师协会于 2022 年 1 月 5 日修订了《中国注册会计师鉴证业务基本准则》（财会〔2022〕1 号）等 11 项审计准则。

三是内部审计。根据《国务院关于加强审计工作的意见》《关于深化国有企业和国有资本审计监督的若干意见》等文件规定，为进一步加强和规范依法属于审计机关审计监督对象的单位（即被审计单位）的内部审计工作，充分发挥内部审计作用，审计署对 2003 年发布的《审计署关于内部审计工作的规定》进行了修订，并于 2018 年 1 月 12 日发布新修订的规定，自 2018 年 3 月 1 日起施行。为更好地发挥内部审计准则在规范内部审计行为、提升内部审计质量方面的作用，中国内部审计协会对 2003 年以来发布的内部审计准则进行了全面、系统的修订，于 2013 年 8 月 20 日发布了《中国内部审计准则》，自 2014 年 1 月 1 日起施行。

二、审计的分类与特征

（一）审计的分类

按照一定的标准将性质相同或相近的审计活动归属于一种审计类型的做法，即为审计分类。对审计进行科学的分类，有利于加深对各种不同审计活动的认识，探索审计规律；根据审计的实际需求从不同的角度做出不同的分类，利于更好地组织审计工作，充分发挥审计的作用。我国通常对审计进行基本分类和其他分类。审计的基本分类是以审计的本质属性为标准进行的分类，包括按审计主体分类、按审计内容和目的分类按审计主体与客体的关系分类等。审计的其他分类主要包括按审计实施时间分类、按审计实施的周期分类、按审计执行地点分类、按审计范围分类等。

1. 按照审计主体分类

（1）国家审计。

国家审计，是指由政府审计机关依法进行的审计，在我国一般称为政府审计。我国国家审计机关，包括国务院设置的审计署及其派出机构和地方各级人民政府设置的审计厅（局）两个层次。政府审计依据《宪法》和《审计法》的规定，具有很强的权威性和独立性，它是国家维护经济秩序、进行宏观调控的主要手段之一。[①]

（2）注册会计师审计。

注册会计师审计，是指依《注册会计师法》并按有关程序注册登记的注册会计师组成的会计师事务所实施的审计。会计师事务所接受委托依法执行对被审计单位的财务报表的审计鉴证、注册资本的验证和管理咨询服务等。注册会计师审计实行有偿服务、自收自支、独立核算、委托审计。

（3）内部审计。

内部审计，是指由部门和企事业单位内部专职审计机构或人员所实施的审计。这种专职的审计机构或人员独立于财务部门之外，直接受本部门、本单位主要负责人的领导，依法进行审计工作。内部审计具有显著的建设性和内向服务性。

---

① 参见《中华人民共和国审计法》（中华人民共和国主席令第一〇〇号）。

2. 按照审计内容和目的分类

（1）财政财务审计。

财政财务审计，是指对被审计单位财政财务收支活动和会计资料是否真实、合法、合规和有效所进行的审计。财政财务审计的主要内容是财政财务收支活动，目的是审查财政财务收支活动是否遵守财经方针、政策、财经法令和财务会计制度，是否按照经济规律办事，借以纠错防弊，并根据审计结果，提出改进财政财务管理、提高经济效益的建议和措施。

（2）财经法纪审计。

财经法纪审计也称专案审计，是指审计机关对被审计单位和个人严重侵占国家资产、严重损失浪费以及其他严重损害国家经济利益和违反财经法纪的行为所进行的专项审计。目的在于维护财经法纪，保护国家和人民财产的安全与完整。

（3）经济效益审计。

经济效益审计，是指对被审计单位经济活动的效率、效果和效益状况进行审查、评价所实施的审计。目的在于促进被审计单位提高人、财、物等各种资源的利用效率，改善经营管理，提高经济效益和工作效率，增强盈利能力，实现经营目标。

3. 按照审计主体与客体的关系分类

（1）外部审计。

外部审计，是指由被审计单位以外的审计组织所进行的审计，包括国家审计和注册会计师审计。因为外部审计的审计人员与被审计单位之间无任何经济联系，是独立于被审计单位以外的，因此其审计地位超脱，审计结果客观公正，比内部审计具有更高的独立性和权威性。

（2）内部审计。

内部审计，是指由单位内部的审计机构或专职审计人员对本单位或下属各单位的内部控制、财务收支及其经济效益所进行的审计，包括部门内部审计和单位内部审计。内部审计是实现单位内部管理职能的一种必要手段，是增强单位内部控制的一个重要环节。

4. 按照审计实施时间分类

（1）事前审计。

事前审计，是指在被审计单位经济业务发生以前进行的审计。其实质上是对计划、预算、预测和决策进行审计。目的在于加强预算、计划、预测和决策的准确性、合理性和可行性。通过事前审计能够避免被审计单位出现重大的决策失误，有利于发挥审计的预防性监督和控制作用。

（2）事中审计。

事中审计，是指在被审计单位经济业务执行过程中进行的审计。一般应用于工期较长的基本建设、更新改造项目，制造周期较长的大型机械、船舶、设备等工业生产项目，技术先进、资金较多、时期较长的技术引进项目等。通过事中审计能够及时发现和反馈问题，尽早纠正偏差，从而保证经济活动按预期目标合法、合理和有效地进行。

（3）事后审计。

事后审计，是指在被审计单位经济业务完成之后进行的审计。多数审计活动都属于事后审计。事后审计的主要目的是监督和评价被审计单位的财务收支及有关经济活动、会计资料和内部控制制度是否符合国家财经法规和财务会计制度的规定，是否符合会计准则的要求，从而确定或解除被审计单位的受托经济责任。

5. 按照审计实施的周期分类

（1）定期审计。

定期审计，是指按照预先规定的时间进行的审计。审查的对象主要是单位的财务报表和决算资料等。实施定期审计有利于审计工作的经常化、制度化。

（2）不定期审计。

不定期审计，是指审计机构根据具体情况而随时安排的审计。专题审计、专案审计和突击审计都属于不定期审计。实施不定期审计形式灵活，可弥补计划的不足，最大限度地发挥审计监督的作用。

6. 按照审计执行地点分类

（1）报送审计。

报送审计，是指被审计单位按照审计机构的要求，将需要审查的全部资料送到审计机构驻地就地进行的审计。报送审计主要适用于审计机关对政府机关、行政事业单位的定期或不定期财务审计。

（2）就地审计。

就地审计，是指审计机构派出审计小组和专职人员到被审计单位现场进行的审计。审计组织派出的审计人员可以是常驻的，也可以是专程的。常驻方式是对被审计单位派出机构或常驻人员，对被审计单位进行经常性的审查。专程方式是在规定的时间内完成审计工作后就回到审计组织，此种审计是目前审计工作的主要方式。

7. 按照审计范围分类

（1）全面审计。

全面审计，是指对被审计单位一定时期的财政财务收支及其经济活动的各个方面及其资料进行的全面审计。其审计内容较广泛，审查详细彻底，容易查出问题，有利于促进被审计对象改善经营管理，提高经济效益，但费时费力，审计的工作量大，审计成本较高。

（2）局部审计。

局部审计，是指对被审计单位一定期间的财政财务收支及其经济活动的某些方面及资料进行的部分的、有目的和重点的审计。局部审计的审查时间短，耗费少，能及时发现和纠正问题，达到预定的目标，但容易遗漏问题，具有一定的局限性。

（3）专项审计。

专项审计，是指对某一特定项目所进行的审计。专项审计重点调查的是国家政策法规执行中存在的问题，以及重大决策的落实情况是否符合具体要求。专项审计可以加大审计调查的覆盖面和力度。

审计还可以按照是否通知被审计单位分为通知审计和不通知审计；按照审计的动机分为强制审计和自愿审计；按照是否是第一次对该单位审计分为初次审计和继续审计；按照审计证据的检查范围或数量分为详细审计和抽样审计等。审计形态的多样化，是由审计所处的复杂环境造成的。不同形态的审计适用于不同的审计环境。随着社会经济的发展，审计的外延越来越丰富，其表现形态也日益多样化。

上述审计分类是从多角度、多方位对审计进行的揭示和认识。各种审计类型不是各自孤立的，可以依据不同的审计主体相互交叉、相互结合在同一审计项目中。

（二）审计的特征

1. 独立性

审计的本质是具有独立性的经济监督、评价、鉴证活动。审计职能的发挥要建立在独立性的基础之上，由此独立性在审计中有特别重要的意义。独立性是审计的本质特征，也是保证审计工作顺利进行的必要条件。审计的独立性可表现为组织机构的独立、经济来源的独立和业务工作的独立。

（1）组织机构的独立性。

这是保证审计工作独立性的关键。《宪法》第九十一条第二款规定："审计机关在国务院总理的领导下，依照法律规定独立行使审计监督权，不受其他行政机关、社会团体和个人的干涉"。这就为国家审计机关的独立性提供了法律保障。会计师事务所接受委托对被审计单位展开审计，在实质上和形式上独立于委托单位和其他机构，注册会计师与委托单位之间毫无利害关系。内部审计部门在机构设置上明确在单位党组织和主要负责人（董事会）的直接领导下开展审计工作。这些都表现为审计组织机构的独立性。

（2）经济来源的独立性。

这是保证审计组织机构独立和业务工作独立的物质基础。一方面要求各级政府审计机构和内部审计机构履行审计职责所需经费，应当列入本单位预算；另一方面要求会计师事务所的收入要受国家法律的保护，有一定的收费标准，使其公正、合理。这些都体现了审计在经济来源方面的独立性。

（3）业务工作的独立性。

首先，审计工作不能受任何部门、单位和个人的干涉，应独立地对被审计的事项作出评价和鉴定。其次，审计人员应保持精神上的独立，自觉抵制各种干扰，对被审计事项作出客观公正的结论。

2. 权威性

审计的权威性是保证有效行使审计权的必要条件。审计的权威性总是与独立性相关，它离不开审计组织机构的独立地位与审计人员的独立执业。我国实行审计监督制度在相关法律法规中都做了明文规定，审计监督具有一定的法律地位。审计人员依法审计，被审计人员不得拒绝；审计结论和决定具有法律效力，被审计人员必须执行。因此，审计监督是一种具有权威性的较高层次的经济监督活动。注册会计师审计报告对外具有法律效力；内部审计机构也是根据法律规定设置的，在单位内部具有较高的地位和相对的独立性，充分体现同样具有法定地位和权威性。

3. 公正性

与权威性密切相关的是审计的公正性。从某种意义上说，没有公正性，也就不存在权威性。审计的公正性，反映了审计工作的基本要求。审计人员理应站在第三者的立场上，进行实事求是的检查，作出不带任何偏见的、符合客观实际的判断，并作出公正的评价和进行公正的处理，以正确地确定或解除被审计人的经济责任。审计人员只有同时保持独立性、公正性，才能取信于审计授权者或委托者以及社会公众，才能真正树立审计的权威形象。

三、审计规范体系

规范，是指约定俗成或明文规定的标准。审计规范是在组织实施审计工作和审计管理中应遵循的行为准则，是以国家明文规定的有关审计的法律法规组成的一个规范体系，包括政府审计规范体系、注册会计师审计规范体系与内部审计规范体系。审计规范是衡量和判断审计机构和审计人员的各种活动是否合法、合规、高质有效的标准和依据。在规范方面，既包括对审计机构、审计人员的法律规定，又包括审计机构执行审计业务应遵循的各种规定。

（一）政府审计规范体系

我国的政府审计规范主要包括法律法规和国家审计规则。

1. 法律法规

《宪法》相关的规定，是对政府审计机构的设立、审计主体的独立性质、审计范围与审计对象，以及审计的责任范围的最高层次的概括，是政府审计最根本的依据[①]。

《审计法》及其实施条例的有关规定是《宪法》规定具体化和细致化的表现，主要包括总则、审计机关和审计人员、审计机关职责、审计机关的权限、审计程序、法律责任、附则等，进一步明确规定了审计监督的范围和内容、审计处理处罚的措施、审计结果公开的程序和要求等。

中办、国办印发的《关于实行审计全覆盖的实施意见》要求对公共资金、国有资产、国有资源和领导干部履行经济责任情况实行审计全覆盖。

2. 审计准则

《中华人民共和国国家审计准则》是审计机关和审计人员履行法定审计职责的行为规范，是执行审计业务的职业标准，是评价审计质量的基本尺度，适用于审计机关开展的各项审计业务。审计准则是对审计程序、方法和人员等方面制定的行为规范。主要内容：

---

① 参见《中华人民共和国宪法》（2018 年修正）第九十一条。

（1）总则。明确了被审计单位和审计机关的责任、审计机关的主要工作目标、审计的范围、接受社会公众监督等要求。

（2）审计机关和审计人员。明确了审计机关和审计人员执行审计业务应当具备的资格条件和职业要求。

（3）审计计划。明确了审计机关年度审计项目计划的编制，审计资源配置，项目计划下达、执行和调整等要求。

（4）审计实施。明确了审计实施方案的编制、审计证据的收集、审计记录的内容和审核、重大违法行为检查等要求。

（5）审计报告。明确了审计报告的形式和内容、审计报告的编审、专题报告与综合报告、审计结果公布、审计整改检查等要求。

（6）审计质量控制和责任。明确了建立审计质量控制制度的要素、实行分级质量控制、审计机构各部门和人员在质量控制中的责任等要求。

（二）注册会计师审计规范体系

我国注册会计师审计规范体系主要为《注册会计师法》和注册会计师执业准则体系。

1. 法律法规

注册会计师是依法取得注册会计师证书并接受委托从事审计和会计咨询、会计服务业务的执业人员。《注册会计师法》是为了发挥注册会计师在社会经济活动中的鉴证和服务作用，加强对注册会计师的管理，维护社会公共利益和投资者的合法权益，促进社会主义市场经济的健康发展而制定的。主要包括总则、考试和注册、业务范围和规则、会计师事务所、注册会计师协会、法律责任、附则等。该法明确了注册会计师的人员资格，注册会计师承办审计业务的范围和规则，会计师事务所的成立条件，注册会计师协会的职责，会计师事务所、注册会计师的法律责任等。该法是国家对注册会计师行业进行管理的重要法律。

《国务院办公厅关于进一步规范财务审计秩序促进注册会计师行业健康发展的意见》要求，要依法整治财务审计秩序，包括依法加强从事证券业务的会计师事务所监管、严肃查处违法违规行为并曝光典型案例、加快推进注册会计师行业法律和基础制度建设、建立健全监管合作机制；要强化行业日常管理，包括强化国家统一的会计制度贯彻实施、加强行业日常监管和信用管理、完善审计准则体系和职业道德规范体系；要优化执业环境和能力，包括引导会计师事务所强化内部管理、推进以质量为导向的会计师事务所选聘机制建设、提升会计师事务所审计风险承担能力、进一步规范银行函证业务。

2. 执业准则体系

注册会计师的执业准则体系包括鉴证业务准则、相关服务准则、质量管理准则、职业道德守则、应用指南、问题解答等。

（1）鉴证业务准则。鉴证业务准则由鉴证业务基本准则统领。按照鉴证业务提供的保证程度和鉴证对象的不同，鉴证业务基本准则分为审计准则、审阅准则和其他鉴证业务准则。其中，审计准则是整个业务准则体系的核心。

审计准则。用以规范注册会计师执行历史财务信息的审计业务。审计准则体系是整个执业准则体系的核心。在提供审计服务时，注册会计师对所审计信息是否不存在重大错报提供合理保证，并以积极方式提出结论。审计准则是专业审计人员在实施审计工作时必须恪守的最高行为准则，它是审计工作质量的权威性判断标准。注册会计师实施审计准则可以赢得社会公众的信任，提高审计工作质量，维护审计组织和人员的合法权益，促进国际审计经验交流。

审阅准则。用以规范注册会计师执行历史财务信息的审阅业务。在提供审阅服务时，注册会计师对所审阅信息是否不存在重大错报提供有限保证，并以消极方式提出结论。

其他鉴证业务准则。用以规范注册会计师执行历史财务信息审计或审阅以外的其他鉴证业务。根据鉴证业务的性质和业务约定的要求，提供有限保证或合理保证。

（2）相关服务准则。用以规范注册会计师代编财务信息、对财务信息执行商定程序、提供管理咨询等其他服务。在提供相关服务时，注册会计师不提供任何程度的保证。

（3）质量管理准则。会计师事务所在执行各类业务时应当遵守的质量控制政策和程序，是对会计师事务所质量控制提出的制度要求。

（4）职业道德守则。用以明确注册会计师执业时必须遵守的与职业道德有关的基本原则，包括诚信、独立性、客观和公正、专业胜任能力和应有的关注、保密、良好职业行为。

（三）内部审计规范体系

我国内部审计规范主要包括三个层面：一是国家审计法律法规对内部审计

的规定；二是内部审计准则；三是部门、单位相关的政策中关于内部审计的规定。

1. 法律法规

根据《审计法》及其实施条例的规定，依法属于审计机关审计监督对象的单位，应建立健全内部审计制度并接受审计机关的业务指导和监督；审计机关可以通过内部审计自律组织，加强对内部审计工作的业务指导和监督。单位可以根据内部审计工作的需要，参加依法成立的内部审计自律组织。

《审计署关于内部审计工作的规定》规定，内部审计是对本单位及所属单位财政财务收支、经济活动、内部控制、风险管理实施独立、客观的监督、评价和建议，以促进单位完善治理、实现目标的活动。主要内容：

（1）内部审计机构和人员管理。明确了内部审计机构应当在本单位党组织、主要负责人（董事会）的直接领导下开展内部审计工作，向其负责并报告工作；内部审计人员应当具备从事审计工作所需要的专业能力。

（2）内部审计职责权限和程序。明确了内部审计机构应按照国家有关规定和本单位的要求履行职责并具有相应权限；依照内部审计职业规范和本单位的相关规定执行内部审计的实施程序。

（3）审计结果运用。明确了单位应当建立健全审计发现问题整改机制，加强审计结果运用，建立发现问题的分析机制、联动机制、移送机制。

2. 内部审计准则

内部审计准则是中国内部审计协会依照有关规定经批准组织制定的。中国内部审计协会，是由具有一定内部审计力量的企事业单位、社会团体和从事内部审计相关工作的人员自愿结成的全国性、专业性、非营利性社会组织。宗旨是服务、管理、宣传、交流，即以内部审计职业化建设为主线。内部审计准则包括内部审计基本准则、内部审计人员职业道德规范、内部审计具体准则、内部审计实务指南，为新时期内部审计工作提供科学、规范的指引。

3. 部门、单位内部关于内部审计的规定

部分行政单位制定并发布了内部审计规定。以税务系统为例：2008 年国家税务总局成立督察内审司；2010 年第一次全国税务系统督察内审工作会议提出十六字职能定位：查错纠弊、促进管理、防范风险、服务大局；2016 年 12 月全国税务系统督察内审工作会议提出，基本职责由“内审与督察双轮驱动”转变为“内控与监督两翼齐飞”，工作职能拓展为“控、督、审、评、谏、联”；

2018 年以来督审体制改革逐步推行自上而下地建立起体现全面覆盖、适度独立、监督权威的督察内审工作体制，促进治税管队，健全税收治理体系，提升税收治理能力，更好地服务国家经济建设。

部分企事业单位的管理制度等也对内部审计作出规定。如，《股份有限公司规范意见》第六十八条规定："公司应按照国家（试点期间可分别按财政部和审计署）有关法律、法规和政策制订公司的财务会计制度和内部审计制度。"第八十条规定："公司实行内部审计制度，设立内部审计机构或配备内部审计人员，依公司章程规定在监事会或董事会领导下，对公司的财务收支和经济活动，进行内部审计监督。"

相关规定规范了内部审计机构的设置和内部审计人员的行为，以保证审计质量，防范审计风险，促进内部审计事业健康发展。

第二节　注册会计师审计

一、审计程序

审计程序是审计机构和审计人员在办理审计事项的活动中，自始至终必须遵循的工作顺序，也就是审计工作从开始到结束的基本工作步骤及其内容。在确定了审计目标以后，审计人员就需要收集各种审计证据，以实现审计目标。而收集审计证据和实现审计目标都必须借助于一定的审计程序来实现。

（一）审计程序的步骤

审计程序通常包括接受业务委托、计划审计工作、实施风险评估程序、实施控制测试和实质性程序、完成审计工作并出具审计报告等阶段。

1. 接受业务委托阶段

注册会计师审计属于有偿审计，会计师事务所只有接受客户业务委托后才能够执行审计。在接受业务委托阶段，主要工作是初步了解被审计单位的基本情况，考虑其诚信状况以评价其可审性；评估自身执行业务的必要素质、专业胜任能力等审计能力，在作出接受或保持客户关系和具体审计业务的决策后，审计人员应当在审计业务开始前，与被审计单位就审计业务约定条款达成一致意见，签订或修改审计业务约定书，以避免双方对审计业务的理解产生分歧。

会计师事务所承接任何审计业务，都应与被审计单位签订审计业务约定书，目的是明确约定各方的权利、责任和义务，促使各方遵守约定事项并加强合作，保护签约各方的正当利益。

2. 计划审计工作阶段

对于各项审计业务，注册会计师在执行具体审计程序之前，都必须根据具体情况制定科学、合理的计划，使审计业务以最佳的方式顺利执行，以获取充分、适当的审计证据，实现审计目标。一般来说，计划审计工作主要包括进一步调查了解和核实客户的基本情况、确定重要性水平、分析审计风险、制定总体审计策略、制定具体审计计划等。总体审计策略用以确定审计范围、时间和方向，并指导具体审计计划的制订。具体审计计划比总体审计策略更加详细，其内容包括项目组成员拟实施的审计程序的性质、时间和范围。需要指出的是，计划审计工作不是审计业务的一个孤立阶段，而是一个持续的、不断修正的过程，贯穿于整个审计过程的始终。

3. 实施风险评估程序阶段

风险评估程序，是指注册会计师为了解被审计单位及其环境并识别和评估财务报表重大错报风险而制定的程序。风险评估程序是一个必要实施的环节，了解被审计单位及其周边环境可以为注册会计师作出职业判断提供重要基础信息，它是一个连续和动态地收集、更新与分析信息的过程，贯穿于整个审计过程的始终。一般来说，实施风险评估程序的主要工作包括了解被审计单位及其环境；识别和评估财务报表层次以及各类交易、账户余额和披露认定层次的重大错报风险，包括确定需要特别考虑的重大错报风险（即特别风险）以及仅通过实施实质性程序无法应对的重大错报风险等。

4. 实施控制测试和实质性程序阶段

注册会计师在评估财务报表重大错报风险后，应当运用职业判断，针对评估的财务报表层次重大错报风险确定总体应对措施，并针对评估的认定层次重大错报风险设计和实施进一步审计程序，以将审计风险降至可接受的低水平。进一步的审计程序主要包括实施控制测试和实质性程序。控制测试，是指测试内部控制运行的有效性，其目的是测试内部控制在防止、发现并纠正认定层次重大错报方面运行的有效性，从而支持或修正重大错报风险的评估结果，据以确定实质性程序的性质、时间和范围。实质性程序，是指注册会计师针对评估的重大错报风险实施的直接用以发现认定层次重大错报的审计程序，包括对各类交易、账户余额、列报的细节测试及实质性分析程序。

5. 完成审计工作并出具审计报告阶段

注册会计师在完成财务报表所有循环的进一步审计程序后，还应当按照有关审计准则的规定做好审计完成阶段的工作，并根据所获取的各种证据，合理运用专业判断，形成适当的审计意见。本阶段主要工作有审计期初余额、期后事项和或有事项；考虑持续经营假设；获取管理层声明书；获取律师声明书；汇总审计差异，并提请被审计单位调整或披露；复核审计工作底稿和财务报表，评价审计证据，形成审计意见；完成质量控制复核；与治理层和管理层沟通；编制审计报告等。

（二）审计程序的种类

在审计过程中，注册会计师可根据需要单独或综合运用以下审计程序，以获取充分、适当的审计证据。

1. 检查

检查，是指注册会计师对被审计单位内部或外部生成的，以纸质、电子或其他介质形式存在的记录或文件（如会计账簿、会计凭证等）进行审查，或对资产进行实物审查。检查记录或文件的目的是对财务报表所包含或应包含的信息进行验证，可以提供可靠程度不同的审计证据。检查有形资产是验证资产确实存在的直接手段，被认为是最可靠、有用的审计证据，是认定资产数量和规格的一种客观手段。

2. 观察

观察，是指注册会计师察看相关人员正在从事的活动或实施的程序（如正在执行的存货盘点）。观察可以提供执行有关过程或程序的审计证据，但观察所提供的审计证据仅限于观察发生的时点，而且被观察人员的行为可能因被观察而受到影响，这也会使观察提供的审计证据受到限制。

3. 询问

询问，是指注册会计师以书面或口头方式，向被审计单位内部或外部的知情人员获取财务信息和非财务信息，并对答复进行评价的过程。知情人员对询问的答复可能为审计人员提供尚未获悉的信息或佐证证据，也可能提供与审计人员已获取的其他信息存在重大差异的信息，如关于被审计单位管理层凌驾于控制之上的可能性信息。作为其他审计程序的补充，询问广泛应用于整个审计过程中。

4. 函证

函证，是指注册会计师直接从第三方（被询证者）获取书面答复以作为审计证据的过程。书面答复可以采用纸质、电子或其他介质等形式。当针对的是与特定账户余额及其项目相关的认定时，函证常常是相关的程序。但是，函证不必仅仅局限于账户余额。例如，注册会计师可能要求对被审计单位与第三方之间的协议和交易条款进行函证。注册会计师可能在询证函中询问协议是否作过修改，如果作过修改，要求被询证者提供相关的详细信息。此外，函证程序还可以用于获取不存在某些情况的审计证据，如不存在可能影响被审计单位收入确认的“背后协议”。

根据《财政部关于开展银行函证试点工作的通知》（财会〔2022〕5 号）规定，为积极推进银行函证业务的规范化、集约化、数字化，加强函证过程控制，切实解决个别函证不实、效率不高等问题，进一步提升审计质量和效率，财政部、人民银行、国资委、银保监会、证监会联合在部分上市公司、会计师事务所和银行业金融机构开展银行函证试点工作，以推动银行函证业务在实现规范化和集约化的基础上，逐步向数字化函证过渡。

5. 重新计算

重新计算，是指注册会计师对记录或文件中的数据计算的准确性进行核对。重新计算可通过手工方式或电子方式进行。注册会计师在进行审计时，往往需对被审计单位的凭证、账簿和报表中的数字进行重新计算，以验证其是否正确。

6. 重新执行

重新执行，是指注册会计师独立执行原本作为被审计单位内部控制组成部分的程序或控制。例如，注册会计师利用被审计单位的银行存款日记账和银行对账单，重新编制银行存款余额调节表，并与被审计单位编制的银行存款余额调节表进行比较。

7. 分析程序

分析程序，是指注册会计师通过分析不同财务数据之间以及财务数据与非财务数据之间的内在关系，对财务信息作出评价。包括调查异常变动以及这些重要比率或趋势与预期数额和相关信息的差异，这可以为证实财务报表数据之间的关系是否合理提供证据。

（三）审计程序运用

（1）在接受业务委托阶段，注册会计师通常运用询问、观察、检查文件或记录的方法确定是否接受业务委托。

（2）在风险评估阶段，注册会计师会综合运用询问、分析程序、观察、检查记录或文件以了解被审计单位及其环境，并在此基础上评估客户的重大错报风险。

（3）在控制测试阶段，注册会计师可以运用询问、观察、检查记录或文件、重新执行等方法测试被审计单位内部控制的有效性。

（4）在实质性程序阶段，注册会计师主要采用询问、观察、检查记录或文件、检查有形资产、函证、重新计算和分析程序等方法以发现认定层次的重大错报。

（5）在完成审计工作和出具审计报告阶段，注册会计师主要通过询问、分析程序、检查记录或文件等方法评价审计证据，并在此基础上出具审计报告。

二、审计方法

审计方法包括审计的一般方法和审计的技术方法。

（一）审计的一般方法

1. 顺查法和逆查法

（1）顺查法。

顺查法又称为正查法，是指按照会计核算的处理顺序，依次对证、账、表各个环节进行检查核对的一种方法。顺查法的基本审计程序：原始凭证—记账凭证—会计账簿—会计报表。顺查法的优点是从原始凭证入手，循序渐进，比较全面、详细，可以避免遗漏，审计结果较为可靠；缺点是面面俱到，不能突出重点，工作量大，费时费力，不利于提高审计工作效率。顺查法一般适用于规模较小、业务不多的被审计单位的审计，还可以用于对一些已经发现有严重问题的单位或单位中的某些部门的审计。

（2）逆查法。

逆查法又称倒查法，是指按照会计核算相反的处理程序，依次对表、账、证各个环节进行检查核对的一种方法。逆查法的基本审计程序：会计报表—会计账簿—记账凭证—原始凭证。逆查法的优点是便于抓住问题的实质，审查的重点和目的比较明确，易于查清主要问题，节省人力和时间，审计效率较高；

缺点是凭借审计人员的判断来确定审计的重点，容易出现遗漏和判断失误。逆查法一般适应于规模较大、业务较多的被审计单位的审计。

2. 详查法和抽查法

（1）详查法。

详查法，是指对被审计单位被审查期内的全部证、账、表或某一重要项目所包括的全部会计资料进行全面、详细的审查的方法。详查法的优点是能全面查清被审计单位所存在的问题，特别是对弄虚作假、营私舞弊等违反财经法纪行为的审计，一般不易疏漏，能保证审计质量；缺点是工作量太大，耗费人力和时间过多，审计成本高，故难以普遍采用。详查法适用于规模较小的被审计单位或特定项目的审计。

（2）抽查法。

抽查法又称抽样法，是指从被审计单位被审查期的全部会计资料中抽取其中一部分进行审查，并根据审查结果推断总体有无错误和舞弊的一种方法。这种方法的关键在于抽取样本。抽查法的优点是能明确审查重点，省时省力，具有效率高、成本低的效果；缺点是审计结果过分依赖抽查样本的合理性，如果抽样不合理或缺乏代表性，抽查结果往往不能发现问题，甚至以偏概全，作出错误的审计结论，导致审计失败。抽样法适用于内部控制系统较健全，会计基础较好的企事业单位。从详查法发展到抽样法，是现代审计的一个重要发展。

（二）审计的技术方法

审计的技术方法是审计人员收集审计证据时所用的技术手段。一般包括审查书面资料和证实客观事物两类方法。

1. 审查书面资料

审查书面资料，是指审计人员对被审计单位内部或外部生成的，以纸质、电子或其他介质形式存在的记录或文件进行审查。审查记录或文件可提供可靠程度不同的审计证据。审查书面资料主要包括以下方法：

（1）审阅法。

审阅法，是指仔细地审查和翻阅会计凭证、账簿、报表以及计划、预算、决策方案、合同等书面资料，借以查明资料及经济业务的公允性、正确性、合法性、合规性，从中发现错弊或疑点、收集书面证据的一种审查方法。

（2）核对法。

核对法，是指对会计凭证、账簿和报表等书面资料之间的有关数据进行相互对照检查，借以查明证证、账证、账账、账表、表表之间是否相符，从而取得有无错弊的书面证据的一种复核查对的方法。

审查书面资料还包括审计人员对有关人员当面进行书面或口头询问的查询法；向第三方发函询证的函证法；借助有关比率或趋势进行分析的分析法；采用一定的方法重新计算，以确定书面资料数额的计算是否正确的复算法等。

2. 证实客观事物

证实客观事物，是指审计人员对资产实物进行审查，主要适用于存货、现金以及固定资产等。对资产实物进行审查可为其存在性提供可靠的审计证据，但要验证存在的资产确实为客户所拥有，仅靠检查实物证据是不够的。证实客观事物主要包括以下方法：

（1）盘点法。

盘点法，是指对被审计单位各项财产物资进行实地盘点，以确定其数量、品种、规格及其余额等实际状况，借以证实有关实物资产账户的余额是否真实、正确，从中收集实物证据的一种方法。盘点法按其组织方式，分为直接盘点、监督盘点、突击盘点和通知盘点等。

（2）调节法。

调节法，是指有关被审计项目之间记账日期不一致，或账面金额不相符，通过对有关数据进行调节，验证被审计项目在审查日金额是否正确的一种审计技术。例如，对未达账项的调节、对盘点财产物资的调节等。

证实客观事物还包括审计人员通过实地观察以取得审计证据的观察法；邀请有关专门部门或人员运用专门技术对书面资料、实物和经济活动等进行确定、识别的鉴定法等。

三、审计抽样

审计人员在设计审计程序时，应当确定用以选取测试项目的适当方法，以获取充分、适当的审计证据，实现审计程序的目标。选取测试项目的目的在于帮助审计人员确定实施审计程序的范围。审计程序的范围是指实施审计程序的数量，包括抽取的样本量、对某项控制活动的观察次数等。选取测试项目的方法有选取全部项目、选取特定项目和审计抽样。审计人员可以根据具体情况，单独或综合使用选取测试项目的方法。

(一) 审计抽样概述

1. 审计抽样的含义及特征

(1) 审计抽样的含义。

审计抽样，是指注册会计师对具有审计相关性的总体中低于百分之百的项目实施审计程序，使所有抽样单元都有被选取的机会，为注册会计师针对整个总体得出结论提供合理基础。总体，是指注册会计师从中选取样本并期望据此得出结论的整个数据集合。抽样单元，是指构成审计总体的个体项目。

审计抽样的基本目标是在有限审计资源条件限制下，收集充分、适当的审计证据，以形成和支持审计结论。但是需要注意的是，有些审计程序可以使用审计抽样，有些审计程序则不宜使用审计抽样。风险评估程序通常不涉及审计抽样，询问、观察和分析程序通常不宜使用审计抽样。

(2) 审计抽样的特征。

通常审计抽样应同时具备三个基本特征：一是对总体中低于百分之百的项目实施审计程序；二是所有抽样单元都有被选取的机会；三是可以根据样本项目的测试结果推断出有关抽样总体的结论。

2. 抽样风险和非抽样风险

注册会计师在运用抽样技术进行审计时，会遇到两种不确定性因素：一种是直接与抽样有关的因素，由此造成的不确定性称为抽样风险；另一种是与抽样无关的因素，由此造成的不确定性称为非抽样风险。使用审计抽样时，审计风险可能受到抽样风险和非抽样风险的影响。

(1) 抽样风险及其控制。

抽样风险，是指注册会计师根据样本得出的结论，可能不同于如果对整个总体实施与样本相同的审计程序得出的结论的风险，即样本不能代表总体的风险。抽样风险可以分为两种类型：一是影响审计效果的抽样风险，包括在实施控制测试时的信赖过度风险、在实施细节测试时的误受风险。这类风险非常有可能导致发表不恰当的审计意见，影响审计效果。二是影响审计效率的抽样风险，包括在实施控制测试时的信赖不足风险、在实施细节测试时的误拒风险。这类风险通常导致审计人员实施额外的工作，影响审计效率。

只要采用审计抽样，抽样风险就存在。抽样风险与被检查项目的数量有关，抽样风险与样本规模呈反方向变动。对抽样风险的控制措施：一是控制样本规模；二是采用恰当的抽样方法，合理地保证样本的代表性。

（2）非抽样风险及其控制。

非抽样风险，是指注册会计师由于任何与抽样风险无关的原因而得出错误结论的风险。非抽样风险与样本规模没有关系，是由人为错误造成的。例如，审计人员采用不适当的审计程序或误解审计证据而没有发现偏差或错报，均可能导致非抽样风险。非抽样风险对审计工作的效率和效果都有一定影响。

对非抽样风险的控制措施：对审计人员有效的训练，对审计程序的精心设计，对审计工作的适当计划、指导、监督和复核等，将非抽样风险降至可接受的水平。

3. 审计抽样的方法

审计抽样根据抽样决策的依据不同划分为统计抽样和非统计抽样。统计抽样根据所了解的总体特征的不同分为属性抽样和变量抽样。

（1）统计抽样。

统计抽样，是指以概率论和数理统计为基础方法，确定样本数量与构成，随机抽取有效样本并对样本进行审查，对所抽取的样本的审查结果进行统计评价，最后以样本的审查结果来推断总体特征的方法。统计抽样必须满足随机选取样本和运用概率论评价样本结果这两个特征，运用统计抽样技术可以使样本的特征尽可能接近总体的特征。统计抽样是现代审计广泛采用的一种审计方法。

统计抽样在审计工作中的具体应用主要有属性抽样和变量抽样两种。事物的特征分为定性的和定量的，用于推断定性的抽样方法就是属性抽样，用于推断定量的抽样方法是变量抽样。

①属性抽样。属性抽样，是指在精确度界限和可靠程度一定的条件下，为了测定总体特征的发生频率而采用的一种方法。其是根据控制测试的目标和特点所采用的一种审计抽样方法，因此，属性抽样通常是用于控制测试方面的统计抽样。在控制测试中，通过对样本的审核来推断差错或舞弊的发生频率，以证明被审计单位的内部控制是否有效地执行，而不必作出错误数额大小的估计。属性抽样的具体方法包括固定样本量抽样、停—走抽样、发现抽样等，其中固定样本量抽样是一种最为广泛使用的方法。

②变量抽样。变量抽样，是指用来估计总体金额而采用的一种方法。变量抽样的目的是获取关于未知的真实总体货币金额的证据，所以，变量抽样主要

用于实质性测试。在进行变量抽样时，样本一般都较大。变量抽样的具体方法包括单位平均估计抽样、比率估计抽样、差额估计抽样。它通过检查财务报表各项目金额的真实性和正确性，来取得支持和作出审计结论所需的直接证据。

（2）非统计抽样。

非统计抽样，是指注册会计师在主观判断的基础上运用专业经验，有目的地从确定的审计对象总体中抽取部分样本进行审查，并以样本的审查结果来推断总体特征的审计抽样方法。此方法强调运用注册会计师的经验和判断，审计过程中注册会计师的主观因素对审计结果和质量构成决定性影响。

在实际工作中，注册会计师应当考虑成本效益因素并运用职业判断，确定使用统计抽样或非统计抽样方法，也可以把两者结合起来运用。无论采用哪种审计抽样技术，注册会计师均要合理运用职业判断，只要运用得当，均可获得充分、适当的审计证据，但也都存在着一定程度的抽样风险和非抽样风险。

（二）审计抽样的步骤

在使用审计抽样时，注册会计师的目标是为得出有关抽样总体的结论提供合理的基础。在控制测试和细节测试中使用审计抽样的基本步骤主要分为四个阶段，即样本设计阶段、确定样本规模阶段、选取样本和对样本实施审计程序阶段、评价样本结果阶段。

1. 样本设计阶段

注册会计师在设计审计样本时，应当考虑审计程序的目标和抽样总体的特征。旨在根据测试的目标和审计抽样总体，制定选取样本的计划。本阶段的工作主要包括以下几个方面：

（1）确定审计程序目标。

审计抽样必须紧紧围绕审计程序目标展开。一般而言，控制测试是为了获取关于某项控制的设计或运行是否有效的证据，细节测试是确定某类交易或账户余额的金额是否正确、获取与存在的错报有关的证据。

（2）定义总体和抽样单元。

总体可以包括构成某类交易或账户余额的所有项目，也可以只包括某类交易或账户余额中的部分项目。注册会计师所定义的总体应当具备适当性和完整性。

定义抽样单元应与审计测试的目标保持一致。控制测试中，抽样单元通常是能够提供控制运行证据的资料；细节测试中，抽样单元可能是一个账户余额、一笔交易或交易中的一项记录，甚至是每个货币单位。

分层，是指将总体划分成多个子总体的过程，每个子总体中的抽样单元的特征相同。当总体项目存在重大的变异性时，可以降低每一层中项目的变异性。在实质性测试中，注册会计师可以根据审计目标以不同的特征对总体进行分层，以提高审计效率和效果。

（3）定义误差构成条件。

定义构成误差的条件是为了执行审计程序时有识别误差的标准。误差可以定义为会计记录中的虚假账户、经济业务的记录未进行复核审批或手续不全等各类差错。控制测试中，误差是指控制偏差，注册会计师应定义所要测试的控制及可能出现偏差的情况；细节测试中，误差是指错报，注册会计师要确定哪些情况构成错报。

2. 确定样本规模阶段

样本规模，是指从总体中选取样本项目的数量。在审计抽样中，样本规模的大小会直接影响审计的效果和效率。样本规模过小往往不能反映总体的特征，而样本规模过大则会加大审计成本，失去抽样审计的意义。因此，注册会计师应当确定足够的样本规模，将抽样风险降至可接受的低水平。

（1）可接受的抽样风险。

可接受的抽样风险与样本规模成反比。可接受的抽样风险水平越低，需要的样本规模就越大；可接受的抽样风险水平越高，需要的样本规模就越小。

（2）可容忍误差。

可容忍误差，是指注册会计师能够容忍的最大误差。控制测试中，可容忍误差是指可容忍偏差率；细节测试中，可容忍误差是指可容忍错报。在其他因素既定的条件下，可容忍误差越大，所需的样本规模越小。

（3）预计总体误差。

预计总体误差，是指注册会计师预期在审计过程中发现的误差。控制测试中，预计总体误差是指预计总体偏差率；细节测试中，预计总体误差是指预计总体错报额。预计总体误差越大，可容忍误差也应当越大，预计总体误差不应该超过可容忍误差。

（4）总体变异性。

总体变异性，是指总体的某一特征在各项目之间的差异程度。总体变异性通常应用在细节测试中，一般总体项目的变异性越低，样本规模就越小。

（5）总体规模。

除非总体非常小，一般而言总体规模对样本规模的影响几乎为零。

3. 选取样本和对样本实施审计程序阶段

（1）选取样本。

注册会计师在选取样本时，应当使总体中的每个抽样单元都有被选取的机会。通过选择具有总体典型特征的样本项目，再选出有代表性的样本，以避免偏向。选取样本的基本方法包括使用随机数表选样、系统选样和随意选样。

（2）对样本实施审计程序。

注册会计师应当针对选取的每个项目，实施适合具体目标的审计程序，确定样本的错报额和错报率，旨在发现并记录样本中存在的误差，为进一步推断总体特征、形成结论提供充分、适当的证据。如果审计程序不适用于选取的项目，注册会计师通常应当实施替代程序。

4. 评价样本结果阶段

（1）分析样本误差。

注册会计师应当调查识别出所有偏差或错报的性质和原因，并评价其对审计程序目标和审计的其他方面可能产生的影响。

（2）推断总体错报。

控制测试中，样本的偏差率就是总体的推断偏差率；细节测试中，注册会计师应当根据样本中发现的误差金额，推断总体误差金额，并考虑推断误差对特定审计目标及审计的其他方面的影响。

（3）评价审计样本结果。

注册会计师应当对样本结果进行评价，使用审计抽样是否已为注册会计师针对所测试的总体得出的结论提供合理基础，以确定对总体相关特征的评估是否得到证实或需要修正。

（三）审计抽样的运用

1. 审计抽样在控制测试中的运用

在控制测试中运用的统计抽样方法，主要是属性抽样方法。所谓属性，是指审计对象总体的质量特征，即被审计业务或被审计内部控制是否遵循了既定的标准以及其存在的误差水平。属性抽样中抽样结果只有两种："对"与"错"或"是"与"不是"。属性抽样方法主要有固定样本量、停—走抽样和发现抽样。

（1）固定样本量。

固定样本量，是指注册会计师在考察样本容量的大小上是一定的，通常是按所确定的样本容量抽取样本进行审查，获得样本差错率，再通过对样本差错率的分析和评价，确定可否接受，如可以接受则据此推断出总体差错率，作出控制测试结论。固定样本量是一种使用最为广泛的属性抽样，常用于估计审计对象总体中某种误差发生的比例。

（2）停—走抽样。

停—走抽样，也称行止抽样、连续抽样，是固定样本量抽样的一种改进形式。它从预计总体误差率为零开始，采用边抽样、边审查、边判断的方法，一旦能得出审计结论即可终止抽样。停—走抽样一般适用于注册会计师估计差错率为零或非常低的审计总体。

（3）发现抽样。

发现抽样，是在既定的可信赖程度下，在假定误差以既定的误差率存在于总体之中的情况下，至少查出一个误差的抽样方法。发现抽样主要用于查找重大舞弊事件或极少出现的例外事件。

2. 审计抽样在细节测试中的运用

在细节测试中运用的统计抽样方法，主要是变量抽样方法。变量抽样方法可用于确定账户金额是多是少，是否存在重大误差等。变量抽样方法主要有均值估计抽样、差额估计抽样、比率估计抽样。

（1）均值估计抽样。

均值估计抽样，是指通过抽样审查确定样本的平均值，再根据样本平均值推断总体的平均值和总值的一种变量抽样方法。均值估计抽样方法可以用来验证账户余额或发生额的正确性。均值估计抽样方法在细节测试中应用范围广泛。

（2）差额估计抽样。

差额估计抽样，是指以样本实际金额与账面金额的平均差额来估计总体实际金额与账面金额的平均差额，然后再以这个平均差额乘以总体规模，从而求出总体的实际金额与账面金额的差额（即总体错报）的一种方法。一般适用于误差和账面价值不成比例的情况。

（3）比率估计抽样。

比率估计抽样，是指以样本的实际金额与账面金额之间的比率关系来估计总体实际金额与账面金额之间的比率关系，然后再以这个比率乘以总体的账面金额，从而求出估计的总体实际金额的一种抽样方法。一般适用于误差和账面价值呈比例的情况。

四、审计证据

注册会计师审计的整个过程就是围绕审计目标，搜集审计证据，并根据审计证据形成审计结论和审计意见的过程。注册会计师应当获取充分、适当的审计证据，以得出合理的审计结论，作为形成审计意见的基础。

（一）审计证据概述

1. 审计证据的含义

审计证据，是指注册会计师为了得出审计结论、形成审计意见而使用的所有信息，包括财务报表依据的会计记录中含有的信息和其他信息。它既可以是各种从被审计单位会计凭证、账簿、报表上摘抄下来的书面证据，也可以是询问某些当事人作笔录留下的口头证据，还可以是盘点被审计单位库存作记录后留下的实物证据等。

审计证据是用来说明被审计事项与相关既定标准的符合程度，从而对被审计单位的某些性质或者关键特征作出证明性结论。审计证据的功能就是证明。既定标准又称“审计依据”，是提出审计意见、作出审计结论和决定的客观依据，包括国家制定的有关法律、法规，各项规章制度，会计原理和制度，财经制度和纪律，以及计划、目标、协议条款等。审计证据与审计依据是审计意见形成的两个基本要素，缺一不可。审计意见的形成，就是通过将收集的审计证据与审计依据进行对比所作的一种专业评价或判断。

2. 审计证据的种类

在审计过程中，注册会计师要收集大量的审计证据。由于这些证据的作用、来源、形态、内容等有所不同，因此可以按照某种标志对其进行归类，以利于提高收集证据的效率和质量，便于对审计证据进行综合分析，充分发挥审计证据的作用。

（1）审计证据按形态分类。

①实物证据。实物证据，是指注册会计师通过实地观察和参加清查盘点所获得的，用以证明有关实物资产是否存在的证据。实物证据对某项实物资产是否存在的证明力最强，效果最为显著。因此，在对库存现金、存货、固定资产

等项目进行审计时，注册会计师首先考虑通过清查、监督或参与盘点来取得实物证据以证明它们是否存在。

实物证据的局限性表现在并不能完全证明该项实物资产的价值及其所有权的归属。确定实物资产的价值应以取得时有关资料或中介部门评估确认资料为主要依据。就实物资产的所有权而言，需要通过另行审计并取得其他形式的审计证据方可得以完善补充。

②书面证据。书面证据，是指注册会计师通过实施测试程序和运用不同的方法所获取的以书面资料为存在形式的审计证据，包括与审计有关的各种原始凭证、会计记录、各种会议记录和文件、各种合同、报告及函件等。书面证据是有关经济业务的即时记录，通常有较强的证明力，是作出审计意见和结论的重要依据。它来源广、数量多、作用广泛，价值不在于账面，而在于它所记录的内容，在审计证据中占有较大的比重。注册会计师发表审计意见基本上以书面证据为基础。

书面证据存在被篡改和伪造的可能，所以注册会计师在大量收集有关书面证据时，还要注意对书面证据进行认真细致地鉴定和分析，运用专业判断，辨别真伪，充分正确地利用书面证据。

③口头证据。口头证据，是指经注册会计师询问而由被审计单位有关人员或其他人员进行口头答复所形成的审计证据。口头证据通常要形成书面记录，必要时应让被询问者签字确认。口头证据不属于基本证据，大多作为佐证存在。

口头证据往往不能独立证明被审计事项的真相，需要实施其他审计程序以获取其他形式的审计证据的支持，但口头证据往往能够提供重要的审计线索。虽然口头证据可靠性较低，需要其他证据的支持和佐证，但如果不同的被询问人员对同一问题在同一时间所做的口头陈述一致时，口头证据则具有较高的可靠性。

④环境证据。环境证据，是指对被审计单位产生影响的各种情况，即影响被审计事项的各种环境事实，亦称状况证据。环境证据包括反映内部控制状况、反映管理素质、反映管理水平和管理条件的环境证据等。环境证据一般不属于基本证据，不能用于直接证实有关被审计事项，但它可以帮助注册会计师了解被审计事项所处的环境或发展的状况，为判断被审计事项和确证已收集其他证据的程度提供依据，因而环境证据仍然是注册会计师进行判断所必须掌握

的资料。

环境证据最突出的特点是它能帮助注册会计师正确评价有关资料所反映信息在总体或大体上的可靠程度，亦即它对证实总体合理性这一审计目标有着积极的意义。注册会计师通常运用调查、询问和观察等手段获取环境证据。注册会计师可以通过设计调查表、记录、询问、观察事项等方式来形成作为发表审计意见依据的环境证据。

（2）审计证据按来源分类。

①内部证据。内部证据，是指注册会计师从被审计单位内部取得的证明材料，包括内部书面资料和口头陈述。一般来说，内部证据的可靠性不如外部证据。内部证据可进一步分为经过外部流转的内部证据和未经过外部流转的内部证据。经过外部流转的内部证据，是指由被审计单位内部编制后，流转到外部，并获得其他单位或个人的承认的证据，例如已付款支票、销售发票等，其可靠性较强。未经过外部流转的内部证据，是指由被审计单位内部编制，并只在被审计单位内部流转的证据，例如发料单、记账凭证、会计账簿等，其可靠程度取决于被审计单位内部控制的强弱。

②外部证据。外部证据，是指注册会计师从被审计单位以外的单位或个人取得的证明材料，包括从被审计单位外面获得的凭证、书面证明材料和口头陈述。外部证据可进一步分为未经过被审计单位的外部证据和经过被审计单位的外部证据。应收账款的函证回函，被审计单位的律师或其他独立的专家关于被审计单位或有负债、或有资产所有权等的证明函件等是未经过被审计单位的外部证据。经过被审计单位的外部证据主要指被审计单位掌握的银行对账单、购货发票、应收票据、有关的契约合同等。对于此类外部证据，审计人员在评价其可靠性时，应关注被审计单位对其进行伪造、变造的可能性和难易程度。

（3）审计证据按对审计结论的支持程度分类。

①直接证据。直接证据，是指与被证明的审计事项直接相关，能直接证明被审计事项客观事实的证据。例如，审查银行存款余额时的银行对账单、审核成本计算时的成本计算单、审计应收账款余额时函证的回函等都属于直接证据。

②间接证据。间接证据，是指与被审计事项间接相关，能间接地证明被审计事项的客观事实，对直接证据有加强和支持作用的审计证据。例如，在某个审计事项的调查中由有关人员口头叙述的一些与审计事项相关的情况，就是间

接证据。间接证据虽不能直接证实被审计事项的真相，但它可以对直接证据起加强和支持作用。

3. 审计证据的特征

审计证据的特征，是指审计证据内在的特征和性质，具体体现为注册会计师围绕这些特征和性质收集审计证据时应达到的基本要求，包括充分性和适当性。审计证据的充分性是对审计证据数量的衡量，审计证据的适当性是对审计证据质量的衡量。充分性和适当性是审计证据的两个重要特征，两者缺一不可，只有充分且适当的审计证据才具有证明力。

（1）审计证据的充分性。

审计证据的充分性，是指审计证据的数量足以使得注册会计师形成审计意见，即收集的审计证据数量是否足够，表现为注册会计师为形成审计意见所需审计证据的最低数量要求。为了进行有效率、有效益的审计，注册会计师往往把需要足够数量审计证据的范围降低到最低限度。评价和判断审计证据是否充分，应当考虑审计风险、具体审计项目的重要程度、注册会计师的审计经验、审计过程中是否发现错误或舞弊、审计证据的类型与获取途径等因素。

（2）审计证据的适当性。

审计证据的适当性，是对审计证据质量上的衡量，包含相关性和可靠性两层含义。前者是指审计证据应与审计目标相关联，后者是指审计证据应能如实地反映客观事实。

①审计证据的相关性，是指审计证据应与被审计事项存在一种内在的逻辑关系，并与这些被审计事项所形成的审计意见这一目标存在密切的关系。评价审计证据的相关性，在于保证审计证据的质量，因此注册会计师只能利用与审计目标相关联的审计证据来证明或否定被审计单位所认定的事项。

②审计证据的可靠性，是指审计证据的可信赖程度。审计证据的可靠性是注册会计师对应审计事项进行判断的基础。审计证据种类繁多，来源渠道不同，其可靠性也不同。审计证据的可靠性，受其来源和性质的影响，并取决于获取审计证据的具体环境。一般来说，从外部独立来源获取的审计证据比从其他来源获取的审计证据更可靠，内部控制有效时内部生成的审计证据比内部控制薄弱时内部生成的审计证据更可靠，直接获取的审计证据比间接获取或推论得出的审计证据更可靠，以文件、记录形式（无论是纸质、电子或其他介质）存在的审计证据比口头形式的审计证据更可靠，从原件获取的审计证据比从传

真件或复印件获取的审计证据更可靠。

审计证据的充分性和适当性密切相关，审计证据的适当性会影响其充分性。一般而言，审计证据的相关性与可靠性程度越高，则所需审计证据的数量就可减少；反之，审计证据的数量就要相应增加。对审计证据充分性、适当性评价时要对文件记录可靠性、使用被审计单位生成信息、矛盾证据和成本等做特殊考虑。当然，注册会计师在评价审计证据的充分性、适当性时必须围绕具体审计目标进行。

（二）获取审计证据的程序

按审计程序的目标可将注册会计师为获取充分、适当的审计证据而实施的审计程序分为风险评估程序、控制测试和实质性程序。按获取方法可分为检查、观察、询问、函证、重新计算、重新执行、分析程序等。其中检查、函证和分析程序三种审计方法最为常用且最重要。注册会计师在实施风险评估程序、控制测试和实质性程序时可根据需要单独或综合运用上述方法类程序，以获取充分、适当的审计证据。

1. 函证

函证，是指注册会计师直接从第三方（被询证者）获取书面答复以作为审计证据的过程，即通过被询证者的回函，来获取相关的审计证据。函证的对象可以是应收款项、应付款项或银行存款等特定账户的余额，也可以是被审计单位与第三方之间的协议和交易条款等。

（1）函证实施的范围和时间。

如果注册会计师采用审计抽样的方式确定函证程序的范围，注册会计师可以确定从总体中选取特定的项目进行测试。选取的特定项目可能包括金额较大的项目，账龄较长的项目，交易频繁、但期末余额较小的项目，重大关联交易，重大或异常的交易，可能存在争议以及产生重大错误或舞弊的交易等。

注册会计师通常以资产负债表日为截止日，在资产负债表日后适当时间内实施函证。如果重大错报风险评估为低水平，注册会计师可选择资产负债表日前适当日期为截止日实施函证，并对所函证项目自该截止日起至资产负债表日止发生的变动实施实质性程序。

（2）询证函的设计及方式。

注册会计师应根据特定审计目标设计询证函。设计询证函需要考虑的因素包括函证的方式、以往审计或类似业务的经验、拟函证信息的性质、选择被询证者的适当性、被询证者易于回函的信息类型等。通过函证获取的证据可靠性较高，因此，函证是受到高度重视并经常被使用的一种重要程序。

函证的方式有积极式函证和消极式函证。采用积极的函证方式，注册会计师应当要求被询证者在所有情况下必须回函，确认询证函所列示信息是否正确，或填列询证函要求的信息。采用消极的函证方式，注册会计师只要求被询证者仅在不同意询证函列示信息的情况下才予以回函。通常认为积极式询证函的回函能够提供可靠的审计证据；未收到消极式询证函的回函提供的审计证据远不如积极式询证函的回函提供的审计证据有说服力。

为进一步规范银行函证业务，《国务院办公厅关于进一步规范财务审计秩序促进注册会计师行业健康发展的意见》提出，加强银行函证数字化平台建设，加快推进函证集约化、规范化、数字化进程，利用信息技术解决函证不实、效率低下、收费过高等问题，支持提升审计效率和质量。对提供不实回函等违法违规行为依法依规严肃查处。

2. 分析程序

分析程序，是指注册会计师通过分析不同财务数据之间以及财务数据与非财务数据之间的内在关系，对财务信息作出评价。分析程序是注册会计师在了解被审计单位及其环境时运用的重要程序之一。在实施分析程序时，注册会计师需要考虑将被审计单位的财务信息与以前期间的可比信息、被审计单位的预期结果、可比的行业信息进行比较。还需要考虑财务信息要素之间、财务信息和相关非财务信息之间的关系。

（1）用作风险评估程序。

注册会计师在实施风险评估程序时，运用分析程序是强制要求，以了解被审计单位及其环境。在这个阶段，注册会计师可以将分析程序与询问、检查和观察程序结合运用，以获取对被审计单位及其环境的了解，识别和评估财务报表层次及具体认定层次的重大错报风险。在运用分析程序时，注册会计师应重点关注关键账户余额、变化趋势和财务比率关系等方面，对其形成一个合理的预期，并与被审计单位记录的金额、依据记录金额计算的比率或趋势相比较。如果分析程序的结果显示的比率、比例或趋势与注册会计师对被审计单位及其环境的了解不一致，并且被审计单位管理层无法提出合理的解释，或者无法取得相关的支持性文件证据，注册会计师应当考虑其是否表明被审计单位的财务报表存在重大错报风险。风险评估程序所使用的分析程序通常包括对账户余额变化的分析，并辅之以趋势分析和比率分析等。

（2）用作实质性程序。

实质性分析程序与细节测试都可用于收集审计证据，以识别财务报表认定层次的重大错报风险。当使用分析程序比细节测试能更有效地将认定层次的检查风险降至可接受的水平时，注册会计师可以将分析程序用作实质性程序，并考虑单独或结合其他细节测试，以收集充分、适当的审计证据。

（3）用于总体复核。

在审计结束或临近结束时，注册会计师运用分析程序的目的是确定财务报表整体是否与其对被审计单位的了解一致。如果识别出以前未识别的重大错报风险，注册会计师应当重新考虑对全部或部分交易、账户余额、披露评估的风险是否恰当，并在此基础上重新评价之前计划的审计程序是否充分，是否有必要追加审计程序。

（三）审计证据收集、鉴定与综合

收集、鉴定和综合审计证据是审计工作的核心。为了完成审计工作、实现审计目标，注册会计师从一开始就需要考虑怎样收集审计证据、选取什么样的审计证据，以利于注册会计师作出审计决策。对收集到的审计证据还需要逐个加以鉴定，判断其内容的真伪和效用、是否充分且适当，使证据的潜在证明力转化为现实证明力，然后将筛选保留的证据按审计目标归纳综合，使其成为具有充分证明力的一系列证据，从而形成审计意见和结论。

1. 收集审计证据

在审计实务中，尽管因审计目标不同或审计对象不同，其选择的收集审计证据的具体步骤会有所差异，但收集审计证据一般都要经过以下几个基本步骤：

（1）确定收集审计证据的内容，即确定收集哪些审计证据。审计证据的收集内容，要根据审计目标的需要来确定。

（2）确定收集审计证据的方法，即确定怎样去收集审计证据。审计证据的收集方法一般有检查记录或文件、检查有形资产、观察、询问、函证、重新计算、重新执行、分析程序等。

（3）确定收集审计证据的数量。审计证据的数量需要根据审计事项的重要程度、审计证据的质量和审计人员的经验等确定。

（4）确定如何选取审计证据，即确定采用什么样的方法抽取审计证据。既可以采用判断抽样法，也可以采用统计抽样法。在统计抽样法中，也有多种方法可以选择。

（5）实施审计证据收集。在确定证据收集的内容、方法、数量和抽取方式之后，就可以开始实施审计证据的收集工作。如果在收集过程中遇到了计划中没有考虑到的新问题和新情况，就需要注册会计师根据审计目标的需要，按被审计单位经济活动的发展变化情况，进行追踪收集。

注册会计师采用各种途径收集的审计证据，均应注明来源，并由提供者签名或盖章。被审计单位或有关责任人员拒绝签名或盖章的，注册会计师应当在审计证据或另附的材料上作相关注明后，该证明材料仍可以作为审计证据。注册会计师对被审计单位或有关责任人员有异议的审计证据应当进行核实，对确有错误和偏差的，应当重新收集证据。

2. 鉴定审计证据

注册会计师取得作为审计证据的资料，只具有潜在的证明力，还要对收集到的证据进行鉴定，才能使证据的潜在证明力转化为现实证明力。鉴定审计证据应考虑以下问题：

（1）鉴定证据与审计事项的相关性。判断证据与审计事项是否相关、是否有内在联系，能否在一定程度上直接或间接地证明被审计事项，而且证据与证据之间是否相关，能否相互证实。如果证据之间内容不一致，甚至有矛盾，就应当收集更多的相关证据加以判断，对那些与审计事项、审计目标无关的证据应舍弃。

（2）鉴定证据的真实可靠性。证据的真实可靠性受许多因素的影响。一般而言，证据受个人支配程度越小，被篡改和伪造的机会越少，就越真实可靠。因此，在良好的内部控制环境下产生的证据比内部控制不健全情况下产生的证据更真实可靠，直接产生于经济活动的业务凭证比经加工汇总编制的资料更可靠，从被审计单位外部取得的证据比从被审计单位内部取得的证据更真实可靠。对实物证据除核实账实数量之外，还应注意实物的所有权和质量。对口头证据要视其提供者的身份、态度等判断其真实程度。对书面证据应首要鉴定其真伪。

（3）鉴定证据的重要性。这是指收集的审计证据对证明审计事项是否有用、是否有重要意义。一般而言，证明同样性质的问题，金额大的证据比金额小的证据更重要；证明不同性质问题的证据相比较，说明违反财经法纪的证据比说明会计上出现差错的证据更重要。但也应注意那些表面上看是一般错误问题，而实际上却是性质严重问题的证据。例如，取得了销售成本计算错误的证据，还需调查分析、鉴别被审计单位是否利用此方法人为调节销售成本，以达到调节利润的目的，再判断证据的重要性。

除此以外，注册会计师还需对证据的合法性、充分性加以鉴定。前者是判断证据的取得是否履行规定的手续、程序，注册会计师在取证的现场应要求被审计单位有关责任人员以及被审计单位或有关责任部门签名或盖章。审计负责人应检查证据的签章是否齐全、内容是否完整、数量是否充分，发现证据不够有力、不够充分应及时予以补充。

收集和鉴定证据往往是交替进行的。通常注册会计师在收集证据时就及时进行判断鉴定，如此才有利于继续收集证据。

3. 综合审计证据

注册会计师在审计结束后，应将审计证据统一交给主审人员，汇总编制取证材料清单，并由编制人员和主审人员签名盖章。取证材料及所附审计证据应当编入审计工作底稿，统一使用和管理。

综合审计证据工作包括对证据的分类、整理和分析，从而总结出审计意见和结论。为了使收集到的个别证据形成一系列具有充分证明力的证据体系，注册会计师应将收集、鉴定过的证据，按被审计事项、审计目标、反映问题的性质加以归类，进行计算、比较，找出证据间的内在联系，归类出一组组证据所证实的问题，并给予定性，也就是逐个得出审计结论，然后才会形成审计意见和结论。鉴定证据是对个别证据的分析，综合证据则是从证据的总体上进行分析、研究和整理，使注册会计师对审计事项从个别到全面、从表面到本质，完成认识上的飞跃。

（四）审计工作底稿

审计工作底稿是审计证据的载体，是指注册会计师在执行审计业务过程中形成的全部审计工作记录和获取的资料。审计工作底稿的全部内容是注册会计师形成审计结论、发表审计意见的直接依据。它形成于审计过程，也反映整个审计过程。审计工作底稿可以以纸质、电子或其他介质形式存在。

通常审计工作底稿包括下列全部或部分要素：审计工作底稿的标题、审计过程记录、审计结论、审计标识及其说明、索引号及页次、编制者姓名及编制日期、复核者姓名及复核日期、其他应说明事项。

1. 审计工作底稿的作用

审计工作底稿是注册会计师审计业务中普遍使用的专业工具。注册会计师应当及时编制审计工作底稿，以提供充分、适当的记录，作为出具审计报告的基础。审计工作底稿是注册会计师形成审计结论、发表审计意见的直接依据。及时编制审计工作底稿有助于提高审计工作的质量，便于在出具审计报告之前，对取得的审计证据和得出的审计结论进行有效复核和评价。

审计工作底稿能够提供证据，证明注册会计师按照相关审计准则的规定执行了审计工作。在会计师事务所因执业质量而涉及诉讼或有关监管机构进行执业质量检查时，审计工作底稿能够提供证据，证明会计师事务所是否按照审计准则的规定执行了审计工作。

2. 审计工作底稿的内容

审计工作底稿通常包括总体审计策略、具体审计计划、重大事项概要、分析表、问题备忘录、核对表、询证函回函、有关重大事项的往来信件（包括电子邮件）、管理层书面声明、被审计单位文件记录的摘要或复印件。此外还包括业务约定书、管理建议书、项目组内部或项目组与被审计单位举行的会议记录、与其他人士（如其他注册会计师、律师、专家等）的沟通文件及错报汇总表等。审计工作底稿不能代替被审计单位的会计记录。

审计工作底稿通常不包括已被取代的审计工作底稿的草稿或财务报表的草稿、不全面或初步思考的记录、存在印刷错误或其他错误而作废的文本、重复的文件记录等。

3. 审计工作底稿的分类

审计工作底稿一般分为综合类工作底稿、业务类工作底稿和备查类工作底稿。

（1）综合类工作底稿。综合类工作底稿，是指注册会计师在审计计划阶段和审计报告阶段，为规划、控制和总结整个审计工作并发表审计意见所形成的审计工作底稿。主要包括审计业务约定书、审计计划、审计总结、未审会计报表、试算平衡表、审计差异调整汇总表、审计报告、管理建议书、被审计单位管理当局声明书以及注册会计师对整个审计工作进行组织管理的所有记录和资料。

（2）业务类工作底稿。业务类工作底稿，是指注册会计师在审计实施阶段为执行具体审计程序所形成的审计工作底稿。主要包括符合性测试中形成的内部控制问题调查表和流程图、实质性测试中形成的项目明细表、资产盘点表或调节表、询证函、分析性测试表、计价测试记录、截止测试记录等。

（3）备查类工作底稿。备查类工作底稿，是指注册会计师在审计过程中形成的、对审计工作仅具有备查作用的审计工作底稿。主要包括被审计单位设立组建方面的文件、营业执照、公司章程、组织机构及管理人员构成、各级管理层的会议记录、各类合同和协议、相关内部控制制度文件等。

4. 审计工作底稿的复核与归档

复核是会计师事务所进行质量监控的一项重要程序。为了保证审计工作底稿复核工作的质量，我国会计师事务所实行以主任会计师、部门经理（或签字审计人员）和项目经理为复核人的三级复核制度。不同层次的复核可能有不同的复核重点，但就复核工作的要点来说，一般都应包括以下几个方面：所引用的有关资料是否翔实可靠，所获取的审计证据是否充分、适当，审计判断是否有理有据，审计结论是否恰当。

注册会计师应当按照会计师事务所质量控制政策和程序的规定，及时将审计工作底稿归整为最终审计档案。审计档案按其使用期限的长短和作用的大小可以分为永久性档案和当期档案。审计档案的所有权属于承接该项业务的会计师事务所。

五、审计结果的运用

审计可以增强企业财务报表的可信度，为企业管理层及外部使用者提供决策依据，为申请上市提供文件证据。审计报告是审计结果的表现形式。注册会计师审计结果的使用者包括投资者、债权人、政府及其有关部门和社会公众等。加强审计结果的运用具有非常重要的意义。

（一）审计报告的含义

审计报告，是指注册会计师根据《中国注册会计师审计准则》的规定，在实施审计工作的基础上，对被审计单位财务报表发表审计意见的书面文件。审计报告是注册会计师对财务报表是否在所有重大方面按照财务报告编制基础编制，并实现公允反映发表的审计意见；是注册会计师与财务报表使用者沟通所审计事项的主要手段。为便于财务报表使用者正确理解和使用审计报告，注册会计师应当将已审计的财务报表附于审计报告之后，并列呈送委托人或正式对外公布。

（二）审计报告的作用

审计是一项具有独立性的经济监督活动，具有法定证明效力。注册会计师签发的审计报告，主要具有鉴证、保护和证明三方面的作用。

1. 鉴证作用

注册会计师签发的审计报告，是以超然独立的第三者身份，对被审计单位会计报表合法性、公允性及会计处理方法的一贯性发表意见。这种意见具有鉴证作用，得到了政府及其有关部门和社会各界的普遍认可，提高了财务报表预期使用者对财务报表的信赖程度。社会各方利害关系人通过审计报告了解被审计单位的经营成果，从而有利于作出正确的经济决策。例如，财政、税务等政府有关部门了解、掌握企业的财务状况和经营成果的主要依据是企业提供的财务报表，而财务报表是否值得信赖主要依据注册会计师的审计报告作出的判断。

2. 保护作用

注册会计师通过审计，可以对被审计单位出具不同类型审计意见的审计报告，以提高或降低财务报表信息使用者对财务报表的依赖程度，能够在一定程度上对被审计单位的财产、债权人和股东的权益及公司利害关系人的利益起到保护作用。例如，投资者在进行投资之前，查阅被投资公司的财务报表和注册会计师的审计报告，了解被投资公司的经营情况和财务状况等再作出投资决策，可以降低其投资风险。

3. 证明作用

审计报告是对注册会计师任务完成情况及其结果所做的总结，可以对审计工作质量和注册会计师的审计责任起证明作用。通过审计报告，可以证明注册会计师在审计过程中是否实施了必要的审计程序、是否以审计工作底稿为依据发表审计意见、发表的审计意见是否与被审计单位的实际情况相一致、审计工作质量是否符合要求等，从而评价注册会计师审计责任的履行情况。

（三）审计报告的种类

注册会计师签发的审计报告按照审计报告的形式分为标准审计报告和非标准审计报告。

1. 标准审计报告

标准审计报告，是指不含有说明段、强调事项段、其他事项段或其他任何修饰性用语的无保留意见的审计报告。无保留意见，是指当注册会计师认为财务报表在所有重大方面按照适用的财务报告编制基础编制并实现公允反映时发表的审计意见。无保留意见表明被审计单位的内部控制制度较为完善，可以使审计报告的使用者对被审计单位的财务状况、经营成果和现金流量情况具有较高的信赖。标准审计报告包含的审计报告要素齐全，属于无保留意见，且不附加说明段、强调事项段或任何修饰性用语，否则不能称为标准审计报告。

2. 非标准审计报告

非标准审计报告，是指标准审计报告以外的其他审计报告，包括带强调事项段的无保留意见的审计报告和非无保留意见的审计报告。非无保留意见的审计报告包括保留意见的审计报告、否定意见的审计报告和无法表示意见的审计报告。

（1）带强调事项段的无保留意见，是指注册会计师认为被审计单位编制的财务报表符合相关会计准则的要求并在所有重大方面公允反映了被审计单位的财务状况、经营成果和现金流量情况，但是存在需要说明的事项，例如，存在对持续经营能力产生重大疑虑及重大不确定事项等。

（2）保留意见，是指注册会计师对财务报表的反映有所保留的审计意见。注册会计师经过审计后，认为被审计单位财务报表的反映就其整体而言是恰当的，但还存在着个别重要财务会计事项的处理或个别重要财务报表项目的编制不符合国家统一会计制度和其他有关财务制度的规定，且被审计单位拒绝进行调整；因审计范围受到局部限制，无法按照审计准则的要求取得应有的审计证据；个别会计处理方法的选用不符合一贯性原则等情况的，应当出具保留意见的审计报告。

（3）否定意见，是指与无保留意见相反的审计报告。注册会计师经过审计后，认为被审计单位财务报表不能合法、公允、一贯地反映被审计单位财务状况、经营成果和现金流量情况；存在会计处理方法的选用严重违反国家统一会计制度和其他有关财务制度的规定，且被审计单位拒绝进行调整；财务报表严重歪曲了被审计单位的财务状况、经营成果和现金流量情况，且被审计单位拒绝进行调整的，应当出具否定意见的审计报告。

（4）无法表示意见，是指注册会计师对被审计单位财务报表的合法性、公允性和一贯性无法发表意见。注册会计师在审计过程中，由于审计范围受到委托人、被审计单位或客观环境的严重限制，不能获取必要的审计证据，以致无法对财务报表整体反映发表审计意见时，应当出具无法表示意见的审计报告。

为从源头治理虚假审计报告问题，《国务院办公厅关于进一步规范财务审计秩序促进注册会计师行业健康发展的意见》提出，探索建立审计报告数据单一来源制度，推动实现全国范围“一码通”。一是确保审计报告真实，二是保证政府各部门，如财政、税务、市场监管、金融、科技、人社等，与审计报告的其他使用者获取的审计报告相同。

（四）审计结果运用

现代企业制度强调企业所有权和经营权相分离，企业管理层是受委托人之托经营管理企业及其各项资产，负有受托责任。受托责任的履行情况即企业管理层的责任情况和业绩需要通过独立第三方出具的审计报告及所附财务报表来判断；企业投资者和债权人也需要通过审计报告及时或者经常性地了解企业管理层保管、使用资产的情况，并进一步决定是否需要调整投资或者信贷政策，是否需要加强企业内部控制和其他制度建设，是否需要更换管理层，评价企业的经营管理责任和资源使用的有效性。注册会计师审计结果运用主要包括以下方面：

（1）投资者。投资者最关心的是其投资的风险和报酬，通过对审计报告及所附财务报表的阅读和分析使现在或者潜在的投资者正确、合理地评价企业的资产质量、偿债能力、盈利能力和营运效率，评估企业现金流量的金额、时间和不确定性、支付股利的能力等，帮助投资者根据相关财务信息作出理性的投资决策，如决定是否应当买进、持有或者卖出企业的股票或者股权。投资者通过对审计结果的有效运用可以降低资本市场的不确定性和信息不对称带来的风险。

（2）债权人。债权人通常最关心企业的偿债能力和财务风险，通过对审计报告及所附财务报表的阅读和分析，可以了解企业的偿债能力，债权的保障和利息的获取，评估企业能否如期支付贷款本金及其利息，能否如期支付所欠购货款等。例如，银行等金融机构在对企业贷款前，需要对贷款企业一些财务指标进行考察，包括短期偿债能力指标、现金流量指标、资本结构指标、获利能力指标和管理绩效指标等，用以考察企业的运营资金、现金流量、资本结构、综合获利能力、资产管理水平等，据此判断其贷出资金的安全是否有保障，贷款回笼的可能性，以作出信贷决策。债权人通过对审计结果的有效运用可以降低其信贷风险。

（3）政府及其有关部门。政府及其有关部门通常关心经济资源分配的公平、合理，市场经济秩序的公正、有序，宏观决策所依据信息的真实、可靠等。通过对审计报告及所附财务报表的阅读和分析，可了解企业的经营活动和社会资源的分配情况，以作为决定税收等经济政策和国民收入等统计资料的基础。例如，企业所得税年度纳税申报所需资料清单中包括财务资料，财务资料包括资产负债表、利润表和《审计报告》。税务机关通过对经过审计鉴定的会计信息和企业纳税申报信息的对比分析，判断企业所得税是否正确计算缴纳。再如，高新技术企业认定程序规定，企业申请时提交的材料包括具有资质的中介机构出具的企业近三个会计年度研究开发费用和近一个会计年度高新技术产品（服务）收入专项审计或鉴证报告；经具有资质的中介机构鉴证的企业近三个会计年度的财务会计报告（包括财务报表、财务报表附注和财务情况说明书）。根据审计报告和所得税申报表的相关数据计算相关指标，科技部、财政部、税务总局组成全国高新技术企业认定管理工作领导小组，通过专家评审、审查认定等程序确定企业是否可以享受高新技术企业的企业所得税税收优惠政策。同时，审计报告也为主管税务机关查补税款提供间接证据或问题线索证据。参见下列案例。

实施财务报表审计中，注册会计师通过审计能够了解和注意到被审计单位内部控制及经营管理中的问题和关键所在，通过书面的方式提出管理建议。管理建议书是指审计人员在执行审计过程中或完成审计工作后，针对审计过程中注意到的、可能导致被审计单位财务报表产生重大错报或漏报的内部控制重大缺陷提出的书面建议。管理建议书是审计人员与被审计单位管理层主要的书面沟通方式。被审计单位管理层可以依据管理建议书中的内容，完善内部控制，改进财务工作，提高经营管理水平。

以下是一则某税务局稽查局利用会计师事务所的审计报告作为间接证据查补房产税，并经行政复议维持、一审胜诉、二审再胜诉的案例。

案例：

重庆市第一中级人民法院行政判决书（节选）[①]

上诉人（一审原告）重庆富力房地产开发有限公司……

……

被上诉人（一审被告）重庆市地方税务局第二稽查局……

……

被上诉人（一审被告）重庆市人民政府……

……

上诉人重庆富力房地产开发有限公司（简称重庆富力房地产公司）诉被上诉人重庆市地方税务局第二稽查局（简称市地税二稽查局）税务处理决定及重庆市人民政府（简称市政府）行政复议决定一案，不服重庆市渝北区人民法院(2017) 渝0112行初2号行政判决，向本院提起上诉。……

一审法院经审理查明……重庆富力房地产公司根据立信羊城会计师事务所有限公司出具的《重庆富力房地产开发有限公司2009年度审计报告》，于2010年6月30日将其开发建设的富力海洋广场商业房地产由“库存商品\开发产品”“生产成本\开发成本”转入“投资性房地产\成本”“投资性房地产\公允价值变动”会计科目，开发成本367126653.36元，公允价值变动180805946.64元。2011年6月27日，重庆市国土资源和房屋管理局就上述项目的商业房地产向重庆富力房地产公司颁发103房地证2011字第022208号房地产权证，载明房屋用途非住宅，楼层物理层3至7，房屋建筑面积71856.28㎡。2014年8月，市地税二稽查局根据工作指派，决定对重庆富力房地产公司的纳税情况进行立案查处。市地税二稽查局于2014年10月30日向重庆富力房地产公司送达《税务检查通知书》，对其2011年1月1日至2013年12月31日期间涉税情况进行检查，因2010年存在涉税问题，于2015年5月3日作出《税务事项通知书》，对税务稽查案件稽查所属期间变更为2010年6月1日至2013年12月31日。市地税二稽查局经过检查，根据税务稽查工作底稿及相关

① 参阅中国裁判文书网：重庆富力房地产开发有限公司与重庆市地方税务局第二稽查局、重庆市人民政府行政复议二审行政判决书，（2017）渝01行终398号。

资料，制作了税务稽查报告，经集体审理后，以重大税务案件提请重庆市地方税务局（简称市地税局）审理。经市地税局审理后，市地税二稽查局于2016年1月26日作出渝地税二稽处〔2016〕2号《税务处理决定书》，认为重庆富力房地产公司于2010年6月将开发成本367126653.36元转入投资性房产，2010年6月至2013年12月期间对投资性房地产出租部分按取得的租金收入缴纳了相关税费，但对投资性房地产未出租部分未按规定申报缴纳房产税，根据《中华人民共和国房产税暂行条例》(简称《房产税暂行条例》)、《重庆市房产税实施细则》规定，该公司投资性房地产未出租部分应按账面原值计算缴纳房产税。2010年6月1日至2013年12月31日期间，该公司投资性房地产未出租部分共计少缴房产税8860410.87元，其中2010年6月1日至12月31日期间少缴1500087.83元、2011年度少缴2857267.89元、2012年度少缴2703828.63元、2013年度少缴1799226.52元，根据《中华人民共和国税收征收管理法》(简称《税收征收管理法》）第三十二条，《房产税暂行条例》第一条、第二条、第四条及《重庆市房产税实施细则》第四条规定，追缴重庆富力房地产公司2010年6月1日至2013年12月31日期间少缴的房产税8860410.87元，并于2016年2月25日向重庆富力房地产公司送达该税务处理决定。重庆富力房地产公司收到市地税二稽查局作出的渝地税二稽处〔2016〕2号《税务处理决定书》后，未缴纳该处理决定书决定追缴的房产税，提供了房地产担保，并向市政府申请行政复议。市政府……经审理后，根据《中华人民共和国行政复议法》(简称《行政复议法》）第二十八条第一款第（一）项规定，于2016年12月9日作出渝府复〔2016〕254号《行政复议决定书》，维持市地税二稽查局作出的渝地税二稽处〔2016〕2号《税务处理决定书》，并邮寄送达。重庆富力房地产公司仍不服，向一审法院提起诉讼，请求撤销市地税二稽查局作出的渝地税二稽处〔2016〕2号《税务处理决定书》和市政府作出的渝府复〔2016〕254号《行政复议决定书》。在庭审中，重庆富力房地产公司主张系会计账目处理错误，涉案房产不属于投资性房地产，不应缴纳房产税。

一审法院经审理认为……本案争议焦点是涉案房产是否应征收房产税……《国家税务总局关于房产税 城镇土地使用税有关政策规定的通知》(国税发〔2003〕89号）作个别减免，该通知第一条规定："关于房地产开发企业开发的商品房征免房产税问题，鉴于房地产开发企业开发的商品房在出售前，对房地产开发企业而言是一种产品，因此，对房地产开发企业建造的商品房，在售出前，不征收房产税，但对售出前房地产开发企业已使用或出租、出借的商品房应按规定征收房产税”。本案中，根据市地税二稽查局举示的审计报告、投资性房地产房屋评估明细表、结转房地产记账凭证、资产负债表、利润表、房地产权证和租赁合同等证据，能够证明重庆富力房地产公司将其开发建设的富力海洋广场项目中商业房地产于2010年6月30日从开发成本、库存商品转入投资性房地产会计科目，公允价值变动180805946.64元，亦已相继出租部分房产获取租金，且重庆富力房地产公司已持有该商业房地产等事实。根据财政部财会〔2006〕××号《企业会计准则第××号——投资性房地产》第二条第一款：“投资性房地产，是指为赚取租金或资本增值，或两者兼有而持有的房地产”的规定，重庆富力房地产公司持有的江北区××天街富力海洋广场项目中的商业房地产，属于投资性房地产。同时，重庆富力房地产公司将其持有的涉案房产在会计账目上从“开发成本”“库存商品”转入“投资性房地产”会计科目，按投资性房地产进行管理和核算，且房地产价值随市场变化产生了损益，已构成对涉案房产的实际使用，亦相继出租部分房地产获取经济利益，房地产用途、状态、目的已发生变化，因此，该商业房地产不属于《国家税务总局关于房产税 城镇土地使用税有关政策规定的通知》(国税发〔2003〕89号）第一条规定的待售产品，不属于该条规定的不征收房产税的情形。第三，重庆富力房地产公司认为系会计账目处理错误，涉案房产不属于投资性房地产，不应缴纳房产税的主张。针对该主张，重庆富力房地产公司未提供证据予以证明，缺乏事实根据，亦不能作为其不缴房产税的理由。综上，市地税二稽查局……对重庆富力房地产公司投资性房地产未出租部分，决定追缴2010年6月1日至2013年12月31日期间少缴房产税8860410.87元的被诉税务处理决定事实清楚，证据充分，符合税务稽查的程序规定，适用法律法规正确。根据《行政复议法》……市政府受理重庆富力房地产公司的行政复议申请，履行了复议审查职责，并在法定期限内作出并送达行政复议决定，其行为符合《行政复议法》规定的程序要求，并无不当。据此，依照《中华人民共和国行政诉讼法》第六十九条、第七十九条的规定，判决驳回重庆富力房地产公司的诉讼请求。

上诉人重庆富力房地产公司不服一审判决，向本院提起上诉称，一、被诉《税务处理决定书》违反法定程序……二、被诉《税务处理决定书》适用法律、法规错误……三、被诉《税务处理决定书》主要证据不足。被上诉人市地税二稽查局仅依据上诉人的记账凭证的记载来认定涉案房产属于投资性房地产，没有举示记账所必须附有的原始凭证，也没有依据涉案房屋没有使用、出租、出借以及上诉人没有将涉案房产转为投资性房产的股东会或董事会决议，只是账目处理错误这一客观事实。综上，被诉《税务处理决定书》违反法定程序，适用法律、法规错误，主要证据不足，一审判决在事实认定和法律适用上存在严重错误，请求撤销一审判决、被诉《税务处理决定书》和《行政复议决定书》。

被上诉人市地税二稽查局答辩称，一、市地税二稽查局具有作出被诉行政行为的法定职权。二、市地税二稽查局作出被诉行政行为程序符合法律、法规及规范性文件规定……三、被诉税务处理决定认定事实清楚、证据确凿，适用法律法规正确。2010 年 6 月，上诉人根据经立信羊城会计师事务所有限公司审计的《重庆富力房地产开发有限公司 2009 年度审计报告》将该商业裙楼从“开发成本”和“库存商品”转入“投资性房地产”科目。账面结转日，其原始价值为 367126653. 36 元，公允价值变动损益为 180805946. 64 元，同时调整以前年度损益，增加会计利润 180805946. 64 元。在以后持续会计年度期间，该房产已按照公允价值模式计量，截至 2013 年末，该房产账面价值为 753233900 元，其中 2010—2013 年末公允价值变动损益为 386107246. 64 元，并分年度记入本年利润。从该会计信息反映出上诉人对上述房产已作经营性房产处置使用，并导致企业经营成果的改变，会计信息诸要素发生变化，该房产已不再属于开发产品。上诉人所称的“错账”理由不能成立，涉案房产用于投资性房地产经营管理后，就不再符合免税规定，所以涉案房产按用于投资性房地产经营管理的次月起征税，完全符合税法规定。市地税二稽查局在作出投资性房地产认定时是依据的记账凭证、会计师事务所作出的审计报告、资产负债会计报告等资料，是否附有原始凭证是会计工作规范需要，不是税务机关行政管理的对象……综上，一审认定事实清楚，判决合法、合理，请求依法驳回上诉，维持原判。

被上诉人市政府答辩称……

市地税二稽查局在法定举证期间内向一审法院提交并当庭举示的证据如下：1. 关于检查重庆富力房地产公司的任务通知；2. 税务稽查项目书；3. 案源登记表；4. 税务稽查立案审批表；5. 税务检查通知书及送达回证；6. 延长税收违法案件检查时限审批表等；7. 税务事项通知书（30 号、306 号）及送达回证；8. 询问笔录；9. 承诺书；10.《重庆富力房地产开发有限公司 2009 年审计报告》；11. 投资性房地产房屋评估明细表；12. 结转房地产记账凭证；13. 2011—2013 年度资产负债表及利润表；14. 北城天街 15 号负 1、2、××号房地产权证；15. 重庆富力房地产公司商铺租赁合同；16. 2010—2013 年海洋广场一期商业物业应缴房产税计算明细；17. 税务稽查报告；18. 查补退税款汇总表；19. 税务稽查工作底稿；20. 税务稽查审理报告；21. 市地税二稽查局集体审理纪要；22. 重庆市地方税务局审理意见书；23. 税务处理决定书及送达回证；24. 重庆富力房地产公司申请书及记账凭证等。

市政府在法定举证期间内向一审法院提交并当庭举示的证据如下……

重庆富力房地产公司在法定举证期间内向一审法院提交并当庭举示的证据如下：1. 企业会计准则第××号第三条第（三）项，第四条第（一）、（二）项，第六条第（一）项；2. 国税发〔2003〕89 号通知第一条，第二条第（三）、（四）项；3. 渝地税发〔2016〕20 号通知第一条第（四）项……

各方当事人向一审法院提交的证据已依法随案移送本院……本院所认定的事实与一审法院认定的事实无异。

本院认为……本案的争议焦点主要有以下几个问题：

一、关于涉案房产应否征收房产税的问题。根据《房产税暂行条例》第一条和《重庆市房产税实施细则》第二条的规定，房产税实行普遍征收原则，本案涉案房产位于江北区，属于应税房产的范围。同时，根据《国家税务总局关于房产税 城镇土地使用税有关政策规定的通知》（国税发〔2003〕89 号）……本案中，根据被上诉人市地税二稽查局举示的《重庆富力房地产开发有限公司 2009 年审计报告》、投资性房地产房屋评估明细表、结转房地产记账凭证、2011—2013 年度资产负债表及利润表、承诺书、询问笔录、房地产权证和商铺租赁合同等证据，能够证明上诉人将其开发建设的富力海洋广场项目中包括涉案房产在内的商业房地产于 2010 年 6 月 30 日从“库存商品\开发产品”“生产成本\开发成本”，转入了“投资性房地产\成本”“投资性房地产\公允价值变动”会计科目，载明开发成本为 367126653.36 元，公允价值变动为 180805946.64 元，且上诉人已持有上述商业房地产，并已相继出租部分房产获取租金等事实。结合财政部财会〔2006〕××号《企业会计准则第××号——投资性房地产》第二条第一款关于“投资性房地产，是指为赚取租金或资本增值，或两者兼有而持有的房地产”的规定，上诉人对其拥有的涉案房产作为投资性房地产进行管理和核算，该部分房地产的价值亦随市场发生损益变化，其性质为投资性房地产，上诉人的这一行为已构成对涉案房产的实际使用。故涉案房产不属于《国家税务总局关于房产税　城镇土地使用税有关政策规定的通知》(国税发〔2003〕89号）第一条规定免征房产税的产品。被上诉人市地税二稽查局认定上诉人涉案房产应当缴纳房产税的事实清楚，证据充分，适用法律、法规正确。上诉人认为将涉案房产转为投资性房地产系会计账目处理错误，该房产实际不是投资性房地产，不应缴纳房产税的上诉理由缺乏证据支撑，本院依法不予支持。

……

综上所述，被诉《税务处理决定书》证据确凿，适用法律、法规正确，符合法定程序……判决如下：一、撤销重庆市渝北区人民法院（2017）渝0112行初2号行政判决；二、撤销重庆市人民政府于2016年12月9日作出的渝府复〔2016〕254号《行政复议决定书》；三、驳回重庆富力房地产有限公司要求撤销重庆市地方税务局第二稽查局于2016年1月26日作出的渝地税二稽处〔2016〕2号《税务处理决定书》的诉讼请求。本判决为终审判决。

……

第三节　政府审计

一、政府审计程序

政府审计程序通常包括审计项目计划、审计准备、审计实施和审计终结四个阶段。

（一）审计项目计划阶段

审计项目计划，是指审计机关每年对审计项目（包括专项审计调查项目）作出的统一安排，也称年度审计项目计划。审计机关应当根据法定的审计职责和审计管辖范围，编制年度审计项目计划。

（二）审计准备阶段

1. 成立审计组

审计项目计划下达后，在实施项目审计前，应当根据审计项目的性质、专业特点、审计要求和承办单位的实际情况确定具体实施审计的人员，组成审计组，并指定审计组组长。审计组人员不得少于两人。组成审计组应考虑人员素质、保持连续性和严格遵守回避制度的要求。审计组由审计组组长和其他成员组成。审计组实行审计组组长负责制。审计组组长由审计机关确定，审计组组长可以根据需要在审计组成员中确定主审，主审应当履行其规定职责和审计组组长委托履行的其他职责。审计机关可以聘请外部人员参加审计业务或者提供技术支持、专业咨询、专业鉴定。

2. 编制审计实施方案

审计组应当调查了解被审计单位及其相关情况，评估被审计单位存在重要问题的可能性，确定审计应对措施，编制审计实施方案。对于审计机关已经下达审计工作方案的，审计组应当按照审计工作方案的要求编制审计实施方案。为了合理确定审计风险，突出审计重点，并确保审计方案的切实可行，组成审计组后，应进行初步的审前调查。

审计实施方案的内容主要包括审计目标，审计范围，审计内容、重点及审计措施，审计工作要求（包括项目审计进度安排、审计组内部重要管理事项及职责分工等）。采取跟踪审计方式实施审计的，审计实施方案应当对整个跟踪审计工作作出统筹安排。专项审计调查项目的审计实施方案应当列明专项审计调查的要求。一般审计项目的审计实施方案应当经审计组组长审定，并及时报审计机关业务部门备案。

3. 送达审计通知书

审计机关应当依照法律法规的规定，向被审计单位送达审计通知书。审计通知书的内容主要包括被审计单位名称、审计依据、审计范围、审计起始时间、审计组组长及其他成员名单和被审计单位配合审计工作的要求。同时，还应当向被审计单位告知审计组的审计纪律要求。采取跟踪审计方式实施审计的，审计通知书应当列明跟踪审计的具体方式和要求。专项审计调查项目的审计通知书应当列明专项审计调查的要求。对每一事项实施审计，都必须事先向被审计单位送达审计通知书，这是法定程序，否则被审计单位有权拒绝接受审计。存在办理交办的紧急审计事项的、发现被审计单位涉嫌严重违法违规需要突击审计的，以及其他不宜提前三日送达审计通知书情况的，审计机关可以直接持审计通知书实施审计。审计机关可以直接送达通知书，也可以邮寄送达通知书。

（三）审计实施阶段

1. 进驻被审计单位

审计组召开审计启动工作会议，由被审计单位负责人、财会人员、相关负责人和审计人员参加，目的是取得被审计单位领导及其工作人员的配合，明确被审计单位的责任。

2. 对内部控制进行符合性测试

审计组应当根据对被审计单位内部控制初步调查的结果，对内部控制的可信赖程度做出进一步的测试、评价，评估相应的重大舞弊、错报、控制风险，并重新审查原拟定审计方案的可行性。

3. 对审计项目进行实质性测试

正确运用各种审计方法，包括检查、观察、询问、外部调查、重新计算、重新操作、分析等方法，取得充分、可靠的审计证据，并认真编制审计工作底稿。

（四）审计终结阶段

1. 汇总审计资料，编写审计报告

审计组对审计事项实施审计后，汇总审计资料，向派出的审计机关反映审计工作情况和审计结果，编写审计报告。审计报告并不表示整个审计过程的终结，它只是审计程序的一个中间环节。

2. 征求被审计单位意见

为保障审计报告的客观性和准确性，保障被审计单位的合法权益，有利于被审计单位理解、支持审计工作，审计组编写的审计报告按照审计机关规定的程序审批后，以审计机关的名义征求被审计单位、被调查单位和拟处罚的有关责任人员的意见。

3. 对审计报告进行复核和审定

审计报告的复核包括审计组所在部门审核和复核机构的复核。审计报告经复核后，由审计机关进行审定。一般审计事项经审计机关主管领导审定，重大事项经审计机关审计业务会议审定。

4. 作出审计处理，编制审计文书

不是对每一审计事项实施审计后，都要作出处理、处罚决定。作出处理、处罚决定必须以事实为依据，以法律为准绳；坚持用事实和数据说话，以理服人；在法定职权范围内作出审计决定，提出处理、处罚决定意见。对于不属于审计机关法定处理、处罚权限的，审计机关要提出处理、处罚意见，必要时移送司法机关追究刑事责任。

5. 行政复议和后续审计

被审计单位、被调查单位、被审计人员或者有关责任人员对审计具体行政行为不服，向复议机关申请复议的，审计机关在作出依法可以申请行政复议的具体行政行为时，应当告知申请行政复议的途径和期限。

后续审计是审计机关或机构为检查被审计单位执行审计决定而进行的审计，是审计工作结束后的一个重要步骤。国家审计机关为了监督和保证被审计单位切实执行审计决定，有必要根据原来审计的情况和决定进行追加审计。在一般情况下，后续审计主要针对审计中发现的问题和审计结论所涉及的范围进行，并不要求重新进行详尽的检查。例如，审计中发现被审计单位应上缴的税费未按时足额上缴，则在后续审计时应检查其税费补缴情况。审计机关应当建立审计整改检查机制，督促被审计单位和其他有关单位根据审计结果进行整改。审计机关在出具审计报告、作出审计决定后，应当在规定的时间内检查或者了解被审计单位和其他有关单位的整改情况。后续审计后，审计机关汇总审计整改情况，向本级政府报送关于审计工作报告中指出问题的整改情况报告。

二、审计证据

（一）审计证据概述

1. 审计证据的含义

审计证据，是指审计人员获取的用以说明审计事项真相、形成审计结论基础的证明材料。即获取的能够为审计结论提供合理基础的全部事实，包括审计人员调查了解被审计单位及其相关情况和对确定的审计事项进行审查所获取的证据。审计人员应当依照法定权限和程序获取审计证据。

2. 审计证据的特征

审计人员获取的审计证据，应当具有适当性和充分性，以适当、充分的审计证据支持审计结论，实事求是地作出审计评价和处理审计发现的问题。

（1）适当性。

适当性是对审计证据质量的衡量，即审计证据在支持审计结论方面具有的相关性和可靠性。相关性，是指审计证据与审计事项及其具体审计目标之间具有实质性联系。可靠性，是指审计证据真实、可信，即审计证据必须是客观存在的事实材料。

审计人员分析审计证据的相关性时，应当关注是否一种取证方法获取的审计证据只与某些具体审计目标相关，而与其他具体审计目标无关；是否针对一项具体审计目标可以从不同来源获取审计证据或者获取不同形式的审计证据。

审计人员分析审计证据的可靠性时，应关注从被审计单位外部获取的审计证据比从内部获取的审计证据更可靠；内部控制健全有效情况下形成的审计证据比内部控制缺失或者无效情况下形成的审计证据更可靠；直接获取的审计证据比间接获取的审计证据更可靠；从被审计单位财务会计资料中直接采集的审计证据比经被审计单位加工处理后提交的审计证据更可靠；原件形式的审计证据比复制件形式的审计证据更可靠。不同来源和不同形式的审计证据存在不一致或者不能相互印证时，审计人员应当追加必要的审计措施，确定审计证据的可靠性。

（2）充分性。

充分性是对审计证据数量的衡量。审计人员在评估存在重要问题的可能性和审计证据质量的基础上，决定应当获取审计证据的数量。具体审计目标的重要性水平的高低会影响审计工作量。审计人员确定的具体审计目标的重要性水平越低，所需的审计证据越多，审计工作量也越大。审计人员应当保持应有的职业谨慎，依照重要性水平来确定所应收集的审计证据的数量。

审计人员在审计实施过程中，应当持续评价审计证据的适当性和充分性。已采取的审计措施难以获取适当、充分审计证据的，审计人员应当采取替代审计措施；仍无法获取审计证据的，由审计组报请审计机关采取其他必要的措施或者不作出审计结论。

3. 审计证据的类型

（1）书面证据。书面证据，是指以书面形式存在并证明审计事项的证据。

（2）实物证据。实物证据，是指以实物形式存在并证明审计事项的证据。

（3）视听电子证据。视听电子证据，是指以录音录像或者计算机储存、处理的证明审计事项的视听或者电子数据资料。

（4）口头证据。口头证据，是指与审计事项有关人员口头进行谈话等提供的证据。

（5）鉴定和勘验证据。鉴定和勘验证据，是指专门机构或者专门人员的鉴定结论和勘验笔录。审计组和审计人员在审计中如有特殊需要，可以聘请专门机构或者有专门知识的人员，对审计事项中某些专门问题进行鉴定，取得鉴定结论，作为审计证据。

（二）审计证据的收集

1. 收集审计证据的原则

（1）目标明确原则。

在审计过程中，审计人员应根据法律程序、审计项目、审计方案的要求，确定收集审计证据的目标。例如，一般财政财务收支审计，一般以被审计单位的财务会计资料为主，主要取得书面证据、实物证据等；违法违纪案件和个人经济案件审计，一般必须取得实物证据，书面证据，证人、证言、被审计人的陈述等口头证据，视听电子证据，鉴定结论等。再如，在党政主要领导干部和国有企事业单位主要领导人员经济责任审计中，应通过及时了解与被审计领导干部履行经济责任有关的考察考核、群众反映、巡视巡察反馈、组织约谈、函询调查、案件查处结果等情况获取审计证据。

（2）及时准确原则。

在审计过程中，审计人员认为必须获取的审计证据，应当及时取得书面证据、被审计人的证言以及实物证据。例如，对发现的重大违纪线索必须保护好现场资料，被审计单位的相关资料、资产可能被转移、隐匿、篡改、毁弃并影响获取审计证据的，审计机关应当依照法律法规的规定采取相应的证据保全措施。必要时，经县级以上人民政府审计机关负责人批准，有权封存有关资料和违反国家规定取得的资产；对其中在金融机构的有关存款需要予以冻结的，应当向人民法院提出申请。

审计机关执行审计业务过程中，因行使职权受到限制而无法获取适当、充分的审计证据，或者无法制止违法行为对国家利益的侵害时，根据需要可以按照有关规定提请有权处理的机关或者相关单位予以协助和配合。例如，在重大违法行为检查中发现重大违法行为的线索，审计组或者审计机关可以依法采取保全措施；提请有关机关予以协助和配合；向政府和有关部门报告等应对措施。再如，经济责任审计过程中，可以依规依法提请有关部门、单位予以协助及时取得有关资料和信息。

（3）严格依法原则。

审计在宪法和法律赋予权限内履行监督职责。对被审计单位的审计必须是依法授权项目或审计管辖权项目；必须有法定的审计机关和指定两人以上的审计人员；应当依照法律法规的规定，向被审计单位送达审计通知书。获取审计证据的方法、手段、程序必须依法进行。例如，审计机关根据被审计单位的财政、财务隶属关系或者国有资源、国有资产监督管理关系，确定审计管辖范围；审计机关通过政务信息系统和数据共享平台取得电子数据等资料能够满足需要的，不得要求被审计单位重复提供。审计机关取得的保密商务信息、个人信息等资料不得用于审计以外的用途。

2. 获取审计证据的方法

审计组和审计人员实施审计时，可以采取检查、观察、询问、外部调查、重新计算、重新操作、分析等方法向有关单位和个人获取审计证据。审计人员进行专项审计调查，可以使用上述方法及其以外的其他方法。审计人员可以自行运用审计方法向有关单位和个人获取审计证据；也可以根据工作需要，聘请具有与审计事项相关专业知识的人员参加审计工作。例如，在政府财务报告审计中，审计机关可以根据工作需要，聘请具有政府财务报告审计相关专业知识的人员参加政府财务报告审计。审计人员需要利用所聘请外部人员的专业咨询和专业鉴定作为审计证据的，应当从依据的样本是否符合审计项目的具体情况、使用的方法是否适当和合理、专业咨询和专业鉴定是否与其他审计证据相符三个方面作出判断。审计人员需要使用有关监管机构、中介机构、内部审计机构等已经形成的工作结果作为审计证据的，应当从是否与审计目标相关、是否可靠、是否与其他审计证据相符三个方面对该工作结果作出判断。

（1）获取审计证据的具体方法运用。

①检查。检查，是指对纸质、电子或者其他介质形式存在的文件、资料进行审查，或者对有形资产进行审查。

审计机关进行审计时，有权检查被审计单位的财务、会计资料以及与财政收支、财务收支有关的业务管理等资料和资产，包括审计机关通过政务信息系统和数据共享平台取得的电子数据等资料。例如，审计人员在调查了解被审计单位及其相关情况时，可以采取检查有关文件、报告、内部管理手册、信息系统的技术文档和操作手册的方法。

②观察。观察，是指察看相关人员正在从事的活动或者执行的程序。例如，审计人员可以采取观察有关业务活动及其场所、设施和有关内部控制的执行情况，调查了解被审计单位及其相关情况。

③询问。询问，是指以书面或者口头方式向有关人员了解关于审计事项的

信息。作为其他审计程序的补充，询问广泛应用于整个审计过程中。例如，审计人员可以采取书面或者口头询问被审计单位内部和外部相关人员以调查了解被审计单位及其相关情况。

④外部调查。外部调查，是指向与审计事项有关的第三方进行调查。审计人员向有关单位和个人进行调查时，应当出示审计人员的工作证件和审计通知书副本。

审计机关进行审计时，有权就审计事项的有关问题向有关单位和个人进行调查，并取得有关证明材料。例如，审计机关经县级以上人民政府审计机关负责人批准，有权查询被审计单位在金融机构的账户；再如，审计机关有证据证明被审计单位违反国家规定将公款转入其他单位、个人在金融机构账户的，经县级以上人民政府审计机关主要负责人批准，有权查询有关单位、个人在金融机构与审计事项相关的存款。

⑤重新计算。重新计算，是指以手工方式或者使用信息技术对有关数据计算的正确性进行核对。例如，审计人员对记录或文件中的数据计算的准确性不能完全信赖，进行核对时需要亲自重新计算。

⑥重新操作。重新操作，是指对有关业务程序或者控制活动独立进行重新操作验证。例如，审计人员对被审计单位财务报销业务的内部控制流程进行重新操作验证，以判断该项内控制度的有效性。

⑦分析。分析，是指研究财务数据之间、财务数据与非财务数据之间可能存在的合理关系，对相关信息作出评价，并关注异常波动和差异。例如，在重大违法行为检查中，审计人员可以通过关注具体经济活动中存在的异常事项、财务和非财务数据中反映的异常变化、有关部门提供的线索和群众举报情况等判断可能存在的重大违法行为。

审计机关应当收集、取得能够证明审计事项的原始资料、有关文件和实物等原始证据；不能或者不宜取得原始资料、有关文件和实物的，可以采取文字记录、摘录、复印、拍照等方式取得审计证据。收集的有关违反国家规定的财政收支、财务收支行为以及其他重要事项的审计证据，应当由有关单位、人员签名或者盖章。审计人员执行审计业务时，应当合理运用职业判断，保持职业谨慎，对被审计单位可能存在的重要问题保持警觉，并审慎评价所获取审计证据的适当性和充分性，如果发现审计证据不符合要求的，应当进一步取证。在提出审计报告前，应当对收集的审计证据进行归纳、分析和判断，形成审计结论。审计人员应当将获取审计证据的名称、来源、内容和时间等清晰、完整地记录在审计工作底稿中。

（2）审计抽样。

审计人员根据实际情况，可以在审计事项中选取全部项目或者部分特定项目进行审查，也可以进行审计抽样，以获取审计证据。在审计事项包含的项目数量较多，需要对审计事项某一方面的总体特征作出结论时，审计人员可以进行审计抽样。审计人员进行审计抽样时，可以参照中国注册会计师执业准则的有关规定。

审计人员不能对以抽样结果推断的总体差错提出直接的处理、处罚意见，即推断误差不能作为处理、处罚依据。就政府审计而言，应当对需要处理、处罚的具体事项作进一步审查取证，做到事实清楚，定性准确，才可以按照法律法规要求进行处理、处罚。

（三）审计记录

审计记录是审计人员对实施审计的过程、得出的结论和与审计项目有关的重要管理事项的记录。审计记录的作用体现在可以支持审计人员编制审计实施方案和审计报告；证明审计人员遵循相关法律法规和审计准则；便于对审计人员的工作实施指导、监督和检查。审计记录包括调查了解记录、审计工作底稿和重要管理事项记录。

1. 调查了解记录

调查了解记录，是审计组在编制审计实施方案前，对调查了解被审计单位及其相关情况作出的记录。

2. 审计工作底稿

审计工作底稿，是对审计过程和结论的记录。主要记录审计人员依据审计实施方案执行审计措施的活动。审计证据材料应当作为调查了解记录和审计工作底稿的附件。

3. 重要管理事项记录

重要管理事项记录，是对与审计项目相关并对审计结论有重要影响的管理事项的记录。重要管理事项记录可以使用被审计单位承诺书、审计机关内部审批文稿、会议记录、会议纪要、审理意见书或者其他书面形式。

三、政府审计结果运用

政府审计结果，是指经过实施审计程序、汇总工作成果而形成的审计结论与建议，是审计机关、审计人员在依法履行职责过程中形成的工作成果，是审计工作的核心产品，是审计机关发挥国家治理功能的主要载体。审计工作能否有效发挥监督、促进和规范的作用，推动国家重大决策部署和有关政策措施的贯彻落实，更好地服务改革发展，切实维护经济秩序和促进廉政建设，某种程度上取决于审计结果能否得到有效运用。

（一）政府审计结果类型

政府审计结果主要体现在以下几种文书中：一是审计报告、审计决定书、审计移送处理书等法律文书；二是向上级审计机关和本级人民政府报送的审计结果报告、审计信息以及依法向社会公布审计结果的书面材料；三是经验交流材料和审计案例材料等。

1. 国家审计报告

国家审计报告，是指审计机关实施审计后，依法对被审计单位的财政收支、财务收支的真实、合法、效益发表审计意见的书面文件，是审计机关向被审计单位出具审计意见书、作出审计决定、进行审计结果公告的基础和依据。国家审计报告包括审计机关进行审计后出具的审计报告以及专项审计调查后出具的专项审计调查报告。

（1）国家审计报告的基本要素

国家审计报告包括下列基本要素：标题、文号、被审计单位名称、审计项目名称、内容、审计机关名称、签发日期。经济责任审计报告还包括被审计人员姓名及所担任职务。

（2）国家审计报告的内容

政府财务报告审计报告的内容一般应包括审计依据和实施审计的基本情况，被审计单位基本情况，审计评价意见，审计发现主要问题的事实、定性以及依据的法律法规标准等，根据审计发现问题提出的审计处理、处罚意见或审计建议，其他需要反映和说明的情况。

党政主要领导干部和国有企事业单位主要领导人员经济责任审计报告的内容一般包括被审计领导干部任职期间履行经济责任情况的总体评价，主要业绩，审计发现的主要问题和责任认定、审计建议等内容。

专项审计调查报告是对预算管理或者国有资产管理使用等与国家财政收支有关的特定事项，向有关地方、部门、单位进行专项审计调查出具的专项审计报告。除符合审计报告的要素和内容要求外，还应当根据专项审计调查目标重点分析宏观性、普遍性、政策性或者体制、机制问题并提出改进建议。

采取跟踪审计方式实施审计的，审计组在跟踪审计过程中发现的问题，应当以审计机关的名义及时向被审计单位通报，并要求其整改。跟踪审计实施工作全部结束后，应当以审计机关的名义出具审计报告。审计报告应当反映审计发现但尚未整改的问题，以及已经整改的重要问题及其整改情况。

2. 审计决定书

审计决定书，是指审计机关在审定审计报告后，依据审计报告中所列的被审计单位违反国家规定的财政收支、财务收支的事实，对被审计单位依法给予处理、处罚的审计文书。

审计决定书的内容主要包括审计的依据、内容和时间；违反国家规定的财政收支、财务收支行为的事实、定性，处理、处罚决定以及法律法规依据；处理、处罚决定执行的期限和被审计单位书面报告审计决定执行结果等要求；依法提请政府裁决或者申请行政复议、提起行政诉讼的途径和期限。

3. 审计移送处理书

审计移送处理书，是指审计机关对审计发现的依法应当由其他有关部门纠正、处理、处罚或者追究有关人员行政责任、刑事责任的书面文件。

审计移送处理书的内容主要包括审计的时间和内容，依法需要移送有关主管机关或者单位纠正、处理、处罚或者追究有关人员责任事项的事实、定性及其依据和审计机关的意见，移送的依据和移送处理说明（包括将处理结果书面告知审计机关的说明），所附的审计证据材料。

4. 审计结果报告

审计结果报告，是指审计机关依照法律法规的规定，每年汇总对本级预算执行情况和其他财政收支情况的审计报告，形成审计结果报告，报送本级政府和上一级审计机关。例如，审计署在国务院总理领导下，对中央预算执行情况以及其他财政收支情况进行审计监督，向国务院总理提出审计结果报告。

审计结果报告应当包括本级预算执行和其他财政收支的基本情况、审计机关对本级预算执行和其他财政收支情况作出的审计评价、本级预算执行和其他财政收支中存在的问题以及审计机关依法采取的措施、审计机关提出的改进本级预算执行和其他财政收支管理工作的建议、本级人民政府要求报告的其他情况。

5. 专题报告

专题报告，是指审计工作中发现的与宏观经济管理有关的重要问题，以及重大的违法违纪问题，向本级人民政府和上一级审计机关提出的专项报告。

审计机关在审计中发现涉嫌重大违法犯罪的问题，与国家财政收支、财务收支有关政策及其执行中存在的重大问题，关系国家经济安全的重大问题，关系国家信息安全的重大问题，影响人民群众经济利益的重大问题等事项的，可以采用专题报告、审计信息等方式向本级政府、上一级审计机关报告。审计信息，是指审计人员在全面审查相关单位的经济活动过程中，运用一定的技术、方法、手段，加工处理得出来的各种情报、资料，是审计工作情况、做法、经验和成果的具体反映。

6. 审计工作报告

审计工作报告，是指审计机关按照本级人民代表大会常务委员会的安排，受本级政府的委托，每年向本级人大提出上年度本级预算执行情况和其他财政收支情况的审计工作报告。例如，国务院和县级以上地方人民政府应当每年向本级人民代表大会常务委员会提出审计机关对预算执行以及其他财政收支的审计工作报告。审计工作报告应当重点报告对预算执行的审计情况，按照规定报告对国有资源、国有资产的审计情况。必要时，人民代表大会常务委员会可以对审计工作报告作出决议。国务院和县级以上地方人民政府应当将审计工作报告中指出的问题的整改情况和处理结果向本级人民代表大会常务委员会报告。

为了检查和了解被审计单位和其他有关单位整改情况，审计机关指定的部门应向审计机关提出检查报告。检查报告的内容主要包括检查工作开展情况、被审计单位和其他有关单位的整改情况、没有整改或者没有完全整改事项的原因和建议。

（二）政府审计结果运用的意义

政府审计在现代国家治理中发挥着越来越重要的作用。政府审计是内生于国家治理需求、嵌入国家治理体系中的监督控制系统、推动国家治理现代化、实现国家良治的重要机制与手段。究其监督控制的本质属性而言，政府审计是国家治理体系中的一个具有揭示、预防和抵御功能的“免疫系统”。揭示指政府审计机关执行审计业务后能够客观、如实地反映被审计单位的真实情况和揭示存在的问题，以促进相关责任单位及其人员的整改、实现国家治理的“纠偏”。预防指政府审计机关通过执行审计能够起到预防和预警风险隐患、降低不利影响的作用，以实现国家治理的“前移”。抵御指政府审计通过促进健全制度、完善体制、规范机制，能够起到抑制和抵御各种风险隐患的作用，进而促进提高国家治理绩效。

政府对审计结果的分析与运用，直接体现审计监督控制的价值所在，影响着审计机关的形象。一是通过处理和纠正违法违规问题，体现出来的促进增收节支等方面的经济效益；二是提出审计意见和建议，体现出来的推动完善制度、加强财经管理等方面的管理效益；三是为党委、政府和社会公众提供真实可靠的信息，推动依法行政和政务公开，体现出来的社会效益；四是总结、深化审计工作中形成的经验和方法，促进提升审计效率、改进审计方法技术，体现出来的工作效益。

（三）审计结果运用

审计结果运用，是指审计结果运用主体对审计结果进行科学、合理的开发、整合和转化利用，最大限度地发挥审计的建设性作用。审计结果的运用主体可以分为外部主体和内部主体，其决定了审计结果运用的方式。外部的使用主体包括党委、政府、执纪执法机关、被审计单位、社会公众等；内部主体就是审计系统内的审计机关和审计工作者。

1. 外部使用主体的运用

（1）被审计单位。揭示问题的根本目的是要推动解决问题。揭示问题、规范管理、促进改革必须一体推进。针对审计发现的问题，被审计单位应按照审计决定、审计建议认真整改，被审计单位的主要负责人作为整改第一责任人，对照查出的问题逐项整改，依法接受处理、处罚，纠正存在的问题，改进内部管理，有针对性完善相关制度机制。例如，《中央部门2019年度预算执行及相关情况审计结果》中披露：审计发现问题中存在被审计单位资产底数不清，违规处置或划转不及时等资产管理薄弱环节问题。针对资产底数不清问题，被审计单位积极组织资产清查，18个部门和11家所属单位确认资产或调整账实差异等15.1亿元；8个部门和4家所属单位已按规定计提折旧等。针对违规出租、资产处置等问题，2个部门和44家所属单位进一步完善资产出租出借程序、补办报批等手续；2个部门和3家所属单位已收回违规出租资产或盘活使用闲置资产等；1个部门和5家所属单位将出租、处置收入1341.61万元上缴财政。

（2）党委、政府及有关主管部门。对审计查出问题应加强对被审计单位整改工作的督促检查，将整改作为重大政治任务抓紧抓好，将整改纳入督查督办，形成政府督查机构、审计机关、主管部门等协同推进整改的工作格局。成立领导小组、召开专门会议、制定整改方案、建立整改台账，逐项分解整改任务，层层压实整改责任。对审计发现的典型性、普遍性、倾向性问题和提出的审计建议及时进行研究，将其作为采取有关措施、完善有关制度规定的重要参考。深入剖析问题背后的体制性障碍、机制性缺陷、制度性漏洞，采取措施，健全完善制度，加强管理、提高管理水平。例如，《国务院关于2020年度中央预算执行和其他财政收支的审计工作报告》披露：在对税收征管和减税降费政策等重大政策措施落实跟踪审计中，存在税收优惠政策未全面落实、违规返还税款，造成财政收入流失、违规征收过头税费增加企业负担等问题。针对减税降费方面存在的问题，税务部门积极整改，通过强化信息系统应用，建立税费申报关联机制，加强宣传辅导，优化办税服务，确保政策红利有效释放。另外，在审计过程中和审计结束后，审计机关通常会将被审计单位的涉税问题，用符合规定要求的审计工作底稿及其附件等方式移送税务机关，成为移送案源。

（3）司法机关、监察机关等有关部门。促进反腐倡廉是审计机关的重要职责。相关部门依据审计移送处理事项，对重大违法违纪问题，查深查透查实，深挖违规违纪线索，揭露以权谋私、失职渎职、贪污受贿、内幕交易等问题，追究有关人员的责任，挽回或减少国家的经济损失，促进廉洁政府建设。例如，《〈坚持党中央集中统一领导　聚焦主责主业　以优异成绩迎接建党100周年〉——2020年度审计工作报告》中指出，审计应充分发挥专业性强、涉及面广、反应快速等优势，聚焦权力运行的重要领域和关键环节靶向发力，同时坚持审计下沉，着力揭示发生在安居、扶贫等民生领域和县乡镇等基层单位的微腐败问题，推动全面从严治党向基层延伸。同时加强与纪检监察等监督形式的贯通协调，2020年5月以来，审计共发现并移送重大问题线索192起，涉及1430多亿元、1160多人。问题线索主要表现在公共资金资产损（流）失、基层微腐败、金融乱象和涉税涉票等4个方面，有利于有关部门标本兼治，从根本上铲除腐败滋生的土壤。

（4）组织、纪检等部门。将审计结果作为选拔任用干部的参考依据，促进领导干部监管体系建设。根据干部管理权限，将审计结果以及整改情况作为考核、任免、奖惩被审计领导干部的重要参考和依据；领导干部经济责任审计结果和审计发现问题的整改情况，要纳入所在单位领导班子民主生活会及党风廉政建设责任制检查考核的内容，作为领导班子成员述职述廉、年度考核、任职考核的重要依据。把审计监督与党管干部、纪律检查、追责问责结合起来。

政府利用审计成果主要是从加强宏观调控的角度，通过综合分析和再加工，使更多有价值的审计资料与信息变为政府领导决策的依据。社会公众利用审计成果主要是因为他们具有知情权，他们有权知道政府及相关部门对财政资金、国有资产的管理和使用情况；财政财务收支真实、合法和效益情况，预决算执行情况等。

2. 内部使用主体的运用

立足新发展阶段，贯彻新发展理念，构建新发展格局，需要解决的问题会越来越多、越来越复杂，客观要求审计更加自觉坚持辩证唯物主义和历史唯物主义立场，全面而不是片面、整体而不是零散、联系而不是孤立地揭示问题、分析问题和推动解决问题。坚持用政治眼光来观察和分析经济社会运行中的问题，从倾向性、苗头性问题中发现政治问题的端倪，从经济监督中体现政治导向、政治要求，把党中央的政治要求贯穿谋划审计工作、履行审计职责、实施审计项目全过程，转化为加强审计监督的具体举措。

审计机关和审计工作者根据审计实践、审计工作成果，总结提炼审计工作经验并予以推广，促使审计机关和审计人员改进审计技术和方法，不断健全审计工作领导机制、强化审计队伍建设、推动审计方式创新、加快推进审计信息化，探索在审计实践中运用大数据技术的途径，加大数据综合利用力度，提高运用信息化技术查核问题、评价判断、宏观分析的能力。创新电子审计技术，提高审计工作能力、质量和效率，推动审计事业不断发展。

第四节 税收风险管理中的税务审计

一、税务审计的定位

党的十八大后，国家税务总局根据十二届全国人大一次会议审议通过的《国务院机构改革和职能转变方案》，提出了做好税务系统职能转变工作的要求①。随后，在总结全国税务系统积极探索、充分发挥税收风险管理导向作用

① 参见《国家税务总局关于做好税务系统职能转变工作的通知》(税总发〔2013〕56号)。

成效的基础上，于2014年9月提出，税收风险管理贯穿于税收工作的全过程，是税务机关运用风险管理理论和方法，在全面分析纳税人税法遵从状况的基础上，针对纳税人不同类型不同等级的税收风险，合理配置税收管理资源，通过风险提醒、纳税评估、税务审计、反避税调查、税务稽查等风险应对手段，防控税收风险，提高纳税人的税法遵从度，提升税务机关管理水平的税收管理活动。通常，税收风险管理的基本内容包括目标规划、信息收集、风险识别、等级排序、风险应对、过程监控和评价反馈，以及通过评价成果应用于规划目标的修订校正，从而形成良性互动、持续改进的管理闭环。各级税务机关在风险应对过程中，要按纳税人区域、规模和特定事项等要素，合理确定风险应对层级和承办部门，可采取风险提醒、纳税评估、税务审计、反避税调查、税务稽查等差异化应对手段。也就是说，税务审计是与风险提醒、纳税评估、反避税调查、税务稽查并列的税收风险差异化应对手段。2017年4月，为贯彻落实中办、国办印发的《深化国税、地税征管体制改革方案》，按照“放管服”改革要求，国家税务总局进一步提出，对无风险纳税人避免不当打扰，对低风险纳税人进行风险提示提醒，对中风险纳税人实施纳税评估（或税务审计、反避税调查），对涉嫌偷税（逃避缴纳税款）、逃避追缴欠税、骗税、抗税、虚开发票等税收违法行为的高风险纳税人实施税务稽查。这就是说各级税务机关要统筹优化税收风险应对方式，树立大风险理念，将纳税评估、税务审计、反避税调查、税务稽查一并作为风险应对的重要手段。在税额确认的法条框架下，将纳税评估、税务审计、反避税调查等相关制度进行一体化研究修订，明确法律依据，规范管理流程、执法要求和文书使用，提高税收管理规范化水平。而且在中低风险纳税人应对中发现涉嫌偷逃抗骗税线索的，应当移交稽查部门处理。同年底，国家税务总局还进一步明确，风险核查部门在风险核查过程中发现纳税人有逃避缴纳税款、骗取出口退税或其他需要立案查处的税收违法行为嫌疑的，或者发现纳税人有特别纳税调整问题的，应参照千户集团税收风险管理工作规程（试行）的有关要求，移交稽查部门或反避税调查部门处理，稽查部门和反避税调查部门应及时反馈处理意见；经稽查部门或反避税调查部门确认不予立案调查的，风险核查部门方可继续实施风险核查。

由此可见，税务审计是税务部门在税收风险管理流程中开展中风险应对的重要手段之一，且在风险应对过程中，如发现纳税人有特别纳税调整问题的，应移交反避税调查部门处理；如发现纳税人有税收违法行为嫌疑的，应移交稽查部门处理。并且，税务审计的这一定位，在近两年的税收风险管理工作部署中也得到了明确。

二、税务审计的演变

对纳税人特别是大企业纳税人开展税务审计是欧美国家的通行做法。从1997年起，国外对于风险导向的税务审计理论研究，主要是经济合作与发展组织（OECD）及世界银行等国际组织的推动，对于各国最新的理论和实践成果也会在每年的税收峰会上共享。随着经济全球化和跨国公司的蓬勃发展，跨国公司的税基全球化与各国（地区）政府税收管辖权固有的地域性之间的矛盾凸显。跨国公司的税收问题引发了各国（地区）对深层次国际税收征管合作的需求。联合审计（Joint Audit）应运而生，代表着各国税务部门之间的一种更为直接、更为紧密的国际税收征管合作新思维。联合审计方式受到了OECD的重视。2010年，OECD发布了联合审计报告（Joint Audit Reports）以及联合审计参与指南（Joint Audit Participants Guide）。前者的内容涵盖了联合审计的定义、目标、适合开展联合审计的领域、被调查跨国企业所涉各国所确认的挑战以及相关建议等基本问题。后者则是作为税务机关参与联合审计的操作手册，内容涵盖了规划、实施、完成联合审计等一系列步骤，是针对联合审计的具体操作指导，为实施联合审计程序提供了一个路线图。[①] 2015年7月，OECD和联合国开发计划署（UNDP）共同提出了无国界税务审计（Tax Inspectors Without Borders，TIWB）项目，目标是为了提高发展中国家税务部门的征管能力（特别是审计能力）。该项目通过向发展中国家税务机关派驻具有实务经验的税务审计专家，帮助发展中国家开展税务审计及处理相关国际税收问题，以打击跨国企业逃避税行为，进而提高发展中国家税收征管能力。该项目自实施以来成效显著、影响力迅速提升，吸引了越来越多国家的加入。2020年9月28日，OECD发布《无国界税务审计年度报告（2020）》，回顾了2019年1月至2020年6月无国界税务审计项目取得的成效，并明确了未来的发展目标。[②]

我国的税务审计，始于20世纪80年代的海洋石油税务管理工作。1982年海洋石油税务管理局成立后不久，我国税务部门就开始向西方国家学习税务审

① 叶莉娜，张景华．联合审计：国际税收征管合作新思维［J］．河北经贸大学学报，2016（5）：55.

② 汪成红，周琳荃．无国界税务审计：打击国际逃避税的新举措［J］．国际税收，2021（7）：64－65.

计经验，着手开展税务审计工作。1984 年，税务审计工作正式启动。1987 年底，海洋石油税务管理局组织各分局审计人员对外油公司实施了第一次全面税务审计。这开创了新中国成立以来对来华投资的外国公司进行税务审计的先河。2000 年，我国推出了电算化税务审计。海洋石油税务审计按其审计对象、审计内容（项目）可分为年度审计、联合审计和境外审计。① 1999 年 4 月，国家税务总局印发了《涉外税务审计规程》（国税发〔1999〕74 号，至今仍为有效文件），并开始在全国涉外税务部门试点。2004 年 4 月，国家税务总局印发了《涉外企业联合税务审计暂行办法》（国税发〔2004〕38 号），将联合税务审计分为跨区域联合税务审计、国税地税联合税务审计两类。涉外税务审计在功能上主要是对涉外企业的日常管理（即日常检查），是涉外税源管理的一个重要环节。2005 年纳税评估制度建立后，国家税务总局进一步明确，涉外税务审计与纳税评估有机融合，发挥各自优势。从此，涉外税务审计成为与纳税评估、反避税调查、税务稽查等并行的风险应对手段。② 2007 年，国家税务总局发布了《涉外企业联合税务审计工作规程》（国税发〔2007〕35 号），要求规范和加强跨区域经营的涉外企业的跨区域联合税务审计工作。此后，随着内外资企业所得税的“两法合并”，《涉外企业联合税务审计工作规程》未能广泛实施，我国税务审计的制度建设工作基本处于停滞状态。③

2008 年，国家税务总局设立了大企业税收管理司，承担对大型企业提供纳税服务、实施税源监控和管理、开展纳税评估、组织实施反避税调查与审计等工作。④从此，大企业税收管理司开始针对国家税务总局定点联系企业开展税务审计，在延续涉外税务审计工作的同时，将税务审计对象拓展到内资企业。自 2011 年开始，大企业税收管理司逐步抽取定点联系企业的电子财务数据，利用税务审计软件开展计算机审计。在 2012 年 7 月召开的全国税务系统深化税收征管改革工作会议上，国家税务总局提出“推行大企业税收风险管理，建设全国大企业税收服务与管理信息平台，试行大企业税务审计，加强大企业税务稽查。”⑤

---

① 刘磊．论税务审计［J］．税务研究，2017（11）：5－7.
② 参见《关于做好外商投资企业和外国企业所得税纳税评估工作的通知》（国税函〔2005〕449 号）。
③④ 刘磊．论税务审计［J］．税务研究，2017（11）：10.
⑤ 郭瑞轩．全国税务系统深化税收征管改革工作会议召开［N］．中国税务报，2012－08－01（1）.

三、税务审计的内涵与作用

（一）税务审计的概念

我国的税务审计起步于涉外税务审计，目前开展税务审计的依据主要是《涉外税务审计规程》和《涉外企业联合税务审计工作规程》。根据《涉外税务审计规程》，涉外税务审计是指涉外税务机关依据国家税收法律、法规和规章的规定，对外商投资企业、外国企业及其雇员，以及独立个人劳务的外籍人员依法履行纳税义务、扣缴义务情况进行的审计。审计规程由七大部分组成：第一，总则。包括依据、目的、内容。第二，审计工作流程。包括审计对象的选择与确定、案头准备阶段、现场实施阶段、审计终结阶段。第三，项目审计程序。包括收入、费用、利润、资产、负债、所有者权益类各个会计科目的审计程序。第四，主要税种审计程序。包括外资企业所得税、增值税、消费税、营业税、个人所得税、印花税等 7 个主要税种的审计程序。第五，审计基本技术。包括会计制度和内部控制评价方法、分析性复核方法、审计抽样方法。第六，审计基本要求。包括审计证据及取证方法、审计工作底稿的编制。第七，审计工作底稿范本。依此，我们可以将税务审计归纳为：税务审计是指税务机关为提高纳税人的税法遵从度，以税法为标准，运用审计技术，对纳税人履行纳税义务的相关情况进行的审计。审计主体是税务机关，审计对象是纳税人，审计目的是提高纳税人的税法遵从度，审计内容是纳税人履行纳税义务的相关情况。

（二）税务审计与会计领域的审计二者之间的关系

会计领域的审计分为注册会计师审计、政府审计和内部审计。作为审计对象的纳税人，其纳税义务的发生、应纳税额的确认与计算，以及税款的缴纳及其会计核算，都要反映在其会计凭证、账簿和报表中，成为企业财务状况、经营成果和现金流量的不可分离的组成部分，从而成为会计领域审计的合规性审计范畴。可以说，除审计主体、审计目的不同外，税务审计的审计标准、审计技术和方法、审计内容等都与会计领域的审计重叠。会计领域的审计要履行审计的经济监督、经济评价和经济鉴证职能，其审计内容都不能缺少税务审计的内容，并且其各种现代审计技术和方法都适用于税务审计。

（三）税务审计与税务稽查、纳税评估的区别

《涉外税务审计规程》的制定虽然结合了当时的《税务稽查工作规程》（国

税发〔2009〕157号印发）[①] 有关规定，不过在分工、程序、管辖、选案、方法等方面均有不同，最大的区别是两者职责定位的不同。税务审计的职责是对纳税人税法遵从状况的全面“体检”，税务稽查的职责是对纳税人存在的纳税问题从深度和广度“看病”。即：税务稽查是依法查处税收违法行为，保障税收收入，维护税收秩序，促进依法纳税；税务审计是一种日常的、例行的审计，是在纳税人没有违法线索的情况下，对其进行的轮查、抽查。经过税务审计，如果发现纳税人有偷税、逃避追缴欠税、骗税、抗税、虚开发票等税收违法行为的，应移交税务稽查部门进行查处。

税务审计与纳税评估也有明显的区别。纳税评估是依据评估对象的各个风险点，对当期（特殊情况可以延伸到往期或以往年度）纳税申报数据，对照预警值，综合运用各类对比分析方法进行深入分析并作出定性和定量的判断，对评估分析中发现的问题分别采取税务约谈、调查核实、税务处理、提出管理建议、移交税务稽查部门查处等方法进行处理。税务审计是根据审计对象连续多个纳税年度的全部纳税资料，广泛运用各种审计技术和方法，对纳税人履行纳税义务的相关情况进行全面、系统的审计，作出审计结论并进行相应的税务处理。也就是说，二者在属期、方法、内容等方面明显不同，纳税评估更多的是“估”，而税务审计则是“审”。并且，纳税评估的数据来源主要是税务端掌握的“一户式”存储的纳税人各类纳税信息资料，而税务审计的数据来源除税务端外，还包括企业端、第三方和来自互联网的全部大数据资源。[②]

（四）税务审计的作用

税务审计作为税收风险管理流程中开展中风险应对的一个重要手段，通过对纳税人税法遵从情况的全面、中性“体检”，可以发挥如下作用：①有利于降低税务机关税收管理风险。税务审计是一种管理手段，其规范的工作底稿、充分的涉税信息、先进的审计技术和中性的审计结论，既有利于降低税收管理风险、提高税收管理效率，也有利于减轻纳税人负担、密切征纳双方关系。②有利于发现纳税人存在的深层次税收问题。通过税务审计，税务机关可以发现中低风险纳税人涉嫌利用关联交易避税、偷税骗税等违法行为的线索，为反避税环节、税务稽查环节提供案源和初步证据资料，从而及时打击避税和偷逃

① 该文件已全文废止，参见《税务稽查案件办理程序规定》（国家税务总局令第52号）。
② 刘磊. 论税务审计［J］. 税务研究，2017（11）：12－13.

骗税，体现税务审计较强的税源监控能力。③有利于规范对纳税人的税收管理。通过税务审计全面、系统“体检”，税务机关不但可以发现纳税人已经发生的税收问题，还可以发现纳税人在财务会计制度与处理、业务管理和内部控制等方面存在的问题。税务审计具有很强的预警和服务功能，既有利于税务机关加强对纳税人的税收管理，也有利于纳税人加强自身的税务风险管理。

综上所述，在智慧税务时代，为充分发挥税务审计在税收风险管理中的作用，我国税务机关应借鉴美欧国家和 OECD 的现代税务审计理念、技术和方法、操作流程，推进我国税务审计的制度建设，并整体部署税务审计工作。从事风险应对工作的税务人员，既要学习中外税务审计理论与实务成果，也要学习、借鉴我国注册会计师审计和政府审计的现代审计程序、审计技术与方法、审计证据收集等的理论与实践，更要学会在风险管理过程中正确、充分、灵活利用注册会计师审计、政府审计和内部审计的审计报告以及审计工作底稿，培养良好的、与智慧税务适配的审计思维，提高税务审计能力，更好做到精确执法、精细服务、精准监管，从而贯彻落实好中办、国办印发的《关于进一步深化税收征管改革的意见》。